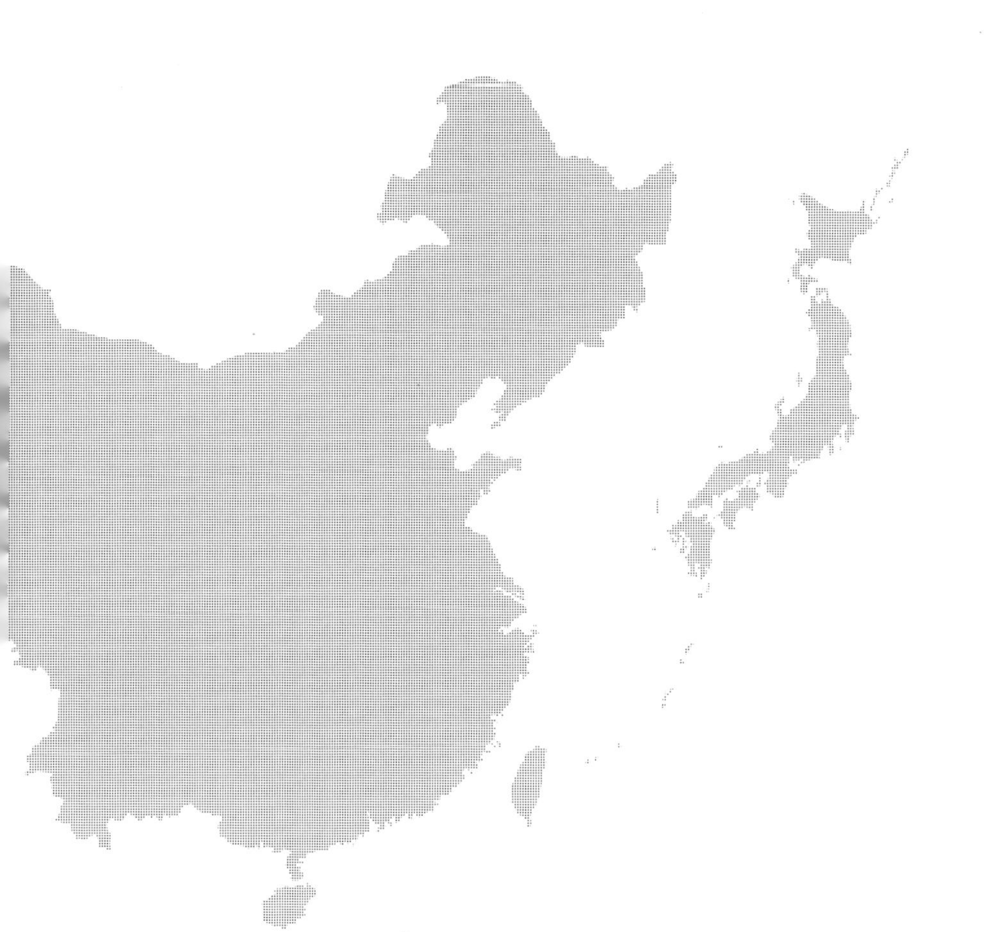

食をめぐる日中経済関係

国際経済学からの検証

姚 国利
Yao Guoli

批評社

はじめに

2007年末、中国から日本に輸入される冷凍餃子の中に殺虫剤が検出され、冷凍餃子事件が発生した。冷凍餃子事件が日本の消費者に与えたショックは大きく、多くの消費者は中国産食料品を敬遠するようになった。以降、中国から日本に輸入される食料品は急激に減少した。しかし、近年、中国からの食料品の輸入は回復している傾向にあり、2014年の輸入金額はすでに冷凍餃子事件以前の水準を上回って、1兆円に近づいてきている。中国産食料品は日本の外食・中食産業の食材から一般家庭の食卓まで日本人消費者の食生活の一部となっている。

他方、中国は経済成長にともなって、巨大な食料品市場として登場してきた。中国における食料品市場の成長は日本の食料品業界に注目されるだけでなく、日本政府も産業戦略と産業政策の一環として、中国などの東アジア諸国の食料市場の開拓を推進している。また、多くの地方自治体も政府と同調して地方経済を振興するために地元の農林水産物の対中国輸出に動き出している。こうした背景のもとで、近年日本産食料品の対中国輸出は展開されてきた。

中国産食料品の輸入に関する先行研究は多く存在している。しかし、ほとんどの先行研究は農業経済学分野で行われている。農業経済学は文字通り農業に関しての経済学である。もちろん、今日の農業経済学は従来の農業・農村問題以外にも食料や環境などの問題について研究する学問分野となっている。特に、農業とその関連企業・産業を統括するアグリビジネス概念の登場によって農業経済学の研究領域は農産物の流通、貿易などへと広がっている。しかし、農業経済学の研究領域はアグリビジネスから環境問題に至るまで幅広く発展されてきたが、農業を中核とする学問的な特徴は変わっていないと思われる。

食をめぐる日中間の貿易、投資活動は国境を超える経済活動であり、もちろん国際経済の一部となっている。しかも、周知の通り、グローバル化した今日の国際経済の構造はますます複雑となっている。食をめぐる日中経済関係は決して単純な2国間経済関係ではなくなったといえる。

2014年夏、日本マクドナルドやファミリーマートなどが期限切れの鶏肉を販売したことで大騒ぎとなった。その期限切れの鶏肉の仕入れ先は上海福喜有限公司である。上海福喜有限公司はアメリカの大手多国籍企業であるOSIグループ（OSI Group LLC）傘下にある中国上海現地法人である。OSIグループは1991年に中国へ進出した。当初、中国で生産される製品は主に中国へ進出するマクドナルドへ供給していた。その後、OSIグループは中国での経営活動を拡大して、1990年代中期以降、上海だけでなく、中国の多くの地域で工場を設立して、養鶏から鶏肉加工品まで生産している。OSIグループの中国工場で生産された製品は、中国国内にとどまらず、海外市場に向けて販売されている。期限切れの鶏肉を使用した上海福喜有限公司は、2013年8月から2014年7月までの1年間だけで日本へ約6,000トンの鶏肉加工品を供給した。

中国から日本に輸入される主な食料品の生産の担い手としては、地元の中国企業と中国へ進出している日系企業だけでなく、アメリカ系、台湾系、東南アジア華僑系の食品関連企業もたくさん存在している。しかし、食をめぐる日中経済関係に関して、外国直接投資、多国籍企業の経営活動、為替レートの変動による影響などに着眼する国際経済学分野からの本格的な研究は希少にとどまっている。本書は、農業経済学と異なった着眼点で思考しながら、国際経済学の視角から食をめぐる日中経済関係の解明を試みたものである。

食料品をめぐる日中経済関係の歴史は長く、冷戦時代の日中貿易においては、地下資源と並び食料品が重要な位置を占めていた。特に中国産の大豆は日中貿易の中で重要品目であった。大豆をはじめとする中国産食料品の輸入に対し、日本からは昆布、フカヒレなどの水産物が中国へ輸出されていた。今日に至って、中国産大豆の対日本輸出の長い歴史は幕を下ろしたが、代わりに、中国は毎年アメリカやブラジルなどから巨額な量の大豆を輸入している。大豆をめぐる国際市場における日中間の争奪は、熾烈に展開されている。このことは食をめぐる日中経済関係の変遷を象徴的に物語っている。

本書では、今日の食料品をめぐる日中経済関係を時系列的に理解するために、まず、日中貿易の歴史を考察する。

食をめぐる日中経済関係は台湾や香港と深く係わっている。半世紀にわたる日本の植民地支配と経営の結果、台湾は日本の食文化、企業文化を最もよく体現している地域であるといっても過言ではない。このような歴史的経験と文化を持つ台湾は、食料品分野での貿易と投資において日本と中国との間の架け橋となっている。他方、香港は世界有数の自由貿易港と国際金融センターであり、外国企業の中国本土進出のゲートウェーである。また、香港は日本産農水産物の最大の輸出市場となっている。同時に多くの日系食品企業と外食企業は香港へ進出して、香港で事業を展開している。さらに、日系食品企業と外食企業の多くは香港での経験を生かして中国本土へ進出している。本書では、食をめぐる日中経済関係における台湾と香港の位置を明らかにする。

食をめぐる日中経済関係は多くの課題を抱えている。本書では以下の二つの課題を強調しながら諸問題を提起する。一つは中国における重商主義的開発の代償の問題である。1980年代以降、中国は輸出主導型の経済開発戦略のもとで経済成長を展開してきた。外貨を最大限に稼ぐために、食品産業も輸出戦略の中に取り込まれてきた。食品産業は農村経済の振興、雇用の拡大につながっている。しかし、食品産業は他の製造業と比べて、原材料費率が高く、付加価値率が低いことが大きな特徴でもある。また、食品産業は環境への負荷が大きい。野菜の生産はもちろんのことだが、水産加工、肉類加工も一般の工業製品より多くの水が必要となる。中国は決して水に恵まれている国ではない。水不足は中国の経済発展を脅かす深刻な問題となっている。日本の水問題に関してもいろいろな見解があるが、中国と比べて水に恵まれているのは常識の通りであろう。水資源における日中間の格差が存在しているにもかかわらず、日本は中国から年間1兆円弱の食料品を輸入している。このような経済関係は決して相互補完関係で簡単に説明できるわけではない。このような経済関係が今後いかに調整されるか、日中両国にとって一つの大きな課題である。

食をめぐる日中経済関係のもう一つの課題は、中国産食料品のコスト上昇の問題である。食料品を含めて、中国製品といえば、ほとんどの人はまず「安い」ということを思い浮かべるだろう。ただし、中国の「安さ」は現在消失しつつある。中国における食料品生産コストは具体的に二つの要素の変動で上昇している。一つは人件費である。もう一つは、地代と食品工場用地地価の上昇である。この二つの生産要素はいずれも速いスピードで上昇している。中国における食料品の生産コスト上昇を考えてみれば、少なくとも今までのように安価さだけで中国から食料品を輸入する時代はなくなるだろう。中国の「安さ」の消失にどのように対応するか、今後日本の食料品輸入にとって一つの課題となる。

他方、持続的な経済成長の結果、中国国民の所得水準は大幅に高くなった。中国国民の購買力上昇は日本産の農産物や水産物の対中国輸出拡大を可能にしている。今後、中国経済が順調に発展して行けば、日本産食料品の対中国輸出は増えるだろう。ただし、多額の補助金という名の税金を投入している日本農業にとって、輸出拡大の必要性が問われることになる。補助金によって維持されている日本農業とコメなどの農産物の輸出拡大との間には矛盾がある。

中国の経済規模の拡大や産業構造の変化にともなって、日中経済関係は急速に変貌している。巨額な日中貿易と外国直接投資のなかで食料品が占めるシェアは決して大きくはない。ところが、食をめぐる日中間の話題は常に注目され、多くの人々の関心事となっている。理由は食の問題だからである。食の分野から日中経済関係にアプローチする手法はまだ稀である。統計資料および筆者による現地調査の成果をふまえた本書が、日中両国民の相互理解の促進に少しでも役に立てれば幸いである。

食をめぐる日中経済関係

——国際経済学からの検証——

目　次

序 章

第1節 研究の目的

1. 問題意識

「食足世平」という四字熟語は、日清食品株式会社の創業者である安藤百福氏の座右の銘である。直訳すれば、食が足りて初めて世の中は太平になるという意味になる。世の安定を目指して、いかに食を充足するか、多岐の方法と政策がある。国境を越え、海外から食料品を調達することはその内の一つの方法となる。帝国主義の時代においては、武力で他国の領地を占領して、植民地として本国への食料を供給させることがあった。戦前の台湾は代表的な一例である。日清戦争の結果として台湾は日本の植民地になった。日本統治時代の台湾は日本本土の米と砂糖の重要な供給地であった〔隅谷・劉・涂 1992：13〕。また、食料問題を軽減するために貧困な農民を海外へ移民させることもあった。満州開拓移民は代表的な例である。1931年の満州事変以降、国策の一つとして多くの農民は銃を持たされ、酷寒の満州へ送られた〔大洞 1995：9〕。艱難の末、約8万人の生霊を失い、多くの孤児は満州各地に残された〔満州開拓史刊行会 1967：437〕。

現在の日中間の食料をめぐる経済関係を論じる本書では戦前の歴史を遡る必要はないかもしれないが、食をめぐる日中経済関係を時系列的に理解するには何かと意味があると思われる。また、食をめぐる現在の日中経済関係には歴史的なつながりがある。日中間の食料品貿易と投資における台湾の役割、大連における日系食品企業の進出、中国東北地方（旧満州）のジャポニカ米の栽培における開拓民の貢献などはいずれも戦前の歴史とつながっている。

戦後の日本は平和な国家になり、食料不足の時代はなくなった。より豊かな食生活を追求することは国民の生活の一部となっている。また、社会経済構造の変化によって海外からの食料品輸入が増えてきた。特に1970年代半ばから、食料の輸入が拡大してきた。1970年代後半から1980年代末期までの輸入は穀物を中心として、輸入先はアメリカ、カナダなどであった。他方、その時期に肉類や水産物の加工食品の主な輸入先はタイ、台湾、韓国などであった。上記した国や地域と比べて、1980年代までは日本の食料品輸入における中国の存在感はあまりなかった。日本の食料品輸入における中国の登場は1990年代以降のことである。1990年代以降、中国からの輸入は急速に拡大してきて、冷凍餃子事件が発生した前の年の2006年には1兆円弱に達した。冷凍餃子事件以降、中国からの食料品輸入は激減してきたが、近年回復する傾向となっている。中国から輸入される主な食料品で野菜、魚介類調製品、鶏肉加工品は特に多い。それらの中国産食料品は外食産業や一般家庭に広く利用されて、日本人の食生活の重要な一部となっている。

食料品をめぐる日中貿易は決して単純な二国間の貿易関係だけではない。日本へ輸出され、日本人の食卓に出された中国産食料品の多くは中国へ進出している日系食品企業と商社が中国で生産したものである。また日本の規格で中国企業に委託生産されたものも多い。中国では1980年代末期に改革開放を実施して、豊富な労働力を背景にして沿海地域を中心として多くの食品加工企業が設立され、食品加工産業は中国の一大産業部門となっている。それらの食品加工工場で低賃金を生かして加工される食品の多くは海外に輸出されている。中国沿海地域は既に世界の加工食品の一大供給地となっている。中国で食品の加工生産を行うのは中国企業や日系企業に限らず、アメリカ、タイ、台湾などの外国企業も含まれている。中国の食品加工工場用の原材料も中国国内だけでなく、世界中から調達されている。

野菜の生産と食品加工産業は労働集約型産業部門であり、中国の雇用に大きく貢献している。しかし、同時に野菜の生産と食品加工産業には大量の水が必要となる。水問題をはじめ、輸出のための野菜と加工食品の大量生産は中国の環境に負荷をかけている。周知のように戦後の世界経済において中国は後発国の一つである。経済発展に必要な資金を獲得するために輸出主導型戦略と政策を採って環境保全より経済発展を優先してきた。また、後発であるので、中国製品は世界市場に参入するのは決して容易ではない。低価格を余儀なくされるのは周知の通りである。これはまさに後発の不利益性の代表的な一例である。

他方、1990年代以降、日本の食品産業は人口減少、少子・高齢化の進展にともなう国内市場の量的飽和・成熟化に直面している。日本と対照的に、近年近隣東アジア諸国は急速な経済発展によって魅力的な食品市場として成長している。その中で特に中国は国民生活水準の向上、富裕層・中間層の生成を背景にして巨大な食料品市場として登場してきた。中国食料品市場の成長は日本の食料品業界に注目されるだけでなく、日本政府も産業戦略と経済政策の一環として中国などの東アジア諸国の食料品市場の開拓をめざして、推進している。多くの地方自治体も政府と同調して地方経済を振興するために地元の農林水産物・食品などの対中国輸出に動き出している。こうした背景のもとで近年の日本産食料品の対中国輸出は展開されてきた。また、外食産業の中国進出も加速している。加工食品や水産物分野は技術的に日本の比較的優位性と資源の賦存に恵まれているので、それらの対中国輸出は理解しやすいが、一方、巨額な補助金によって維持されている農業とその生産物の対外輸出拡大との間には矛盾があると思われる。

2. 先行研究の状況

(1)日本での研究

前述したように1980年代には日本の食料品輸入において中国の存在感はあまりなかった。しかし、1990年代以降、野菜と魚介類の加工品を中心とする中国産食料品の輸入が急増してきた。特に安価な中国産ネギ、生シイタケ、冷凍食品などの大量輸入によって消費者から食料品生産者に至るまで日本社会で中国産食料品に対する関心が高まった。このような背景のもとで、中国産食料品の輸入および中国国内での食料品の生産・流通状況などに関する調査研究が始まった。日本での調査研究は、農業経済学分野を中心として行われている。また、ジェトロの他、農業や食料品分野のシンクタンクによる調査も多く存在している。

●農業経済学分野での研究

農業経済学分野での調査研究は1990年代半ばにはわずかに行われたが、当時の調査研究の成果を調べてみると、研究といっても調査レポートや新聞や週刊誌の記事が主であった。そうした中にあって問題意識として中国産野菜の輸入拡大による日本国内の野菜生産と農家への影響を提起した研究もあった〔竹ノ子 1995：126〕。1990年代後半に入って中国産野菜の輸入はさらに拡大してきた。2000年に至って中国からの野菜輸入金額は1,632億円、日本の海外からの野菜輸入総額に占める割合は44%になった。ネギ、生シイタケと畳表（イグサ）などの中国からの大量輸入によって国内で販売されている同種の農産物が価格下落を引き起こしていた。国内市場と農家の利益を守るため2001年4月、日本政府は中国から輸入が急増しているネギ、生シイタケ、畳表の3品目について一般セーフガード（緊急輸入制限措置）を決定した。また、この時期から中国産野菜の農薬問題も話題になった。その後、中国産野菜や加工食品に関する研究が2000年以降本格的に進められてきた。研究の焦点は中国産野菜の生産と流通の特徴（王・豊・福田 2002）、輸出戦略〔坂爪・朴・坂下 2006〕、農薬と化学肥料の使用および水の問題〔大島 2007〕などが挙げられる。

また、アグリビジネスの視点からアジアにおける冷凍食品の生産拠点に関する研究が行われ、その中に中国での日系食品企業の投資活動についての考察がある〔大塚・松原 2004〕。食料品の開発輸入における日系商社の中国での活動も強調されている〔島田・下渡・小田・清水 2006〕。

中国からの輸入に対する研究と比べて日本産食料品の対中国輸出に関する研究はまだ少ないようである。中国へ輸出される日本産食料品は水産物をはじめ、果実、米などの農産物もある。日本産水産物の中国への輸出に関する研究は若干行われている〔山尾 2013〕。日本産農産物の対中国輸出に関しては、中国側の検疫制度や社会的慣習を含めた調査が少し存在している〔佐藤 2011〕。しかし理論付けながらの本格的な研究がまだ行われていないようである。

全体としては農業経済学分野での研究は現地調査に基づいて食料品の生産と流通の仕組みなどを解明する研究が多い。また、それらの調査研究活動において中国出身の若手研究者の参加は注目されている。中国出身の研究者は語学力と中国での生活経験を生かしてさまざまな分野で活躍している。他方、農業経済学分野での研究は資本の移動、為替レートの要因の強調、国家間の経済関係の特質、地域間の経済関係との関わりへのアプローチが少ないようである。

近年、食をめぐる日中経済関係について、フードシステム論からの議論も現れている。フードシステム論は、農業経済学者が中心となって提起した食の問題を多面的、重層的に分析するための新しい研究パラダイムである。この議論が提出された背景の一つとしては、2000年以降日本では東アジア共同体構想が盛んに議論されてきて、様々な分野から東アジア共同体構想への提案がなされてきた。東アジア共同体の議論に呼応しながら、フードシステム論から提起される議論は日本と中国を含む東アジアフードシステム圏の成立について展開されている〔齋藤・下渡・中島 2012〕。

●シンクタンクの調査レポート

食料品をめぐる日中貿易と日系食品企業の中国進出について日本貿易振興会(ジェトロ)をはじめ、一部のシンクタンクは調査研究を行い、調査レポートを多く発表している。ジェトロは2005年ごろから山東省、黒竜江省などの中国の主な野菜と食糧生産地域で農林水産物の生産・輸出動向について調査を行ってきた。2006年、農林水産省は「東アジア食品産業活性化戦略(東アジア食品産業共同体構想)」を打ち出した。ジェトロは日本の農林水産物・食品の輸出促進を狙って中国を含む海外の食料品と外食市場に関して大規模な調査を行った。中国においてジェトロは、中国の食料品輸入慣行、日系外食産業の中国進出関連情報などを収集しながら、中国人現地消費者の日本食に対する意識について聞き取り調査を行い、中国マーケットの現状を把握した〔ジェトロ 2011〕。農林中金総合研究所は農産物をめぐる日中貿易、日系食品企業、日系外食企業の中国進出などの課題について若干の調査を行った。中国における日系食品企業と日本の外食産業の進出状況に関する同研究所の調査レポートは詳細な分析結果を示していないが、日本語の資料として先駆け的存在として評価できる。

その他、食品需給研究センター、食品産業センター、大手商社や金融機関の総合研究所からも調査レポートが若干発表されている。全体として、シンクタンクの調査研究の特徴としては綿密な現地調査に基づいて発表されることが多い。特にジェトロのような大手シンクタンクでは、人材と財力を生かして個別のテーマについて詳細な調査が行われている。もちろん、シンクタンクからの調査研究はまず実需を重視して理論的な思考は足りないのも特徴であると思われる。

(2) 中国での研究

食料品をめぐる日中貿易および日系食品企業や商社の中国での投資活動に関す

る研究は、2000年ごろから始まった。前述したように国内市場と農家の利益を守るため、日本政府は2001年4月に中国から輸入が急増しているネギ、生シイタケ、畳表（イグサ）の3品目について一般セーフガード（緊急輸入制限措置）を決定した。これは日中貿易において初めての摩擦となった。この事件を背景にして中国国内で日中間の農産物貿易に関する研究がブームとなり、多くの論文[1)]が発表された。その頃の研究は日本の一般セーフガード発動の背景およびそれによる中国産農産物の対日本輸出への影響に関する分析が多かった〔陳、何 2001〕。中国の政治的および社会的環境に取り巻かれて、多くの中国人研究者は自分の研究を通して政府に献策することを共通の特徴としている。中国産農産物の対日本輸出をいかに拡大させ、日本の保護的貿易政策にどのように対応するか、今後の輸出戦略はどうすべきかという提言がよく出されている。また、中国における日系食品企業や商社の開発輸入に対する研究は一部の論文の中で言及されているが、2007年までは希少であった。2007年末、冷凍餃子事件が発生したが、冷凍餃子事件の後、食料品をめぐる日中経済関係に関する中国での関心がさらに高まってきた。中国での研究範囲も野菜などの農産物から拡大して、水産物、加工食品の対日本輸出に関する調査研究も現れた〔王 2009〕。また、この時期から食料品をめぐる日中貿易における日系食品企業や日系商社の存在に関する研究も行われ、日系食品企業の対中国直接投資による食品加工技術の移転、中国の輸出拡大への貢献を強調する研究が若干発表された〔蕎 2008〕。

また、2006年ごろまで食料品をめぐる日中貿易は基本的に中国の一方的な対日輸出であった。2007年夏、日本産米の対中国輸出が再開された。中国においても日本産米の対中国輸出の再開は大きな話題となった。米だけでなく、日本産の水産物や加工食品の対中国輸出もその頃拡大してきた。このような事情を鑑みて、日中間の食料品貿易は双方向の時代に入ったと思われた。そのため産業内貿易からの視角による研究が中国で始まった〔邵 2011〕。他方、日中間の食料品貿易と投資活動における香港、台湾との関係に関する研究はまだ皆無の状態であった。

1）中国語の社会科学分野の論文は一般的に短く、和文による論文のように2万字前後の論文は少ない。和文或いは英文の学術論文の体裁から見れば学術論文とはいえない論文が多い。

3. 研究の目的

(1) 研究の目的

上述した先行研究からわかるように、食をめぐる日中経済関係に関する先行研究は主に農業経済学分野で行われている。農業経済学は、文字通り農業に関しての経済学である。もちろん、今日の農業経済学は従来の農業・農村問題以外にも食料や環境などの問題について研究する学問となっている。また、農業とその関連企業・産業を統括するアグリビジネスという概念の登場によって農業経済学の研究領域は農業機械・農薬・肥料などの農業資材、品種改良、株式会社の農業参入、農産物の流通・貿易・加工などへと広がっている。しかし、農業経済学の研究領域はアグリビジネス、環境問題まで発展してきたが、農業を中核とする学問的な特徴は変わっていないと思われる。

食をめぐる日中間の貿易、投資活動は国境を超える経済活動であり、もちろん国際経済の一部となっている。しかし、それらの問題に対して日本においては国際貿易、外国直接投資と為替レートの変動などに着眼する国際経済学分野からの研究は希少にとどまっている。中国においても、日本と同様に農業経済学からの研究は圧倒的に多い。本書の研究目的はまず国際経済学の視角から食をめぐる日中経済関係の解明を試みる研究である。本書の研究によって日中経済関係研究の未開拓の領域を埋めるということをあえていうわけではないが、農業経済学と違う着眼点から思考して、食という側面から日中経済関係研究の発展に微力を尽くしたいと思う。具体的な研究目的は次のように設定した。すなわち、日中間における食料品の貿易、日系食品企業と外食企業の中国進出の具体的な状況を把握し、食をめぐる日中関係の特質を国際経済学の視角から解明する。そして、その特質の解明をふまえて食をめぐる日中経済関係のこれからの課題を検討する。

(2) 対社会への発信

巨額な日中貿易において食料品の貿易は金額から見れば決して大きくはない。例えば、2013年の日中貿易において、日本の中国からの輸入総額は17兆7,000億円であり、そのうち食料品[2)]の輸入額は8,864億円であった。中国からの輸入全体

2) ここの食料品は飲料、タバコと動植物油脂を含める。

に占める食料品の比率は5%しかなかった。その金額とシェアは中国から日本に輸入される工業製品には遥かに及ばない。他方、日本の対中国輸出の中に占める食料品の輸出はさらに少ない。2010年に日本産食料品の対中国輸出は史上最高となり、450億円に達した。その金額は日本から中国への総輸出に占める割合はわずか0.03%しかなかった。ところが、食料品をめぐる日中経済関係は常に注目されて、ほとんどの人の関心事となっている。理由は食の問題だからである。中国からの食料品輸入は、今日の日本国民の食生活にとって重要な課題の一つとなっている。2007年冷凍餃子事件および同事件に対するマスコミの過剰喧伝によって多くの日本国民は今日なお中国食品の安全性について心配している。他方、福島原子力発電所事故のため、中国においては日本産食料品の安全性に過剰反応して、風評が広がっている。近年、日中関係には望ましくない出来事が頻発しているが、その背景の一つとしては、客観的な事実が正しく伝えられていないことに起因することがあると思われる。統計資料および著者による現地調査の成果をふまえた本書は食をめぐる日中経済関係の事実とその特質を実証的に解明する研究である。この研究が日中両国民の相互理解の促進に少しでも役に立つであろうと信じている。

第2節 研究方法

1. 本書の分析角度

社会経済構造の変化にともなって、1970年代半ばから日本の食料品輸入が拡大してきた。日本の食料品の輸入先は世界中に及んでいるが、輸入先によってその内容は異なる。アメリカ、オーストラリア、ブラジルなどからは主に穀物と肉類を輸入しているが、中国から日本に輸入される食料品はほとんど加工食品である。中国から日本に輸入される食料品の内訳を見てみると、魚介類、鶏肉と冷凍・調製野菜が主力品目となっている。魚介類は生鮮・冷凍品より調製品の割合が大きい。鶏肉は2005年頃から生鮮・冷凍品がほとんどなくなり、唐揚げやフライドチキンなどの調製品が主流になった。野菜は中国から輸入される食料品の中で特に重要な位置を占めている。野菜も生鮮野菜より冷凍野菜、乾燥野菜、塩蔵野菜、酢調製野菜、トマト加工品など、調製野菜の輸入金額が圧倒的に大きい。要するに中国から日本に輸入される食料品は農水畜産物よりむしろ食品工業の生産品であると理解すればよい。

中国では改革開放以降、沿海地域を中心として、多くの食品加工企業が設立されると同時に日系企業を含めて多くの外国食品企業を受け入れている。それらの食品加工企業は現地の低賃金を生かして中国国内および世界から原材料を調達して、各種食料品を加工している。また、加工された製品の多くは海外に輸出している。前述したように、中国の沿海地域は既に世界の加工食品の一大供給地となっている。

国際経済学は、複数の国民経済にまたがる経済現象を対象とする応用経済学の一分野である。換言すれば、国際経済学は国家間で行われるいっさいの経済取引を対象とする学問であり、国際貿易、国際金融、企業の外国直接投資等の活動を主な研究領域とする。本書では、国際貿易、国際金融、外国直接投資等の分野における理論を用いながら、食をめぐる日中経済関係を検討していく。国際貿易論からの検討は伝統的な貿易理論から新しい貿易理論まで諸理論に基づき、食料品をめぐる日中貿易の特質を明らかにする。国際金融論からの検討は主に為替相場の変動が日中間の食料品貿易および企業の外国投資活動に与える影響を実証的に分析する。外国直接投資からの検討はアグロメレーション（Agglomeration）理論を用いながら日系食品企業と日系外食企業の中国進出の諸相を中心として考察する。

また、食をめぐる日中経済関係では、香港・台湾との関係が深い。香港は中国と世界との経済交流の重要な窓口であり、日本の農水産物の最も重要な輸出地域である。香港は外国企業にとって中国ビジネスのゲートウェーであり、中国の経済、政治情報を収集する窓口である。多くの日系食品企業、外食企業は香港を経由して中国へ進出している。他方、台湾は半世紀にわたる日本の植民地支配と経営の結果、食文化を含めて日本の文化が浸透している。台湾は日本以外で日本の食文化、企業文化などを最もよく理解している地域であるといっても過言ではない。このような歴史的経験と文化を持つ台湾は食料品分野での貿易と投資において日本と中国との間の架橋となっている。日本の米菓、即席麵、ラーメン、喫茶店などの食文化の中国進出はほとんど台湾とかかわっている。また、日系食品企業が中国へ進出する際、台湾企業と連携するケースが少なくない。そのため、本書では、食をめぐる日中経済関係における香港と台湾の役割につて国際経済関係の角度から考察していく。

2. 資料の所在およびその特殊性

日中間における食料品の輸出入に関する統計データは第一に日本財務省の貿易統計が挙げられる。周知のように財務省の貿易統計は通関統計とも呼ばれ、日本の対外貿易についてのまとまった統計である。取引される品目は9桁の統計番号（HSコード）毎の集計となって、商品の種類、数量、金額の詳細を把握している。しかも、ウェブサイトでも利用できるようになっているので、日本と外国との間で行われている貿易の具体的な状況を調べるのに便利である。財務省の貿易統計は、輸出については、FOB価格（本船渡し価格）、輸入については、CIF価格（保険料・運賃込み価格）で計上されている。財務省の貿易統計を利用する本書の各図表は、日本から中国へ輸出される商品の金額はFOB価格で、中国から日本に輸入される商品の金額はCIF価格である。また、統計データとしては財務省の貿易統計に基づいて集計・整理された農林水産省の『農林水産物輸出入統計』、オムニ情報開発の『食料品貿易統計年報』、農畜産業振興機構（独立行政法人）の野菜輸入データなどがある。その他、ジェトロは財務省が発表した貿易統計を米ドルに換算して米ドル建ての日本と外国との貿易統計を公表している。

日中間の食料品貿易については、もちろん中国側も統計データを公表している。中国側は公表される資料として『中国商務年鑑』（中国商務部編）がある。ただ、同年鑑の中の情報とデータは概要的なものにとどまっている。中国税関は通関統計を公表しているが、詳細なデータは税関のビジネスとして有料利用となっている。調べる内容によって利用料金が高額になる場合もある。本書では、便宜上輸出入の統計は中国側の資料を参考にして、基本的に日本財務省の貿易統計を利用する。

日系食品企業と日系外食企業の中国進出については、東洋経済新報社編『海外進出企業総覧』、経済産業省編『我が国企業の海外事業活動』、21世紀中国総研編『中国進出企業一覧』などが挙げられる。しかし、上記した資料の中に収録されるのは進出年次、進出先、資本金、投資形態などの基本情報にとどまり、企業の中国での経営状況は反映されていない。しかも、収録される中国への進出企業は一定規模のある企業に限られている。実際には多くの中小食品企業が中国へ進出している。日系食品企業の中国進出と現地での経営状況をミクロ的に把握するために、筆者はここ数年にわたって数多くの現地調査を行い、各種の情報や資料を収集した。

中国では農業、食料、在中国外資企業関連の年鑑類、報告集などが数多く出版されている。その中に日中間の食料品貿易、日系食品企業の中国進出も含まれている。しかし、全体として内容の重複が多く、資料の厳密さと情報の正確さの問題もあり、引用できるデータは決して多いとは思えない。特に年鑑類の多くはビジネスのために出版され、頁数を揃えるために直接関係のない資料が大量に収録されている[3)]。要するに、中国における関連資料は数として多く存在しているが、利用する際、選別と確認をしなければならない。

3. 本書の構成

本書は、以下の構成よりなる。

第1章「食料品をめぐる日中貿易の歴史」は、今日の食料品をめぐる日中貿易を時系列的に理解するために第二次世界大戦終戦から1970年代までの状況とその特徴を考察する。本章の考察する時期を1970年代末期までと設定する理由は主に中国側の事情のためである。1970年代までの中国は社会主義計画経済体制を堅持していた時期であり、その時期の日中間の貿易は1980年代以降の事情と根本的な相違が存在するためである。

第2章「中国における食料事情の変遷」は、中国産食料品の対日本輸出拡大の背景を理解するために、中国における食料品の生産と消費の事情およびその変遷を概観する。具体的には1980年代以降、中国の穀物、野菜、肉類、水産物などの生産と消費を統計で確認しながら、沿海地域を中心とする中国の食品加工産業の成長過程を紹介する。

第3章「中国産食料品の輸入拡大」は、日本の財務省の貿易統計を中心にして、

---

3) 中国食糧局が編集する『中国食糧年鑑』は代表的な一例である。2006年版の『中国食糧年鑑』ははじめの頁から84頁まで役人の地方視察時の写真と談話録ばかりである。第85頁以降にも食糧担当役所の紹介や各種通知・通達が溢れて、統計データなどはほとんどない。多くの年鑑類は高額で販売されるが、参考資料としての価値が低い。

各種資料を利用しながら、1980年代以降の日本の中国産食料品輸入拡大過程とその特徴を考察する。

第4章「日系食品企業の中国進出と開発輸入」は、食料品をめぐる日中貿易と日系食品企業および日系商社との関係を検討する。中国から日本に輸入される食料品の多くは中国へ進出している日系食品企業あるいは日系商社と深く関わっている。本章では日系食品企業と日系商社の中国への進出状況と現地での経営活動を考察しながら、食料品をめぐる日中経済関係における日系食品企業と日系商社の存在を確認する。

第5章「日本産食料品の対中国輸出」は、まず、食品産業における日中両国のそれぞれの国内市場の変化を概観する。そして、日本政府の輸出戦略をふまえて、統計資料に基づいて日本産食料品の対中国輸出の状況と特徴を明らかにする。

第6章「食をめぐる日中経済関係と香港」は、国際貿易センターとして香港のビジネス環境を概観し、貿易と外国直接投資を中心にして食料品をめぐる日中経済関係における香港の位置を検討する。

第7章「食をめぐる日中経済関係と台湾」は、まず、食料品をめぐる日中台の相互関係を概観する。そして、中国食品生産における日台企業の連携関係およびうなぎ産業の台湾から中国への移転に絞って、食をめぐる日中経済関係における台湾の役割を検討する。

第8章「日系外食企業の中国進出」は、日本外食産業の変遷と中国外食産業の拡大状況を概観しながら、日系外食企業の中国進出過程、現地での経営特徴、直面している課題などを総合的に考察する。

終章では、国際経済学の諸理論を用いながら、食をめぐる日中経済関係を総括する過程で、その特質を明らかにする。さらに、食をめぐる日中経済関係の課題を提起する。

また、本書の一部の内容は、筆者が過去数年間にわたり発表してきた論文も含まれるが、新しい統計資料や事情をふまえて加筆・修正した。

【参考文献】

＊隅谷喜三郎・劉進慶・凃照彦著『台湾の経済——典型NIEsの光と影』東京大学出版会、1992年。

＊大洞東平著『銃を持たされた農民たち——千振開拓団、満州そして那須の62年』築地書館、1995年。

＊満州開拓史刊行会編『満州開拓史』(非売品)、昭和41年3月。

＊竹ノ子昭二「青森・ニンニク——中国産に追撃される日本一産地」『急増する輸入野菜と国内産地』(農政ジャーナリストの会編)、1995年5月。

＊王志剛、豊智行、福田晋他「中国野菜産地における農家経営と作物選択の策定」『農業経済論集』(九州農業経済学会) 第53巻2号、2002年。

＊坂爪浩史・朴紅・坂下明彦編『中国野菜企業の輸出戦略』筑波書房、2006年。

＊大島一二編『中国野菜と日本の食卓』芦書房、2007年。

＊大塚茂・松原豊彦編『現代の食とアグリビジネス』有斐閣、2004年。

＊島田克美・下渡敏治・小田勝己・清水みゆき著『食と商社』日本経済評論社、2006年。

＊山尾政博「日本の水産物貿易の構造変化と東アジア食品産業クラスター——北海道秋サケ輸出を事例に」『農業水産経済研究』(広島大学) 第13号、2013年3月。

＊佐藤敦信「日本産農産物の対中国・台湾輸出における輸出主体の制度的対応」『現代中国学ジャーナル』(愛知大学中国学研究センター) 第4巻第1号、2011年11月。

＊齋藤修・下渡敏治・中島康博編『東アジアフードシステム圏の成立条件』農林統計出版、2012年。

＊ジェトロ「中国消費者の日本食品に対する意識調査報告書——主要都市1,500人インターネット調査」2011年、ジェトロHP。

＊陳永福・何秀栄「中日蔬菜贸易战原因分析和对策探讨」『農業経済問題』(中国農業経済学会)、2001年8月号。

＊王天令他「中国対日水産品出口貿易之SWOT分析」『河北漁業』(河北省水産学会)、2009年3月号。

＊蕎雯他「日本対華農業直接投資与中国農産品貿易関係研究」『世界経済研究』(上海社会科学院)、第2号、2008年2月。

＊邵桂蘭「中日農産品産業内貿易実証分析」『山東経済』(山東財経大学)、第3号、2011年5月。

第1章
食料品をめぐる日中貿易の歴史

食料品をめぐる日中貿易の歴史は長く、少なくとも第二次世界大戦終戦直後まで遡ることができる。実際には冷戦時代の日中貿易においては、地下資源と並び食料品が重要な位置を占めていた。特に中国産の大豆は日中貿易の中で重要品目であった。大豆をはじめとする中国産食料品の輸入に対し、日本からは昆布、ふかひれなどの水産物が中国へ輸出されていた。

本章では、今日の食料品をめぐる日中貿易を時系列に理解するために、第二次世界大戦終戦から1970年代までの状況とその期間の特徴を考察する。また、本章の考察する時期を1970年代末期までと設定する理由は主に中国側の事情のためである。1970年代までの中国は社会主義計画経済体制を実施していた時期であり、その時期の日中間の貿易は、改革開放政策を採用した1980年代以降の事情とは根本的な相違点が存在するからに他ならない。

第1節 戦後日中貿易の復活と食料品輸出入の再開

1. 戦後日中貿易の復活

第二次世界大戦前、日本の対外貿易における中国の割合は大きかった。開戦前において日本の対外貿易総額に占める対中国輸出の割合は約5割、対中国輸入では約2割であり、開戦後は輸出入とも中国の割合がさらに高まった〔副島 1996：170〕。しかし、戦後はこの状況は一変し、中国との貿易はほぼ中止となった。終戦直後、日本の対外貿易はアメリカを中心とする占領軍の完全統制下に置かれていたが、1947年には制限付き貿易が再開された。1949年2月、米国安全保障会議は「中国貿易に関する米国の政策」を制定した。中国の内戦において共産党軍の優勢がすでに確定的になったこの段階でも、アメリカは日中、米中貿易に関して必ずしも全面的に否定的ではなく、むしろ中国をソ連から引き離すうえで必要だと捉えていた〔副島 1996：171〕。1949年10月に中華人民共和国成立後、アメリカ政府は日本の経済復興を東南アジア地域の中で位置づけ、中国へは依存し過ぎないよう警告したが、対中国貿易を禁止しようとするものではなかった。

このような動きの中で、日本国内でもドッジライン実施による不況の打開のためにも日中貿易への期待が高まり、1949年8月には日中貿易促進会および日中貿易促進議員連盟が結成された。こうして中華人民共和国が成立して以来、占領軍の指図のもとに台湾との貿易と並行して中国との貿易が復活した。

1950年6月に朝鮮戦争が勃発し、同年10月に中国軍は参戦した。中国軍の朝鮮戦争参戦のため、米国は対中禁輸措置を発動した。1951年10月、アメリカ政府はバトル法[1)]を公布し、アメリカの援助を受ける国に対して共産圏国への輸出禁止を強制した。もちろん占領下の日本に対してもこれに準じる統制を行なった。また、1952年、アメリカ主導の下に対中国輸出統制委員会（China Committee、俗称はチンコム）が組織された。中国貿易に関する日米間の了解により、対中国貿易は厳しい統制のもとに置かれた。これ以降、日中貿易は急減し、日本の対中国貿易への期待は絶望的になった。

朝鮮戦争は一時的に日本経済に特需景気をもたらしたが、1952年以降、戦争終結化への進展にともなって、戦争特需の規模が縮小してきた。日本は輸出振興のための新たな道を真剣に図らねばならない事態に直面した。特需の減少により景気が後退する中で、中小企業をはじめ、産業界では日中貿易の再開にますます関心を示すようになり、その促進を求める全国的な運動が次第に表面化することになった。一方、中国側は経済復興のため、日本を含む資本主義諸国との貿易拡大を希望していた。また、1952年にモスクワで国際経済会議が開催された。この会

1）バトル法の正式名称は「1951年相互防衛援助統制法」（Mutual Defense Assistance Control Act of 1951）である。提出者の民主党下院議員L.C.バトル氏の名を採って、俗にバトル法と呼ばれる。同法は1951年12月に成立し、翌1952年1月24日から発効した。当時米国相互安全保障庁（MSA）の所管であったが、1953年8月に対外活動本部（FOA）が出来てからはFOAの所管になった。同法制定の目的は、ココムの統制に違反した場合、一定の制裁を行うためである。同法には次のようなことが規定されている。①米国の援助を受けている諸国にいかなる物資が禁輸されるべきであるかを決定すること。②禁輸リストをその時の情勢に合うように絶えず調整すること。

議で自由主義諸国と共産主義諸国との経済交流の杜絶が彼我（ひが）共に不利であり、イデオロギーを超越した貿易を要請する両主義諸国間の一致した見解が現れた。このような国内外の複雑な背景の下で、日中貿易再開の環境が整えられた。

日中両国の希望により、1952年6月に第1次日中民間貿易協定が北京で締結された。第1次日中民間貿易協定の主な内容は以下の通りである。

第1条　双方の輸出および輸入金額は各3千万英ポンドとする。
第2条　双方の同意のもとに同類に属する商品を相互に交換するものとする。
双方の輸出商品の分類および各類の総額に対する百分比はそれぞれ次の通りとする。
- 中国よりの輸出
甲類　総額の40%
乙類　総額の30%
丙類　総額の30%
- 日本よりの輸出
甲類　総額の40%
乙類　総額の30%
丙類　総額の30%

第3条　双方の貿易取引は、商品の物々交換をもって原則とし、一部は英ポンドをもって計算する。
第4条　本協定の具体的な実行を促進するために、輸出入商品の数量、規格、取引期日および場所等に関しては、乙方（日本）が代表を派遣して、甲方（中国）と交渉するものとする。乙方（日本）代表は日本の商工業界正式代表であることを要し、かつ貿易の交渉に限るものとする。
第5条　輸送ならびに支払応報に関しては、具体的契約を締結するときにあらためて、双方で協議する。
第6条　双方が契約を実行するに際して、紛争が発生した場合には、双方よりなる仲裁委員会を設ける。その仲裁は、中国国内においておこなうものとする。
第7条　本協定は、1952年12月31日以前に実施すべきものとし、同期限までに貿易総額が協定額に達しない場合は、双方の同意を得て、事情に応じて期限を延長し討議する。
第8条　本協定は、中国語及び日本語をもっておのおの2通を作成し、両国語の文書は同等の効力をもつ。

上記のような日中民間貿易協定は、1958年まで4回にわたって締結された。日中民間貿易協定の実施と推進によって終戦後の日中貿易は回復してきた。1950年から1959年までの10年間の日中貿易の推移は表1-1の通りである。

表1-1　日本の対中国貿易の推移（単位：千米ドル）

年 次	総 額	日本の輸出	日本の輸入	貿易収支（▲は入超）
1950	58,961	19,633	39,328	▲19,695
1951	27,434	5,828	21,606	▲15,778
1952	15,502	599	14,903	▲14,304
1953	34,246	4,539	29,707	▲25,168
1954	59,876	19,106	40,770	▲21,664
1955	109,323	28,547	80,776	▲52,229
1956	150,987	67,339	83,648	▲16,309
1957	140,967	60,485	80,482	▲19,997
1958	105,032	50,605	54,427	▲ 3,822
1959	22,565	3,648	18,917	▲15,269

注：日本側の一貫した赤字の主な理由として、対中国輸出品の中には前文で述べたアメリカの「バトル法」に基づく対中国輸出禁制品が多く含まれ、輸出制限にあったと考えられる。
出所：旧通産省編『通商白書』各年版より作成。

2. 日中間食料品輸出入の再開

1950年代における日中貿易の商品構成を見ると、中国からの輸入は鉄鉱石や石炭などの鉱物資源のほか、大豆、雑豆類、落花生、胡麻などの食料品が多く含まれている。日本の対中国輸出は、工業用材料および工業製品が大部分であったが、昆布、魚介類などの海産物も含まれている。表1-2は1954年日中間食料品の輸出入状況である。

表1-2で明らかなように中国から日本に輸出される食料品は、精米、豆類、魚介類、果実、野菜、調味料、採油用の種まで幅広く含まれている。他方、日本から中国へ輸出されるものは魚介類などの水産物を中心としていた。中には、中国料理の高級食材として知られているふかひれ、あわびなどが含まれている。水産

表1-2　主な食料品をめぐる日中間の取引（1954年）（単位：千円）

中国からの輸入		中国への輸出	
商品名	金額	商品名	金額
からつきの鳥卵	2,850	牛および水牛	4,821
甲殻類および軟体動物類	13,867	貝柱（乾燥又は塩蔵したもの）	12,666
玄米	411,157	あわび（生鮮又は冷凍したもの）	1,114
精米	4,096,798	あわび（乾燥又は塩蔵したもの）	1,250
栗	39,469	いか（乾燥又は塩蔵したもの）	8,956
干ぶどう	32,356	さざえ	689
パイナップル	31,084	ふかひれ	2,011
小豆	428,275	馬鈴薯（生鮮のもの）	1,767
そら豆	367,358	しいたけ	833
緑豆	163,341	干長切昆布	83,848
えんどう	25,633	紅参（にんじん）	7,067
いんげん豆	3,566		
こんにゃく芋	1,846		
てん菜およびしょ糖	19,914		
紅茶	6,912		
桂皮	46,886		
丁子	4,848		
大豆	2,668,504		
ひまの種	110,103		
ごまの種	752,490		
麻の種	61,989		

出所：財団法人産業科学協会編『日・中貿易と我国の産業』財団法人産業科学協会、1956年、51ページと91ページ。

業は、1950年代の日本にとって輸出産業の一環を構成するものであった〔日中貿易研究会 2000：6〕。1950年代において、昆布は日本の対中国輸出の主な水産品であった。日本から中国へ輸出される水産物の中で昆布は他のものより圧倒的に多かった。また、表1-2の中の栗、小豆、いんげん豆、ふかひれ、あわびなどは現在でも輸出入が続けられている。この事情から食料品をめぐる日中貿易の歴史の長さを窺うことができる。1950年代、日本産昆布の対中国輸出は図1-1のような推移を示した。

図1-1　日本産昆布の対中国輸出

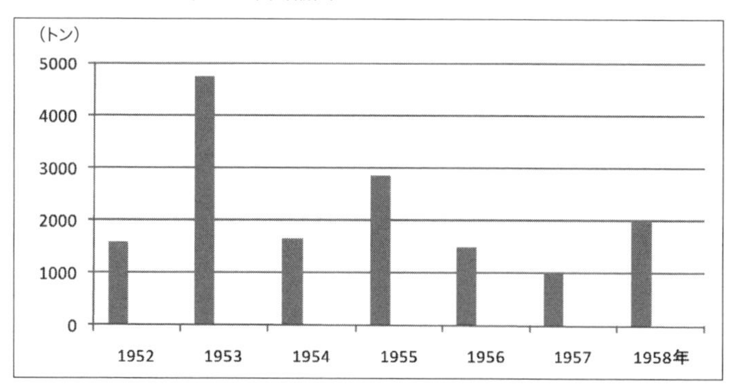

出所：日中貿易研究会編『黎明期の日中貿易――1946－1979年』東方書店、2000年、6ページ。

1957年に第1次岸内閣が発足した。戦後、日本の政治家の中で親台湾派の人は少なく、岸元首相はその内の一人である。岸は1954年に設立された「勝共連盟」を通じて、蔣介石と接触を保ち、1957年首相就任3ヵ月後には台湾を訪問し、台湾との間で「日華協力委員会」を創設した。反共イデオロギーと貿易ビジネスを背景に1950年代には日本の産業界も台湾との間に特別な関係を持っていた。例えば、当時、日本肥料工業協会の応接間には、正面に青天白日旗（中華民国の国旗）と蔣介石の肖像が飾られていた〔押川 1997 : 562〕。こうした政治的な雰囲気の中で、1958年に長崎で開催された中国商品展示会で中国国旗を引き下ろす長崎国旗事件[2)]が発生した。長崎国旗事件をきっかけに、日中貿易は完全に断絶することとなった。

2) 1958年5月に長崎市にある浜屋デパートの催事会場で「中国の切手・切り絵展示会」が開かれていた。展示会場に飾られていた中国の国旗が右翼青年に引き下ろされた上、損壊された。警察はすぐ犯人を拘束したが、事件を軽微な犯罪として取り扱った。それに対して、中国側は強い不満を示し、その後、日本との貿易を中止する声明を出した。中国側の強硬的な対応によって、中国と日本の貿易は全面的に断絶するに至った。

第2節 覚書貿易の展開と中国産食料品の輸入拡大

1.「LT貿易」と「友好貿易」の展開

1950年代末期と1960年代初期は、中国経済は非常に困難な時期に陥った。1958年から始めた第2次5ヵ年計画において中国共産党指導部は、数年間で経済的にアメリカ、イギリスを追い超すという「大躍進運動」を立案し、全国で実施した。しかし、市場原理を無視して、ずさんな管理のもとで無理な増産計画を指示したため、却って生産力の低下をもたらした。「大躍進運動」はまもなく失敗して中国の経済は混乱状態になった。

また、中国は1959年から1961年にかけて、連続3年間の自然災害に遭遇した。1959年には全国の被災耕地面積は4,463万ヘクタールで、全耕地面積の約3分の1に相当するほど甚大な被害を受けた。1959年前半には中国北部の食糧生産地域に旱魃が発生し、ほぼそれと同時に中国南部の多くの地域には洪水が起こった。翌1960年には前年の被害がまだ十分に復旧しえないうちに旱魃が各地で頻発していた。1960年の全国の被災耕地面積は前年より多く、6,546万ヘクタールに上った。1961年にも同じ災害が続いて全国各地で発生した〔中国民政部・国家統計局 1996：308〕。1959年から1961年にかけての連続3年間の自然災害では多くの国民が犠牲者となった。災害による死者の数について公式に確認された数字はないが、近年発表された研究では、約3,200万人という推計がある〔曹 2005：178〕。

さらに、この時期から中ソ間の友好同盟関係は亀裂が始まり、最後には敵対関係に至った。経済混乱、自然災害による食糧危機、ソ連からの機械と化学肥料輸入の停止など、さまざまな諸問題を解決するために中国は西側諸国との通商拡大を求めざるを得なくなった。

他方、日本ではこの頃高度経済成長期に入り、中国との貿易再開を期待していた。そのため、石橋湛山のほか、松村謙三、宇都宮徳馬、古井喜実ら親中派の自民党議員が繰り返し訪中し、中国との貿易再開・国交正常化への打診が行われた。

このような背景のもとで、中断されていた日中貿易関係の修復を図り、1960年8月に中国政府は「貿易三原則」を発表した。この貿易三原則は、①今後の貿易協定は政府間協定を追求する、②政府間協定はなくても民間協定を締結する、③従来通り、個別的配慮に基づき、友好的企業、特に中小企業の貿易を斡旋する、というものであった。そして政府間貿易協定は「両国政府が友好の方向に発展し、正常な関係を樹立するなかではじめて調印されるもの」であり、このためには中国政府は、①日本政府は中国政府を敵視してはならない、②米国に追随して「二つの中国」をつくる陰謀を弄ばない、③日中両国関係が正常化の方向に発展することを妨げないという「政治三原則」を堅持するが、個別的「友好貿易」の発展を通じて実質的な政経分離により、貿易関係を発展させようとするものであった〔副島1996：176〕。

また1960年7月、対中強硬派の岸内閣が安保改定問題で退陣し、新たに誕生した池田内閣は経済交流を通じた中国との関係改善の姿勢を打ち出した。このような機運を背景に自民党顧問の松村謙三が訪中し、周恩来との間で日本側が化学肥料とプラント、中国側が大豆、塩、石炭、鉄鉱石を輸出する長期計画に基づいた総合貿易が提案された。この提案をもとに、1962年11月に「日中総合貿易に関する覚書」が調印された。この覚書の署名者（廖承志〈Liao Chenzhi〉と高崎達之助〈Takasaki Tatsunosuke〉）の苗字のローマ字綴りの頭文字をとって、一般的に「LT貿易」と呼ばれるようになった。

この覚書では、1963年から1967年までの5年間を第1次5カ年貿易期間とし、年間の平均取引総額を3,600万英ポンドとする。中国側の輸出品は石炭、鉄鉱石、スズ、大豆、トウモロコシ、豆類、魚介類、塩など、日本側の輸出品は鋼材（特殊鋼材を含む）、化学肥料、農薬、農業機械、農具、プラントなどとすることが規定されていた。

1967年、LT貿易は計画の5年間の期限切れを迎えた。日中両国の交渉を通じて、同貿易協定は1968年以降1年ごとに両国の交渉者が覚書を交わす形式となり、MT貿易（Memorandum Trade）と改称された。この貿易関係は国交正常化の翌年1973年まで続き、日中経済交流を深める役割を果たした。

LT貿易協定とその後のMT貿易協定により、日中両国間の貿易規模は急速に拡大した。言い換えれば、日中貿易拡大にはLT貿易とその後のMT貿易の貢献は大きかった。特に1960年代前半までに日中貿易総額の中でLT貿易の金額は約4割を占めていた。

表1-3　LT貿易の推移（単位：千米ドル）

年次	日中貿易総額（通関実績）	LT貿易（契約実績）	LT貿易の比率（%）
1963	137,016	86,248	62.9
1964	310,489	114,551	36.9
1965	469,741	170,550	36.3
1966	621,387	204,787	33.4
1967	557,733	151,889	27.2
1968	549,623	113,348	20.6
1969	625,607	65,080	10.4

注：1）1969年のLT契約実績は推計値である。
　　2）LT貿易は1968年以降、MT貿易（Memorandum Trade）と改称された。
出所：財団法人・霞山会編『日中関係基本資料集1949～1979年』財団法人・霞山会、1998年。1263ページ。

表1-4　友好貿易の推移（単位：千米ドル）

年次	日中貿易総額（通関実績）	友好貿易（契約実績）	友好貿易の比率（%）
1963	137,016	50,786	37.1
1964	310,489	195,938	63.1
1965	469,741	299,191	63.7
1966	621,387	416,600	67.0
1967	557,733	405,844	72.8
1968	549,623	436,275	79.4
1969	625,607	560,527	89.6

出所：財団法人・霞山会編『日中関係基本資料集1949～1979年』財団法人・霞山会、1998年、1263ページ。

一方、LT貿易（後にMT貿易）の促進とともに、友好貿易と呼ばれる貿易も並行しながら行われてきた。前述したように1958年の長崎国旗事件により日中間の貿易は断絶となった。しかし、日本は漢方薬、中華料理の一部食材などを中国からの供給に大きく依存していたことから、1960年に社会党と日本労働組合総評議会（総評）が中国に申し入れを行い、中国側は友好貿易を行うことを承諾した。以降、友好貿易としてこの貿易の形態は拡大された。この友好貿易に参加する貿易会社は友好商社と呼ばれている。友好商社は社会党や日本労働組合総評議会関係者の推薦を受け、中国側から了承された貿易会社である。指定された友好商社は勿論前述した日中貿易にかかわる政治三原則と貿易三原則を守らなければならない。指定された友好商社は年に春と秋の2回、広州輸出入商品交易会[3]に招待されて商談を行うほか、北京にある対外貿易部（省）傘下

3）広州輸出入商品交易会は、中国商務部（旧対外貿易部）が広東省広州市で主催する中国最大の見本市である。1957年の第1回以降、毎年春秋の2回開催されてきた。2008年秋からは会期が出展品目別に3期に分けて開催されている。広州輸出入商品交易会は計画経済時代における中国で唯一世界に開かれた場であった。

の専業貿易公司を訪れ、商談を行った。友好商社は、当初、友好団体および大手商社のダミー会社が主体であったが、逐次銀行や海運会社なども加わった。日中国交回復直前の1971年の友好商社は335社であった〔河合 1999：1227〕。1960年代の半ばよりLT貿易の代わりに、友好貿易の日中貿易における位置はますます高くなった。1969年に至って、友好貿易の日中貿易総額に占める比率は9割になった。

また、1960年代の日中貿易の商品構成を見れば、1950年代と異なっている。中国の対日本輸出商品は相変わらず食料品と鉱物資源を中心としたものであるが、日本は製造業の発展にともなって対中国輸出品は工業製品が圧倒的に多くなり、水産物などの食料品の対中国輸出が少なくなった。日中貿易は垂直貿易の状態が形成されたのである。

2. 中国産食料品の輸入拡大

1960年代初期、中国産食料品の対日輸出は激減していた。その理由は主に二つある。一つは1958年長崎国旗事件により日中貿易はほぼ断絶状態になったこと、もう一つは前述したように中国は1959年から1961年にかけて、連続3年間の自然災害に遭遇し、農業生産は多大な打撃を受けたことにある。農業生産の減少により中国は1961年に穀物、植物油脂の輸出国から輸入国に転落した〔朱 1992：190〕。

1962年以降、中国の農業生産は3年連続の自然災害から回復し始めた。また、同年LT貿易協定が調印され、以降、日中貿易拡大の過程で中国産食料品の輸入も再開された。その中で中国産大豆の輸入拡大は特に注目される。戦前日本の大豆輸入は中国東北産大豆（いわゆる「満州大豆」）に強く依存していた。戦前の日中貿易において、大豆は中国からの輸入品の中で最大の品目であった。1930年代中期、日本が中国から輸入した大豆は年間約50万トンとなり、日本の大豆の全輸入に占める中国の比率は7割と圧倒的に高い地位にあった〔王 1999：149〕。

LT貿易と友好貿易の展開の下で、中国産大豆の輸入は最盛の時期になった。中国産大豆の年間輸入量は1963年に22.6万トン、1964年に28.4万トン、1968年には史上最多の41.7万トンまで増えてきた。大豆の他、中国産米、トウモロコシの輸入も大きく増加した。中国産トウモロコシの輸入は1950年代に行われていたが、1959年から始まった3年間連続の自然災害の影響で1962年に停止となった。1963

表1-5　中国産主要食料品の対日本輸出状況（単位：万トン、千米ドル）

商品名	1964年		1966年		1968年		1970年	
	数量	金額	数量	金額	数量	金額	数量	金額
冷凍エビ	0.6	11,577	1.2	22,652	0.3	8,242	0.6	19,280
米	—	—	31.3	51,360	10.5	19,155	—	—
小豆	2.2	3,456	4.0	7,868	2.7	4,729	1.6	5,002
トウモロコシ	14.9	8,819	14.4	9,504	4.9	2,889	—	—
大豆	28.4	30,488	39.3	49,187	41.7	46,129	29.1	36,044

出所：旧通商産業省『通商白書』各年版より作成。

年から中国産トウモロコシの輸入は再開され、1965年には中国産トウモロコシは24万トンが輸入されて、中国産食料品の対日本輸出の主要な品目の一つとなった。中国産米の対日本輸出は1955年に結ばれた「第3回日中民間貿易協定」の中には登場していたが、本格的な対日本輸出は1965年から始まった。中国産米はLT貿易の主要輸入品目として1965～68年の4年間、毎年10～30万トン輸入されたが、1960年代末に至ると日本の国産米が過剰気味になったため徐々に減少し、1972年にはまったく輸入されなくなった。また、冷凍エビ、小豆なども中国の主な対日本輸出品目となっていた。1960年代中国産主要食料品の対日本輸出状況は表1-5の通りである。

第3節　国交正常化後の中国産食料品の輸入状況

1. 国交正常化による日中貿易の急増

1970年代に入ってから中国をめぐる国際関係は急激に変わってきた。1971年7月15日にアメリカのニクソン大統領は中国から訪問の要請を了承したことを突然発表して、世界を驚かせた。日本はこの発表の内容を15分前までに知らされておらず、日本の政界は対中国政策を巡って混乱に陥った。1972年2月、ニクソンは中国を訪問し、上海で外交方針をまとめた第1次米中共同声明（上海コミュニケ）を発表した。その中で米中両国は国交正常化へ向け、連携を一層強化していくことを約束した。

日本では1972年7月、第1次田中角栄内閣が成立した。日中関係正常化への意志を持つ田中内閣に対して、中国は従来の佐藤栄作政権批判から一転して歓迎姿勢を示した。1972年9月、田中角栄は中国を訪問した。毛沢東と周恩来との会談の後に、国交樹立のための「日本国政府と中華人民共和国の共同声明」(日中共同声明)が調印された。日本では財界、政界をはじめ、メディア、世論などが対中国交樹立を歓迎し、中国ブームが全国的に現れた。

前述したように、日中国交正常化以前、両国の貿易は民間貿易として進められてきたが、国交正常化以降、政府主導の貿易が開始された。日中国交回復によりこれまでのLT貿易、MT貿易、友好貿易などの覚書貿易に代わる政府間の貿易協定の締結が求められることになった。実際には、日中共同声明の第9項で、両国の関係をいっそう発展させ、人的往来を拡大させ、また、既存の民間取り決めも考慮しつつ、貿易、海運、航空、漁業などの政府間協定の締結交渉を行うことが合意された。1974年1月、日中両国政府は北京で「日中貿易協定」(全文は10条より構成)に調印した。「日中貿易協定」の前文で日中間の民間貿易によって積み上げられてきた成果を尊重し、両国の貿易を平等互恵原則の上に一層発展させ、両国間の経済関係を強化することを示した。また、「日中貿易協定」の中で、双方の最恵国待遇の供与(第1条)、円元および他の交換可能の決済通貨(第4条)、技術交流の促進(第7条)、仲裁規定(第8条)、政府間混合委員会の設置(第9条)などを定めている。「日中貿易協定」の後、両国の政府間では、航空、海運、漁業などの協定が相次いで締結され、日中両国の貿易拡大のための必要な条件が急速に整えられてきた。

日中国交正常化およびその後の政府間貿易協定の締結によって、1972年以降日中貿易は飛躍的に拡大してきた。1972年の日中貿易総額は11億米ドルであったが、翌年の1973年には2倍ぐらい増え、

表1-6　日中国交正常化後の日中貿易(単位：千米ドル)

年次	総　額	日本の輸出	日本の輸入	貿易収支
1972	1,100,036	608,921	491,116	117,805
1973	2,013,504	1,039,494	974,010	65,484
1974	3,289,243	1,984,475	1,304,768	679,707
1975	3,789,653	2,258,577	1,531,076	727,501
1976	3,033,483	1,662,568	1,370,915	291,653
1977	3,485,545	1,938,643	1,546,902	391,741
1978	5,079,040	3,048,748	2,030,292	1,018,456

出所：旧大蔵省貿易統計より作成。

20億米ドルまで伸長した。それ以降も、日中貿易の急増が続き、1978年には日中貿易総額は50億米ドルを突破して、50億米ドルに達した。日本は中国にとっての最大の貿易相手国となった。他方、この時期の日中貿易において注目される新しい動向が見られた。第1次オイルショック以降、日本は中国から初めて石油を輸入し、中国へプラント並びに関連設備の輸出を始めた。また、この時期の日中貿易収支は、日本製工業製品の対中国輸出の急増によって日本側の出超となった。

2. 中国産食料品輸入の増加と商品構成

1972年の日中国交正常化以降、日本の工業製品の対中国輸出は一層拡大してきた。1973年、日本の対中国輸出を商品別にみると、鉄鋼を主とする金属品、機械器具、化学製品などの重化学工業品が輸出総額の91%を占めている。重化学工業製品の中で日本製化学肥料の対中国輸出は特に注目される。1970年代末期には化学肥料の対中国輸出は日本の化学肥料対外輸出総額の8割強となった。対中国輸出の一極集中は、当時の日本の化学肥料輸出の構造上の特徴であった〔網島 2004：87〕。

表1-7　中国産主要食料品の輸入状況（単位：万トン、千米ドル）

商品名	1972年		1974年		1976年		1978年	
	数量	金額	数量	金額	数量	金額	数量	金額
肉類	1.1	8,797	0.9	11,386	1.1	12,666	1.5	22,196
魚介類	2.7	44,025	3.3	88,448	3.0	77,248	3.2	140,225
（かずのこ）	0.4	18,591	0.6	25,493	—	—	—	—
（冷凍エビ）	0.6	15,475	0.9	48,583	0.6	42,663	0.9	93,398
穀物	3.5	5,106	5.1	21,620	3.7	10,469	3.1	17,944
果実及び野菜	—	43,645	—	54,854	—	91,110	—	116,899
（食用ナッツ）	1.5	12,208	1.3	16,774	2.3	29,804	2.4	43,811
トウモロコシ	6.5	3,883	6.0	8,805	—	—	—	—
落花生	1.6	7,059	1.2	9,324	1.6	13,826	1.0	13,991
大豆	25.4	37,963	23.2	66,182	13.3	36,589	8.0	26,271

出所：旧通商産業省『通商白書』各年版より作成。

他方、中国からの輸入では、鉱物性原材料と食料品のほか、繊維類と石油の増加が顕著となった。特に中国産石油の対日輸出は1973年には初めて100万トンになり、1974年には400万トンと4倍に拡大した。また、1970年代以降、中国から輸入された食料品の商品構成にも変化が見られた。まず、大豆の輸入は1970年代後半に入って減少したが、大豆以外の食料品はほとんど増加になった。1970年代の主な中国産食料品の輸入状況は表1-7の通りである。

小括

以上、中国の改革開放政策が実施される1970年代末期までの食料品をめぐる日中貿易を考察してきた。ここから以下の三つのことが明らかになった。

まず、食料品をめぐる日中間の貿易取引は比較的長期間の伝統があること。食料品の貿易率は、運送時間、品質保持などの物理的な理由で一般的には工業製品と比べて低いが、日中間は地理的に近隣関係であるため、食料品貿易の距離上の問題は克服された。また、食料品の取引は食文化とかかわっているが、日本と中国の間には食文化の共通点が多い。近隣的な地理関係および共通点の多い食文化の存在で、日中間の食料品の貿易取引の伝統が形成されたといえる。さらに、戦後初期の日中間の食料品貿易は戦前とつながる部分もあり、大豆はその最も代表的一例である。

次に、1970年代までの日中間の食料品貿易は、冷戦時代にも行われ、東西貿易の範疇に属しているため、食料品をめぐる日中貿易も当時の国際政治に強く関連していたことが明らかである。特に社会主義体制の中国は、貿易より政治優先の理念を堅持していた。1958年の長崎国旗事件は冷静に考えてみれば、偶発的な出来事にすぎないことがわかるだろう。しかし、中国側の過剰な反応で日中両国の貿易は断絶状態となってしまった。その後も日中貿易にかかわる政治三原則、友好商社、友好貿易なども冷戦時代の政治的な色彩が濃い中で、日中間の貿易は徐々に回復基調を帯びてきたことがわかる。

最後に、1970年代まで食料品をめぐる日中貿易は典型的な垂直貿易である。つまり、中国は食料品、原料品、鉱物性燃料等の一次産品を日本へ輸出して、日本から工業製品を輸入するという貿易構造である。1950年代には中国からの食料品輸入に対して、日本は水産物の対中国輸出を行ったが、1960年代以降、中国の対日輸出商品は相変わらず食料品と鉱物資源を中心としたものであるが、日本は製造業の発展にともなって対中国輸出品は工業製品が圧倒的に多くなり、水産物などの食料品の対中国輸出が少なくなった。その結果、日中貿易は垂直貿易の状態を明白に形成していた。そしてこのような状態は中国の改革開放政策の実施まで続いていたのである。

【参考文献】

＊副島昭一「冷戦体制下の日中関係」『20世紀中国と日本――世界のなかの日中関係』（池田誠他編）株式会社法律文化社、1996年。
＊日中貿易研究会編『黎明期の日中貿易――1946～1979年』株式会社東方書店、2000年。
＊押川俊夫著『戦後日中貿易とその周辺――体験的日中交流』（株）図書出版、1997年。
＊中国民政部・中国国家統計局編『中国災害報告――1949～1995年』中国統計出版社、1996年。
＊曹樹基著『大飢餓：1959～1961年中国人口』香港時代国際出版社、2005年。
＊河合弘子「友好商社」『現代中国事典』（天児慧ほか編）岩波書店、1999年。
＊朱栄他編『当代中国農業』当代中国出版社、1992年。
＊王楽平著『中国食糧貿易の展開条件』お茶の水書房、1999年。
＊網島不二雄著『戦後化学肥料産業の展開と日本農業』農山漁村文化協会、2004年。
＊霞山会（財団法人）編『日中関係基本資料集1949～1979年』霞山会、1998年。
＊産業科学協会（財団法人）編『日・中貿易と我国の産業』産業科学協会、1956年。

第2章
中国における食料事情の変遷

食料品をめぐる日中貿易は、基本的に中国の対日本輸出を中心として行われている。膨大な人口を抱える中国は果たして食料品輸出の余裕があるのか。米、小麦、トウモロコシなどの主要穀物だけでなく、イモ類、野菜、果実などの多くの作物の生産量を見ても中国は世界の主要生産国である。しかし、人口規模が大きい中国にとって食料問題は常に最重要課題の一つである。

他方、改革開放政策のもとで、中国では野菜の生産、水産物の養殖は大幅に伸びていると同時に、食品加工工業も飛躍的に発展してきた。1980年代以降、豊富な労働力を生かして、沿海地域を中心として、中国には多くの食品加工企業が設立され、食品加工工業は中国の一大産業部門となっている。本章では中国産食料品の対日本輸出拡大の背景を理解するために中国における食料品の生産と消費状況を概観する。

第1節 食糧の生産と消費状況

1. 主要穀物の生産状況

広大な国土に恵まれ、古来から中国は世界の食糧の一大生産地域となっている。中国で栽培されている作物の種類は多く、米、小麦、トウモロコシ、大豆などの主要な穀物以外に、小豆、粟、高粱などの雑穀、イモ類など多岐にわたる。また、中国の食糧の概念は、米、小麦、トウモロコシ、粟などの穀物のほか、豆類、イモ類を含む。食糧に関する中国側の統計において、イモ類はその重量を5分の1にして食糧を換算されている。また、穀物の生産量はいずれも脱粒後のもので、米の生産量はモミ米の重量である。

中国の食糧生産においては、米、小麦とトウモロコシという三大穀物は特に重要視されている。米は中国で最も生産量の大きい穀物である。中国の稲作は水と温暖な気候に恵まれる南部に集中している。そのうち、長江流域は二毛稲作地区であり、中国全体の米生産の約6割を占めている。中国の穀物生産量は1990年代以降、年度によって変動があるが、大体4億トン台で推移している。そのうち、米の生産量は穀物全体の約4割を占めている。また、改革開放以降、高品質の米の生産量も拡大されてきた。

小麦は米に次いで中国の重要な作物で、主として北部で栽培されている。中国

表2-1　中国における主要穀物の生産状況（単位：万トン）

年次	穀　　物				豆類	イモ類
		米	小麦	トウモロコシ		
1985	37,920.8	16,856.9	8,580.5	6,382.6	1,050.0	2,603.6
1990	44,624.3	18,933.1	9,822.9	9,681.9	1,100.0	2,743.3
1995	41,611.6	18,522.6	10,220.7	11,198.6	1,787.5	3,262.6
2000	40,522.4	18,790.8	9,963.6	10,600.0	2,010.0	3,685.2
2001	39,648.2	17,758.0	9,387.3	11,408.8	2,052.8	3,563.1
2002	39,798.7	17,453.9	9,029.0	12,130.8	2,241.2	3,665.9
2003	37,428.7	16,065.6	8,648.8	11,583.0	2,127.5	3,513.3
2004	41,157.2	17,908.8	9,159.2	13,028.7	2,232.1	3,557.7
2005	42,776.0	18,058.8	9,744.5	13,936.5	2,157.7	3,468.5
2006	45,099.2	18,171.8	10,846.6	15,160.3	2,003.7	2,701.3
2007	45,632.4	18,603.4	10,929.8	15,230.0	1,720.1	2,807.8
2008	47,847.4	19,189.6	11,246.4	16,591.4	2,043.3	2,980.2
2009	48,156.3	19,510.3	11,511.5	16,397.4	1,930.3	2,995.5
2010	49,637.1	19,576.1	11,518.1	17,724.5	1,896.5	3,114.1
2011	51,939.4	20,100.1	11,740.1	19,278.1	1,908.4	3,273.1
2012	53,934.7	20,423.6	12,102.3	20,561.4	1,730.5	3,292.8
2013	55,269.2	20,361.2	12,192.6	21,848.9	1,595.3	3,329.3

注：米はもみ米ベース。
出所：中国国家統計局編『中国統計年鑑』各年版より作成。

北部の住民の主食は麺類を中心とするため、小麦粉の消費量は大きい。小麦粉の用途の大半は蒸しパン、餃子、めん類などに使われ、残りはケーキやクッキーを含む焼き菓子類の製造に利用される。改革開放以前、トウモロコシは中国国民、特に北部農村住民の主食の重要な部分であった。改革開放以降、国民生活の向上によってトウモロコシは主に飼料として利用されるようになった。また、中国は豆類やイモ類の主な生産国でもあり、その生産量も大きい。

中国では膨大な人口を抱えているが、巨大な食糧生産能力があるので、中国の穀物の需給はほぼバランスを取れている。ただし、近年、肉類と油脂の消費の拡大にともなって肉類生産に必要な穀物の量が増え、飼料の輸入が拡大している。中国における主要穀物の生産状況は表2-1の通りである。

2. 食糧の消費状況

穀物などの消費は、消費者直接消費、飼料用消費と工業用消費に分けられる。1980年代中期まで中国の穀物消費において消費者直接消費量は大きく、特に農村部住民の食生活は基本的に穀物やイモ類、野菜を中心としていた。

改革開放以降、経済成長にともなう生活水準の向上によって中国国民の食生活には変化が現れた。肉類、油脂、水産物、果物消費量が増えている結果、穀物、イモ類を主食とした消費量は1980年代中期をピークに減少傾向になった。都市部住民の穀物の直接消費量は1980年代中期には一人当たり130kgであったが、1990年代以降、減少し始め、2012年に79kgになった。農村部住民の穀物の直接消費量は1980年代に高く、250kg前後であったが、1990年代中期から下がり始めた。農村部住民の穀物の直接消費量は都市部住民の消費量と比べてまだ高いが、2012年にはすでに164kgまで低下してきた。2013年以降、中国は都市部住民と農村部住民のそれぞれの一人当たり穀物の年間消費量を公表しなくなった。その代わりに全国民の一人当たり年間穀物消費量は公表するようになった。『中国統計年鑑』(2014年版) によると、2013年、都市部住民と農村部住民を問わず、中国国民の一人当たり年間穀物消費量は139kgとなる。

中国における食糧消費量の中では飼料用の消費が1990年代以降急速に高くなって、特にトウモロコシの消費量は継続的に増加している。トウモロコシ消費増加の主たる要因は畜産物、酪農品の生産拡大にともなう飼料用の増加である。例えば、2000年から2010年までの間、中国のトウモロコシの消費量は1億2,000万トンから1億6,000万トンまで、11年間で約4,000万トン増加した。

第2節　畜産物の生産と消費状況

1. 畜産物の生産状況

中国における畜産と食肉の生産量は農村経済体制の改革によって拡大してきた。1985年に中国の食肉生産量は1,926.5万トンしかなかったが、1995年には5,260.1万トン、11年間で2.7倍に拡大した。1996年から2007年まで肉類生産の伸び率は鈍化していたが、2008年以降、国民生活水準の向上による需要の増加にともなって肉類の生産量は再び成長時期に入った。2013年、中国の食肉の生産量は8,535万トンに達し、1985年の1,927万トンから28年間で4.4倍に増加した。中国における食肉の生産状況は表2-2の通りである。

表2-2　中国における食肉の生産状況（単位：万トン）

年次	食肉の生産量		
		豚肉生産量	%
1985	1,926.5	1,654.7	85.9
1990	2,857.0	2,281.1	79.8
1995	5,260.1	3,648.4	69.4
2000	6,013.9	3,966.0	65.9
2001	6,105.8	4,051.7	66.4
2002	6,234.3	4,123.1	66.1
2003	6,443.3	4,238.6	65.8
2004	6,608.7	4,341.0	65.7
2005	6,938.9	4,555.3	65.6
2006	7,089.0	4,650.5	65.6
2007	6,865.7	4,287.8	62.5
2008	7,278.7	4,620.5	63.5
2009	7,649.7	4,890.8	63.9
2010	7,925.8	5,071.2	64.0
2011	7,965.1	5,060.4	63.5
2012	8,387.2	5,342.7	63.7
2013	8,535.0	5,493.0	64.4

注：食肉の重量は枝肉の重量である。
出所：中国国家統計局編『中国統計年鑑』各年版より作成。

中国の食肉生産において、豚肉、牛肉、羊肉と家禽（かきん）肉などがある。伝統的な食文化として、中国で一番多く食されている肉類は豚肉である。1980年代まで豚肉は食肉生産全体の8割強を占めていた。その後、牛肉や羊肉などの生産量の拡大によって豚肉の割合は下がっているが、豚肉は依然として中国の食肉総生産の3分の2を占め、最も重要な肉類である。近年では、養豚規模の拡大や飼養技術の向上にともなって、中国における豚の出荷頭数と飼養の頭数の比率が高くなり、欧米水準に近づいてきた〔FAO（国連食料農業機構）2012：231〕。

中国では、鶏肉は豚肉に次ぐ食肉として消費されている。中国の家禽肉生産は鶏肉をはじめ、アヒルの養殖肉などもある。中国の養鶏は1980年代以降の農業改革を契機として大きく発展してきた。1990年代以降、中国人の嗜好に合う在来種の鶏（黄色種、いわゆる地鶏）や在来種の鶏と輸入鶏との交配による品種改良鶏が主流となり、消費者のニーズに合せた生産が進められている。1990年代に入り、中国が黄牛種（水牛およびヤクを除く在来種、役肉兼用型）の品種改良を進めることで、肉質改善が進み、本格的な牛肉生産への取組みが始められた。牛肉の生産量は1990年の125.6万トンから2013年の673.2万トンまで増加してきた。また、中国の多くの地域では羊肉を食べる習慣があるが、羊肉の生産量は牛肉に比べて大差のない生産量になっている。2013年、全国の羊肉の生産量は408.1万トンである。

2. 畜産物の消費状況

中国では計画経済時代にほとんどの食料品に対して配給制を実施していた。食肉の配給制度は改革開放以降もしばらく続いていた。1980年代中期に至って、食肉生産の拡大にともなって沿海地域の食肉配給制度は事実上廃止し、内陸部は遅れていたが、1992年に配給券の発行が全国で完全に停止した。

改革開放以降、国民生活水準が向上して、国民の食肉の消費量は増え始めた。ただし、1990年代まで食肉の消費量の伸び率は緩慢であった。都市部住民の一人当たり肉類の年間消費量は1985年に22kgであったが、2000年に至っても26kgで20kg台に止まり、同時期に、農村部住民の一人当たり食肉の年間消費量はさらに低い水準であり、2000年には18kgしかなかった。2000年以降、中国国民の食肉の消費量は急速に高くなって、特に都市部住民の消費量は大きく伸びてきた。都市部住民の一人当たり食肉の年間消費量は2000年の26kgから2012年の36kgまで大きく拡大した。中国では都市部と農村部の経済格差が大きく、食肉の消費量の格差も大きい。農村部住民の一人当たり肉類の年間消費量は都市部住民の消費量の約6割となっている。2013年以降、中国は都市部住民と農村部住民のそれぞれの一人当たり食肉の年間消費量を公表しなくなった。その代わりに全国民の一人当たり年間食肉消費量は公表するようになった。『中国統計年鑑』(2014年版)によると、2013年、都市部住民と農村部住民を問わず、中国国民の一人当たり年間食肉消費量は33kgとなる。

前述したように中国で一番多く食されている肉類は豚肉である。都市部住民と農村部住民とも食肉の消費量は豚肉が圧倒的に多く、全体の約6割を占めている。豚肉のほか、1980年代以降、中国における家禽肉の消費量は大きく増えてきた。

中国において、牛肉は計画経済時代までイスラム系住民の消費を除けば、廃用した役牛を食用に供するにすぎなかった。しかし、改革開放以降、欧米や韓国系の外食産業の進出によって、都市部住民は牛肉を食する機会が増加して、牛肉の消費量は伸びている。中国国民の牛肉の消費量はまだ低い水準にあるものの、今後も中国経済の成長が見込まれることなどから、引き続き牛肉の消費量は増加傾向で推移していくものとみられる。

第3節 水産物の生産と消費状況

1. 水産物の生産状況

中国の海岸線は北部の鴨緑江河口から南部の北倫河口まで1万8,000㎞にも達する。中国沿海には6,500の島があり、島の海岸線は1万4,000㎞に及んでいる。中国沿岸には水深200m以内の大陸棚の面積は150万平方キロメートルもあり、そこには魚類、貝類、藻類などの水産生物が2,000種類も生息している〔宮 1991: 4〕。また、中国の南部には河川や湖が多く、淡水養殖の環境に恵まれている。

中国の水産業は海面捕獲、淡水捕獲、海水養殖、淡水養殖の4種類がある。海面捕獲は中国の漁業生産にとって重要な部分である。海面捕獲は改革開放政策を実施する1970年代末期には中国の水産物生産全体の約7割を占めていた。例えば、1978年に中国の水産物生産量は465万トンであったが、その内、海面捕獲量は

314.5万トンであり、海面捕獲量は全国水産物生産量の68%を占めていた。1980年代以降、水産養殖業の急速な発展によって海面捕獲量は中国の水産物生産全体における位置が相対的に低下している。また、中国の遠洋漁業は、国際漁業関係や漁業設備の欠如で遅れ、1980年代中期に初めて東部大西洋（アフリカ）に進出した。その後、インフラを整備しながら、多くの国と協定を結んで、遠洋漁業を推進してきた。

中国における海面養殖の歴史は長く、特に福建省や広東省などの東南沿海地域では貝類養殖の伝統もある。第二次世界大戦後、中国の海面養殖は以下のような段階で変容してきた。まず1950年代、中国では昆布の養殖が国家プロジェクトとして推進されていた。中国の内陸部は昔からヨウ素不足による風土病に悩まされてきた。保健食として昆布が広く食用され、昆布の需要は大きい。第1章で述べたように1950年代には日本から輸入した水産物の中には昆布が多かった。そして、1970年代末期に入ってエビの養殖が沿海地域で始まった。国内での開発と改良の結果、エビの種苗育成が成功して、車エビを中心とするエビの養殖が産業化された。1990年代に入って貝類の養殖はブームとなり、沿海地域で多くの貝類養殖場が設立された。中国で養殖される貝類は、カキ、アサリ、赤貝などの二枚貝を中心としている。1990年代末、山東省は初めて北米産のミルクイ（ミル貝の一種）の養殖を開始したが、その後山東省の近隣地域まで広がった。近年、網箱（水産養殖機器）養殖を中心として、高級魚を含む海水魚の養殖が盛んになっている。

中国は淡水養魚の歴史も長い。養殖品種はアオウオ、ソウギョ、ハクレン、コクレンを主としている。その他に、コイ、フナ、ティラピアなどもある。改革開放以前には中国の水産物養殖は人民公社や国営養殖場を中心としていたが、改革開放以降、農村土地使用制度の改革および農業生産請負制の実施にともなって、農民は経営の自由権を与えられ、1980年代前半には水に恵まれる南部の農村では養殖の伝統を生かして淡水魚の養殖場が多く設立された。1980年代後半から淡水魚需要の拡大にともなって、北部や内陸部の農村でも淡水魚の養殖ブームが出現した。1980年に中国の淡水水産物の生産量は90万トンであったが、2013年には、2,802万トンになった。つまり、1980年から2013年までの34年間で、中国の淡水水産物の生産量は33倍に拡大した。中国の水産物生産量は、余りにも巨大すぎてにわかに信じられないくらいだが、中国の統計の信憑性まで疑う意見が少なくな

表2-3　中国における水産物生産量の推移（単位：万トン）

年次	生産総量	海面水産物			内水面水産物		
			捕獲	養殖		捕獲	養殖
1980	449.7	325.7	281.3	44.4	124.0	33.9	90.2
1985	705.2	419.7	348.5	71.2	285.4	47.6	237.8
1990	1,237.0	713.3	550.9	162.4	523.7	78.3	445.4
1995	2,517.2	1,439.1	1,026.8	412.3	1,078.1	137.3	940.8
2000	3,706.2	2,203.9	1,275.9	928.0	1,502.3	193.4	1,308.9
2005	4,419.9	2,465.9	1,255.1	1,210.8	1,954.0	221.0	1,733.0
2010	5,373.0	2,797.5	1,315.2	1,482.3	2,575.5	228.9	2,346.5
2011	5,603.2	2,908.0	1,356.7	1,551.3	2,695.2	223.2	2,471.9
2012	5,907.7	3,033.3	1,389.5	1,643.8	2,874.3	229.8	2,644.5
2013	6,172.0	3,138.8	1,399.6	1,739.2	3,033.2	230.7	2,802.4

出所：中国国家統計局編『中国統計年鑑』各年版より年版。

い。しかし、十数億人という膨大な人口の魚食文化を持つ中国が経済発展により淡水魚の増産に励んでいることは世界史上では前例がなく、中国の水産物の巨大さを簡単に否定できない〔真道　2002：36〕。中国における水産物の生産量の推移は表2-3の通りである。

2. 水産物の消費状況

中国の水産物の生産量は巨大であるが、膨大な人口を有するので、中国の一人当たり魚介類の消費量は決して多くない。たとえ消費量として多くても、魚介類などの水産物の単価の格差が大きく、一国の水産物の消費状況は簡単に消費量ではかることが出来ない。また、中国国民の水産物の消費に関する統計には限界[1]が

1）『中国統計年鑑』では都市部住民と農村部住民の一人当たり年間水産物の購入量を公表している。しかし、これはあくまでも購入量である。住民の外食の部分が計上されていないなどの理由で過小評価の部分は否定できない。例えば、2012年に都市部住民と農村部住民の年間一人当たり水産物の購入量はそれぞれ15kgと5kgである。しかし、『中国漁業統計年鑑』(2013年版）によると、2012年の中国の水産物の生産量および輸出入を合わせて計算した結果、同年の中国の一人当たり水産物の供給量は47kgである。供給と消費の差が大きすぎる。

ある。ここで中国における水産物消費の一般的な特徴を紹介しておくが、中国における水産物の消費は以下の特徴がある。

●中国では魚は日常的に食べられているものの、そのほとんどが淡水魚で、沿海地域においても同様である。また、魚の調理方法は、蒸す、煮込むことが一般的である。一般的な海産物は外食での消費が中心となっており、内陸では脂肪の多い魚が好まれている。近年の所得向上で、コイ、ソウギョといった淡水魚から、より高価な海水魚へ消費がシフトしていることが明らかになっている。

●中国では、都市部住民と農村部住民の所得格差が大きく、食料消費の内容にも違いがある。水産物の消費において都市部住民は農村部住民の消費量より多く、都市部住民の一人当たり水産物の消費量は農村部住民の約3倍となっている。

●自然環境を主因として形成された食文化の相違のため、中国における水産物消費の地域間格差は大きい。長江を境にして、南部地方では北部より水産物の消費量が多い。東西で比較すれば、東部、特に沿海地域の住民の水産物の消費量が西部地域の住民の消費量より多い。特に広東、福建、浙江、江蘇各省と上海市の水産物の消費量は内陸地域より圧倒的に多い。

第4節　野菜の生産と消費状況

1. 中国における野菜栽培の歴史

野菜を含めた作物の発祥の地はもちろん一か所ではない。しかし、地球上で作物の生まれやすかった場所はあったようである。作物の発祥地に関わる研究者として有名なバビロフによると、中国地区、インド・マレー地区、中央アジア地区、近東地区、地中海地帯地区、アビシニア地区、メキシコ南部、中央アメリカ地区、南アメリカの西部地区の9つの地区で作物は多く発祥したといわれる。また、作物は人類の英知と永年の試行錯誤の結果として生まれた文化財であるから、文化の進んだ地の付近で作物が発祥していることは偶然とは思われない〔青葉 2000 : 5〕。

中国野菜とは、中国を原産地あるいは改良の中心地とする野菜の総称である〔『日本大百科全書』: 1994 : 506〕。古くから中近東や西欧、インドなどの文化や商品

表2-4　中国野菜の主な品種

和　名	学　名	品　種
ダイコン	*Raphanus sativus* L.	アオナガダイコン（緑皮緑肉）系衛青、コウシンダイコン（緑皮紅肉）系心里美、ベニマルダイコン（紅皮白肉）系大紅袍、ベニナガダイコン系万斤紅等。
ハクサイ	*Brassica campertris* L. *var. Pekinensis*	結球系福山包頭、不結球系仙鶴白等。
パクチョイ	*B.campestris* L. *var. Chinensis*	白茎パクチョイ系長沙小白菜、青茎パクチョイ系矮箕青菜等。
タアサイ	*B.campestris* L. *var. narinosa*	小八葉、大八葉等。
サイシン	*B.campestris* L.	急早心、四九心等。
カイラン	*B. oleracea* L. *var. alboglobra*	早芥蘭、白花大芥蘭等。
ハガラシ	*B. juncea*（L.）*Czern. Et Cross*	雪裡紅、麻葉大頭青等。
ステムレタス	*Lactuca sativa* L. *var. asparagine*	北京白荀、尖葉青荀等。
キンサイ	*Apium graveolens* L. *var. dulec*	青梗芹、黄心芹等。
ナス	*Solanum melongena* L.	大民茄、六葉茄、千成茄等。
シロウリ	*Cucumis melo* L. *var. conomon*	白酥瓜、中度菜瓜等。
トウガン	*Benincasa hispida*（*Thunb.*）*Cogn.*	青皮冬瓜、白皮冬瓜など。
マコモ	*Zizania latifolia Turcz*	小腊台、大白菱等。

出所：『日本大百科全書』1994年版、小学館、506ページ。

はシルクロード、チベットルートで中国に伝わり、野菜の種類でもその多くが中国に多く伝わっていた。中国における野菜栽培の歴史は古く、6世紀の『斉民要術』[2)]にはすでに50種類余りの野菜の栽培法が記述されている。中国の19世紀の『植物名実図考』[3)]には181種類もの野菜が記録されている。このうち現在も実用種として使われているものは103種類ぐらいあると言われている〔『世界大百科事典』：2007：265〕。中国原産あるいは古くから中国で改良された主な野菜の種類と主要

2）『斉民要術』は6世紀前半に中国で編纂され、全10巻で構成されている。穀物、蔬菜類、果樹、桑（そう）麻（ま）などの栽培法から畜産関係や麹、酒、醤、酢などの醸造法、食品加工法、調理法に及ぶ『斉民要術』は、世界農学史上最も早い農業専門書であり、中国古代農学の発展に大きな影響を及ぼした貴重な文献である。

3）『植物名実図考』は、清の末期に中国で編纂され、全38巻で構成されている。薬草のみならず植物全般を対象とした中国初の本草書として名高い。幕末〜明治の植物学者・伊藤圭介はこれを高く評価し、植物に和名をあてて復刻した。

品種は表2-4の通りである。

2. 改革開放以前の野菜の生産と流通状況

中華人民共和国が成立した1949年に中国の人口は5億4,000万人であったが、1958年に6億6,000万人まで増加した。人口が急増したため、中国の食料問題は深刻となった。食料問題を解決するために、中国は1950年代末期から穀物を中心とする食糧増産政策を取り入れた。つまり、米、麦、トウモロコシなどの主要穀物の作付面積を最大限に拡大して、穀物の生産を確保するため、野菜の作付面積が抑えられた。1960年代初め、飢餓の発生と中ソ関係の破裂のため中国は穀物を中心とする食料の生産と備蓄をさらに強化した。こうした政策のもとで、野菜の作付面積、特に収穫量の少ない高級野菜栽培は最大限に制限され、野菜の生産量は減少した。改革開放政策を打ち出した1978年には、全国の野菜作付面積は333万ヘクタールであり、農作物作付総面積に占める野菜の作付面積は2.2%しかなかった。

改革開放以前の中国は計画経済体制を実施していたため、野菜の生産と流通も計画経済体制の中に編入された。また、中国では戸籍制度が設けられて、農村部と都市部に分けられている。人口の8割を占める当時の農村部においては、野菜の生産と流通は主に二つのルートによって行われていた。一つは、村が野菜耕地を決め、村の人口の野菜需要量に応じて野菜を栽培して、収穫された野菜を村民に配給する。村で栽培される野菜は地域によって異なるが、北部では白菜や大根などの冬期に貯蔵可能なものが多い。もう一つは、農村で住民が自家の庭、あるいは自留地[4)]で野菜を栽培して、自家で消費する。他方、都市部住民の野菜消費は都市近郊の人民公社によって提供される。野菜を購入する都市の近郊にある一部の人民公社は、政府の指令に従って野菜を栽培して、収穫された野菜を市内の国営野菜販売店に供給し、都市部住民は国営野菜販売店で野菜を購入する。北京郊外にある四季青という人民公社は典型的な一例である。四季青人民公社は北京の

4）自留地は社会主義計画経済時代の中国において、人民公社が所有する土地の中から一部分を農家に配分し、農家は集団労働に従事する以外の時間に副業生産を行うことができる耕地である。そこから収穫された生産物は自家消費に利用できるし、定期市で販売することもできる。

北西部に位置して、41平方キロメートルの面積を有し、平坦地が広がる近郊農村である。この人民公社は1950年代から野菜の生産に特化して、そこで生産された野菜は北京市内の国営野菜販売店に出荷する。1980年代までに北京市民が消費した野菜の約25%は同人民公社によって提供されていた。

3. 改革開放と野菜生産の拡大

前述したように、穀物生産を重視した結果、中国の野菜生産は制限されていた。改革開放初期の1980年代に至っても中国の野菜の供給は需要に及ばなかった。野菜供給不足の問題を改善するために、1988年、中国農業部（省）は全国で「野菜かごプロジェクト」を実施することを決めた。1980年代まで中国人はかごを持って野菜などの食料品を買うのが一般的な生活習慣であったので、同プロジェクトの名称の由来となったわけである。1990年代まで「野菜かごプロジェクト」は二つの段階に分けて推進されてきた。第1段階は1988～94年で、この期間の主要施策としては野菜生産を拡大すると同時に、流通を加速するために全国の主要都市で2,000か所の野菜卸売市場を設立した。その結果、都市部住民への野菜供給は大きく改善された。しかし、生産拡大を追求するあまり、この時期から農薬の過剰使用の問題も出始めた。第2段階は、1995～99年である。この期間の主要施策は、ビニールハウスなどの野菜生産施設を大規模に建設し、同時に野菜の種類を増やしたことである。さらに中国原産の野菜のほかに、国外から高級特殊野菜の栽培が導入された〔方 2001：7〕。

中国の野菜作付面積は「野菜かごプロジェクト」の実施によって拡大されてきた。野菜作付面積の拡大は大都市近郊の農村から始まった。例えば、上海市の野菜供給地は、市内に近い嘉定県、川沙県、宝川県などに集中していたが、1990年代以降、野菜生産拡大のため、市内から数十キロ離れた金山県、崇明県、松江県まで広がった。1995年に上海郊外の野菜作付面積は、1,600ヘクタールに達した。大都市近隣地域における野菜作付面積が拡大された後、都市から遠く離れた一部の農村地域で野菜特化生産が始まった。山東省の寿光県は代表的な一例である。寿光県は山東半島の中部に位置した、典型的な農村地帯である。寿光県は耕地面積が94,000ヘクタール、人口が114万人（2014年現在）を有する農村である。域内の年平均気温は12.7℃、年間日照時間は2,549時間である。年間降水量は594mlであるが、域内には大小合わせて18本の川が流れているので、水に恵まれている。寿光県は山東省の最大都市である済南まで165キロ、北京まで400キロの距離があり、都市から遠隔な地帯である。寿光県は昔から野菜栽培の伝統があり、寿光産のネギ、ニラ、セロリなどは高く評価されている。改革開放以降、特に「野菜かごプロジェクト」が実施されてから、寿光県の農家は野菜栽培の伝統を生かして、地域の野菜生産を特化してきた。寿光産野菜の主な供給先は北京をはじめ、天津、青島などの華北地方の大都市である。後述するように、日本に輸出される中国野菜の多くは寿光産である。

もちろん、都市から遠く離れた野菜生産の特化地域は寿光県だけではなく、他の地域も多くある。都市郊外の野菜生産の拡大と寿光県のような野菜特化生産地域の登場の結果、全国の野菜の作付面積は急速に拡大した。改革開放政策が決定された1978年には、全国の野菜作付面積は333万ヘクタールであったが、1990年には約2倍に拡大して634万ヘクタールになった。1990年代以降、中国の野菜作付面積はさらには拡大して、2013年に至って2,090万ヘクタールに達した。中国の野菜作付面積の拡大状況は表2-5の通りである。

野菜作付面積の拡大は野菜の増産をもたらした。1990年代半ばから中国における野菜の供給は量的には過剰な状況になった。また、この時期から野菜の農薬問題が続発し始めた。2000年以降、「野菜かごプロジェクト」は継続的に実施されてきたが、その重点施策は量の

表2-5　中国における野菜作付面積の推移

（単位1,000ヘクタール、％）

年次	野菜作付面積	農作物作付面積に占める比率
1980	3,163	2.2
1982	3,887	2.7
1984	4,320	3.0
1986	6,304	3.7
1988	6,032	4.2
1990	6,338	4.3
1992	7,031	4.7
1994	8,921	6.0
1996	10,491	6.9
1998	12,293	7.9
2000	15,237	9.8
2002	17,353	11.2
2004	17,560	11.4
2006	16,639	10.0
2008	17,876	11.4
2010	19,000	11.8
2012	20,235	12.4
2013	20,899	12.7

出所：中国国家統計局編『中国統計年鑑』各年版より作成。

拡大より野菜の安全性や品質向上に変わった。2000年に中国の野菜生産量は4.4億トンに達し、年間一人当たりの野菜生産量は約345kgとなった。もちろん、野菜の種類によって単価の格差が大きいので、野菜の生産規模と能力は決して数量で計るわけにはいかない。にもかかわらず、中国の野菜生産量は世界的に見ても大規模であろう。

野菜生産量の拡大と同時に中国における野菜加工能力も高まっている。中国の野菜加工は、冷凍、乾燥、野菜汁、漬物と野菜缶詰などの製造がある。野菜の加工は機械設備をもちろん必要とする。1990年代以降、中国はイタリア、ドイツなどの西欧諸国をはじめ、外国から食品加工設備、生産ラインを導入し始めた。例えば、トマトジャムを生産するために、イタリアから先端的な設備を導入して、野菜加工過程における殺菌設備はドイツやスイスから導入された。海外から設備を導入すると同時に、国内での食品加工設備の開発も進められてきた。第10回5カ年計画（2001～05年）期間中に、中国科学技術部（省）は「農産物加工技術と設備開発プロジェクト」を実施した。また、中国の大手民間企業も資金を投入して農産品加工設備の開発を行っている。このような官民一体の努力の結果、中国の野菜加工能力は大幅に改善された〔張 2007：21〕。

中国の冷凍野菜の加工は、沿海地域に集中している。特に山東省、浙江省、上海市、福建省、広東省が主な生産地となっている。代表的な野菜製品は冷凍ホウレンソウ、冷凍枝豆、冷凍インゲン、冷凍サトイモなどである。乾燥野菜の生産は沿海地域以外に内陸の内モンゴル自治区、甘粛省も主な生産地である。野菜汁の生産は山東省のほか、新疆ウイグル族自治区も重要な生産地である。新疆ウイグル族自治区はトマトの栽培が盛んで、中国における最大のトマト生産地である。1990年代、同地域はイタリアをはじめ諸外国から設備を導入して、トマトジャムの生産を始めた。野菜漬物の製造は全国に分布されているが、特に四川省と山東省に集中している。四川省はザーサイの生産地として知られ、漬物を製造する伝統がある。山東省は中国最大の白菜やニンニクの生産地であり、韓国企業が進出して、中国最大のキムチの生産地となっている。山東省産のキムチは韓国をはじめ、海外へ輸出されている。また、野菜缶詰の生産は台湾企業が多く進出している福建省の生産量が特に大きい。

4. 野菜の消費状況

中国は世界最大の野菜生産国であると当時に世界最大の野菜消費国でもある。1980年代まで肉類は貴重であったので、野菜は穀物とともに中国国民の主な食料品であった。特に収穫量の多い白菜、大根などは大量に消費されていた。また、食文化として、モンゴル系などの遊牧民族を除いて、ほとんどの中国国民は野菜をよく食べる生活習慣がある。中国伝統の漢方医学も「医食同源」を唱え、健康に対する野菜の重要性を強調している。

1980年代中期の中国国民の年間野菜消費量は140kgぐらいであった。1985年以降は、都市部と農村部住民もともに生活水準の向上および食の多様化の進展にともなって、野菜の消費量は減少している。特に農村部住民の野菜消費量の減少は著しかった。1985年には農村部住民の一人当たり年間野菜消費量は142kgであったが、2012年には85kgにまで減少した。穀物や肉類と同様に、中国は2013年以降、都市部住民と農村部住民のそれぞれの一人当たり野菜の年間消費量を公表しなくなった。その代わりに全国民の一人当たり年間野菜消費量を公表するようになった。『中国統計年鑑』(2014年版)によると、2013年は都市部住民と農村部住民を問わず、中国国民の一人当たり年間野菜消費量は98kgとなった。

周知のように野菜はその種類や収穫量の多寡によって価格の差は大きくなる。そのため、一国の野菜の生産量と同様に野菜の消費量は重量単位で計っても無意味な場合がある。中国国民の野菜消費量の減少をもたらすもう一つの理由は、消費されている野菜の中身の変化である。つまり、生活水準の向上に従って、単価の高い高級野菜の消費量が増えているからである。また、中国の農業部(省)は、今後生鮮野菜の需給に大きなギャップが生じると予測している。中国において、人口増加および国民の所得水準の向上にともなって、生鮮野菜の需要量は増加すると見込まれている。しかし、中国における野菜の作付面積はすでに飽和状態に達している。生鮮野菜の需給ギャップは今後中国における野菜の生産と消費にとって大きな課題の一つになるだろう。また、近年、農薬問題が深刻となり、有機栽培の野菜は人気が高まっている。

第5節 中国における食品工業の発展

1. 中国における食品工業の分類

中国は1984年に「国民経済産業分類」を制定した。その後、国内の経済事情の変化を鑑みて、国連の国際標準産業分類（International Standard Industrial Classification of All Economic Activities）を参考にしながら3回の訂正を行った。最新版（GB/T 4754-2011）は2011年に改訂されたものである。

最新版の分類によると、中国の食品工業は大分類、中分類と小分類という3段階に分けられる。大分類では農林水産物加工業[5]、食品製造業、飲料・茶製造業と煙草加工業の4つの分類に区分されており、それぞれの種類には2桁の番号が付されている。中国の食品工業の大分類の構図は次のようである。

食品工業──┬─13農林水産物加工業
├─14食品製造業
├─15飲料・茶製造業
└─16煙草加工業

上記した大分類である4つの業種は、それぞれいくつの中分類に分けられ、それぞれの中分類業種には、3桁の分類番号が付されている。中分類によると、農林水産物加工業は、穀物加工、飼料加工、植物油脂製造、製糖、屠殺および肉類加工、水産品加工、野菜および果実加工とその他の食品加工の8つの分野から構成されている。食品製造業は、パン・ケーキ類製造、キャンデー・チョコレート類の製造、即食類食品の製造、乳製品の製造、缶詰食品製造、調味品製造とその他の食品製造の7つの分野を含めている。飲料・茶製造業は、アルコール飲料

5）中国の統計資料において、農林水産物加工業は中国語では「農副食品加工業」という表現である。翻訳された日本語資料は混乱している。中国語漢字の「農副食品加工業」をそのまま使う場合があり、「食品加工業」、「農産物加工業」などの表現もある。また、『中国統計年鑑』の英語訳はProcessing of Food from Agricultural Productsとなっている。しかし、内容を見てみると、農林水産物のすべてが含まれているので、本書では、農林水産物加工業という表現を使用している。

製造業、清涼飲料製造業と製茶業の3つの分野を含めている。煙草加工業は、葉タバコ再乾燥[6]、巻煙草製造業とその他の煙草加工業の3つの分野から構成されている。中分類される業種の構図は次のようである。

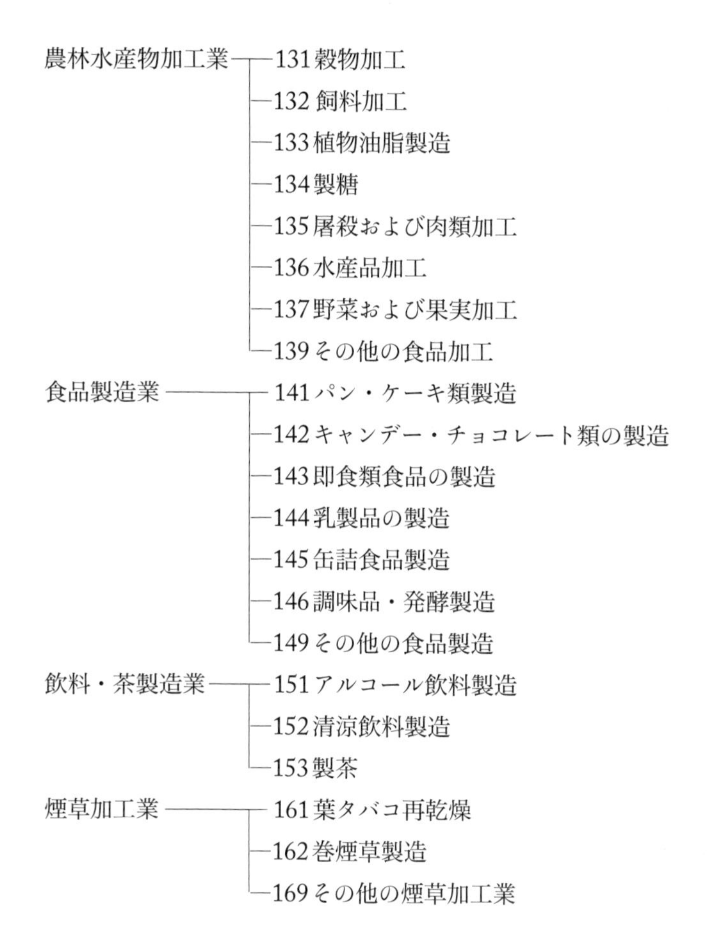

さらに、中分類に分類される各分野は小分類に分類され、4桁の分類番号が付されている。小分類の一例としては以下のようである。

6) 中国では、一般的に葉タバコ栽培農家は収穫した葉タバコを一次乾燥する。その後、煙草工場は農家が一次乾燥した葉タバコを買い集め、それを再乾燥することが行われており、そうした業種を「葉タバコ再乾燥」と呼んでいる。要するに、原料の葉タバコと製品の煙草との中間に位置する業態である。

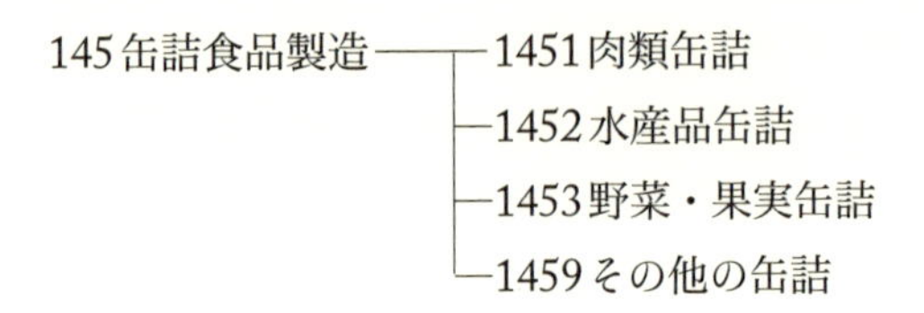

2. 主要食品工業部門の発展状況

前述したように、中国の食品工業は農林水産物加工業、食品製造業、飲料・茶製造業と煙草加工業より構成されている。農林水産物加工業は食品加工業全体に占める割合が一番大きく、58.8%を占めている(2013年現在)。二番目は食品製造業で、以下、飲料・茶製造業と煙草加工業の順番になっている。中国の食品工業生産額の内訳は表2-6の通りである。

表2-6　中国食品工業生産額の構成 (2013年)

部　門	生産額 (億元)	%
農林水産物加工業	59,497.12	58.8
食品製造業	18,164.99	18.0
飲料・茶製造業	15,185.20	15.0
煙草加工業	8,292.67	8.2
合　計	101,139.98	100

出所：中国国家統計局編『中国統計年鑑』2014年版より作成。

(1) 農林水産物加工業

1980年代以降、改革開放政策のもとで農林水産物の加工工場は農家によって多く設立され、農林水産物加工業も成長し始めた。そして1990年代以降、国民生活水準の向上にともなって食料品加工の量と質に対する需要は高くなってきた。それと同時に、外資系食品企業の中国進出も加速した。このような背景のもとで1990年代以降、中国の農林水産物加工生産は急速に拡大してきた。1993年には中国の農林水産物加工業の生産額は1,726.8億元であったが、2000年には倍増して、3,722.7億元になった。2000年以降、中国の農林水産物加工業の生産額はさらに急増して、2013年には5兆9,497.1億元に達した。2000年から2013年の14年間、中国の農林水産物加工業の生産額は約16倍に拡大した。中国における農林水産物加工業の生産額の推移は図2-1の通りである。

中国における農林水産物加工業は地域的な格差が大きい。山東省、河南省、江

図2-1　中国における農林水産物加工業生産額の推移

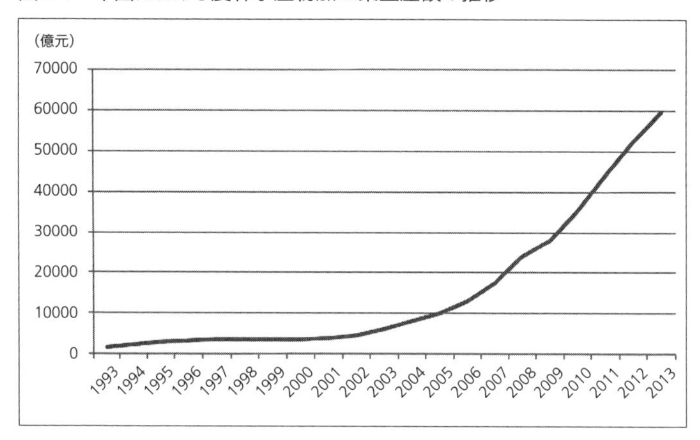

注：1) 図中の数値は中国の農林水産物加工業生産額の全部ではない。その最大の理由は中国の統計方法の変化にある。つまり、統計方法調整のため、規模の小さい企業は『中国統計年鑑』から外されたことである。

2) 1993年から2003年までの数値は実質金額である。2004年以降は名目金額である。

出所：中国国家統計局編『中国統計年鑑』各年版より作成。

蘇省、広東省、遼寧省の5省を合わせた生産額は、全国の5割強を占めている。その内、山東省は1990年代以来、中国の農林水産物加工業においては一貫してトップに立っている。他方、チベット自治区、甘粛省、貴州省、寧夏回族(ねいかかいぞく)自治区、青海省の5省・自治区を合わせても全国の農林水産物加工総額の1割にも及ばない。

中国の農林水産物加工業の中には穀物加工、肉類加工、水産物加工、製糖業、植物油加工などの主要分野がある。穀物加工は精米、製粉、トウモロコシ加工と雑穀加工を中心とするもので、中国の穀物加工能力は農業先進国と比べてみるとまだ格差がある〔馬　2010：67〕。しかし、1990年代以降、国内での生産設備の拡大と海外からの設備導入によって生産能力は大幅に高まってきている。また、精米、製粉などの穀物加工においても、農村部の中小企業の存在が大きい〔祝・趙　2006：78〕。

中国の食用植物油の主な油種としては、菜種油、落花生油、大豆油、胡麻油、棉実(めんじつ)油、ヒマワリ油があげられる。1980年代初期、中国における植物油の生産量は約800万トンであった。1995年には初めて2,000万トン台を突破して、2013年に中国の植物油の生産量は6,218.6万トンに達した。実際、近年では、中国の植物油は過剰生産状態となっている〔王 2010：19〕。また、中国においては、糖製品は重要物資として長期にわたって政府に管理されていた。1980年代以降、中国は計画経済体制を改革して、ほとんどの分野で市場経済メカニズムを導入したが、製糖業は1991年まで国家の厳しい計画管理下に置かれていた。その後、製糖業における市場経済化の改革が実施され、製糖業は成長期に入ったため、2013年には中国の砂糖生産量は1,589.7万トンに達した。

中国は肉食の伝統が長い。改革開放以降、食肉製品に対する需要が高まり、ハム、ソーセージ、ベーコンなどが大量に生産され、中国の食肉製品の生産量[7]は拡大してきた。他方、中国における水産品加工業は、冷凍水産品加工、乾燥水産品加工、塩蔵水産品加工、すり身・すり身製品加工なども含まれている。また、中国では1990年代末期から大型冷凍・冷蔵設備を海外から多く導入した。海外からの設備導入が中国の水産加工品の品質向上に大きく貢献している。

(2)食品製造業

中国における食品工業分類によると、食品製造業は、パン・ケーキ類製造(141)、キャンデー・チョコレート類の製造(142)、即食類食品の製造(143)、乳製品の製造(144)、缶詰食品製造(145)、調味品・発酵製造(146)、その他の食品製造(149)がある。

中国では古来、月餅、菓子などを製造する伝統がある。農林水産物加工業と同様に改革開放以降、人民公社解体後の農村企業をはじめ、中小民間企業が多く設立された。1990年代中期には食品製造業の競争激化のため、郷鎮企業の一部は倒産した。中国の食品製造業の企業形態として外資系企業、国有企業、郷鎮企業と私営企業がある。外資系企業は川上製品、国有企業は川中製品、郷鎮と私営企業は川下製品を生産するという構図になっている〔魏 2007：182〕。

中国における食品製造業の生産額は1980年には394億元しかなかったが、改革開放以降、食品製造企業の勃興によって食品製造業生産額も増え続けた。1990年、中国の食品製造業の生産額は1,266億元になった。前述したように1990年代中期には食品製造業の過当競争のため、一部の郷鎮企業が倒産し、食品製造業の生産

7）中国の食肉加工製品に関する統計は混乱している。多くの資料は食肉加工品を肉類生産と混同している。本書では、各種の資料を参考にしながら食肉製品の生産量を紹介する。

図2-2　中国における食品製造業生産額の推移

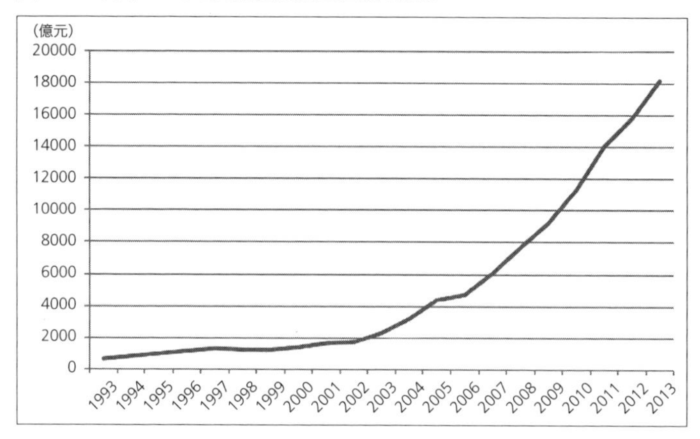

注：1) 図中の数値は中国の食品製造業生産額の全部ではない。その最大の理由は図2-1と同様に中国の統計方法の変化にある。
2) 1993年から2003年までの数値は実質金額である。2004年以降は名目金額である。
出所：中国国家統計局編『中国統計年鑑』各年版より作成。

額も一時的に減少した。その後、国民の生活水準の向上によって加工食品に対する需要が拡大して、食品製造業の生産額は再び増加してきた。2013年、中国の食品製造業生産額は1兆8,165億元までになった。中国における食品製造業の生産額の推移は図2-2の通りである。

中国の食品製造業生産額の内訳を見れば、乳製品と即食類製品の生産額が特に大きい。その内、乳製品の生産額はトップに立って、食品製造業全体の生産額の約2割を占めている。乳製品の種類としては、固形乳製品（粉ミルクを中心とする）、液体乳（牛乳など）と乳酸飲料の3種類がある。内モンゴルは中国最大の草原地帯であり、一貫して中国における乳製品の最大生産地域である。近年、内モンゴルの乳製品の生産量は全国の約4分の1を占めている。他方、即食類食品の製造は乳製品に次いで中国の食品製造業の中で大きい分野となっている。中国の即食類製品は、インスタントラーメン、インスタント粥、インスタントビーフンが主な食品である。1980年代以降、中国は日本から生産ラインを導入すると同時に国産設備の開発と生産によって、インスタントラーメンの生産を本格的に展開してきた。

また、1990年代以降、台湾系食品企業が中国へ進出し始めた。台湾系食品企業の進出は、中国のインスタントラーメンの生産拡大をもたらした。中国のインスタントラーメン市場における台湾系食品企業の存在は大きい〔路 2011：23〕。台湾系食品企業の中国での生産活動については、第7章で詳しく紹介する。

(3) 飲料・茶製造業

計画経済時代に中国の飲料産業は、アルコール飲料以外の飲料はほとんどなかった。アルコール飲料と言っても中国の伝統的な白酒（蒸留酒)、黄酒（日本で「老酒」、「紹興酒」といわれるのもの）を中心としていた。白酒は糖分または澱粉を含んだ原料を醸造して蒸留した高アルコール濃度の蒸留酒である。白酒のアルコール度は50度前後のものが多く、その主要な原材料は、高粱、サツマイモ、トウモロコシ、米である。白酒は中国全土で生産されているが、四川省と山東省は特に多く生産している。黄酒の生産地は主に中国南部にあり、特に浙江省の生産量は圧倒的に多く、全国の黄酒の生産量の約7割を占めている(2013年現在)。日本で知られている紹興酒は浙江省で生産される銘柄である。白酒はほとんど国内で消費されていることに比べて、黄酒は海外の需要がある。世界各地にある中華料理店、中国系住民が主な消費者である。

中国にはぶどうの在来種が多くあるが、ワイン用ぶどうの品種改良も栽培法もワイナリーもフランス人などのヨーロッパ人の技術指導を受けて発展してきた。中国は1980年代から輸出に向くスティルワイン事業を発展させてきたために、ヨーロッパから多数の有名品種を導入して品種改良し、栽培試験が行われてきた。中国の葡萄酒の生産量は省別に見れば、山東省がトップで、葡萄酒の生産量は全国の約3割を占めている。また、中国におけるビールの生産は、1900年にロシア人が黒竜江省のハルビンで開始し、1903年にはドイツ人が山東省の青島にビール会社を建設し、ビールの生産を行った〔白石 1999：329〕。改革開放以前の中国ではビールの生産量はわずかであった。改革開放以降、国内ビール企業の勃興と外資系企業の中国進出によって、白酒、黄酒などと比べて、中国のビール生産は飛躍的に伸長してきた。2002年以来、中国のビール生産量は世界一となっている。

中国の最新版の「国民経済産業分類表（GB/T 4754-2011)」によると、清涼飲料は炭酸飲料、ミネラルウォーター、果汁・野菜汁飲料、含乳飲料、植物性タンパク質飲料、固体飲料、茶飲料とその他の飲料に分類されている。中国の清涼飲料は

1980年代に入ってから大発展を遂げてきた。1980年には中国の清涼飲料の年間生産量はわずか28.8万トンであったが、1985年には100万トンになり、1995年には1,000万トンを突破して、1,128.2万トンに達した。2013年、中国の清涼飲料の年間生産量は1億4,927万トンになった。中国の清涼飲料業界は郷鎮企業を含む中小企業が多いが、生産の主体は少数の大手企業が担っている状況である。また、清涼飲料、特に炭酸飲料分野では外国の大手メーカーの存在は大きい。コカ・コーラ社とペプシコ社は、1980年代中期には中国での生産を開始した。

他方、製茶業は中国の伝統的産業であり、計画経済時代から重要な産業部門として重視されている。中国は世界で最も重要な茶の生産と輸出国である。中国茶は色によると、緑茶、紅茶、黄茶、黒茶、白茶、青茶などがある。また、茶の発酵度合いによると、発酵茶（紅茶）、半発酵茶（ウーロン茶、白茶）と不発酵茶（緑茶、黒茶、黄茶）に分けられる。近年、中国には大小合わせて7万社の製茶企業があり、茶の栽培と製茶にかかわる人口は8,000万人と推測されている〔高 2011：23〕。また、中国の製茶業は主に茶葉の栽培地域である南部各省で行われていて、特に浙江省、安徽省、湖南省、四川省などに集中している。

小括

以上の考察から中国は巨大な食料品の生産者・消費者として台頭していることが明らかになった。穀物生産と消費は膨大な人口を抱えているために、巨大な生産量を維持しながら対応している。特に2004年以降、穀物などの食糧の国内生産は好調が続いているため、中国国民の一人当たり食糧生産量も増え、中国の食糧自給能力は高い水準を維持している。畜産物と水産物の生産は改革開放政策の成果によって大きく拡大してきた。同時に経済発展にともなって国民の生活水準が高くなり、食生活は穀物などの主食の消費量は減少してきて、肉類、油脂などの消費量は増えてきている。そのため、肉類生産のための飼料用穀類の消費が急速に高くなっている。国内の穀物生産は、輸送コストが割高になったため、近年はアメリカやブラジルなどからの穀物輸入が拡大している。

また、改革開放以降、中国の野菜生産量は拡大していると同時に、野菜の加工能力も高まってきた。野菜加工設備の開発と生産および海外からの技術導入の結果、中国の野菜加工能力は大幅に改善され、冷凍、乾燥、野菜汁、漬物と野菜缶詰の生産能力が大幅に拡大してきた。他方、改革開放政策のもとで中国には数多くの食品加工企業が設立されたほか、多くの外国食品企業が中国へ進出して、生産活動を展開している。それらの食品企業は低賃金を生かして、加工された製品の多くを海外に輸出している。1990年代以降、中国の沿海地域はタイや台湾と並んでアジアにおける加工食品の一大供給地となっているが、中国の生産量はタイや台湾より圧倒的に大きい。このことは中国の加工食品の対日本輸出拡大の最大の背景となっている。

【参考文献】

＊"*FAO Statistical Yearbook 2012: World Food and Agriculture*"（Food and Agriculture Organization of the United Nations）.

＊宮明山他編『当代中国水産業』当代中国出版社、1991年11月。

＊真道重明「中国の漁業統計の信憑性を巡って」『月刊アクアネット』（湊文社）、2002年3月号。

＊青葉高著『日本の野菜』（青葉高著作選Ⅰ）八坂書房、2000年6月

＊『日本大百科全書』1994年版、小学館、1994年1月。

＊『世界大百科事典』平凡社、2007年9月。

＊青葉高著『野菜の博物誌』（青葉高著作選Ⅲ）八坂書房、2000年8月。

＊方智遠他「我国蔬菜産業和蔬菜科技発展」『中国菓菜』（中国農業科学院蔬菜花卉研究所）、2001年6月号。

＊張学杰他「我国蔬菜加工産業的発展分析」『農産品加工』（山西省農業機械化科学研究院）、2007年1月号。

＊馬涛「中国穀物加工業発展研究」『農業技術装備』（山西省农机化技术推广总站）第9巻第195号、2010年9月。

＊祝美雲・趙暁芳「我国中小面粉加工企業存在問題及其対策」『安徽農業科学』（安徽省農業科学院）第34巻18号、2006年10月。

＊王瑞元「中国食用植物油加工業的現状与発展趨勢」『食糧科技与経済』（中国粮油学会）第35巻第3号、2010年3月。

＊魏振承他「中国焙烤食品工業的発展趨勢」『食品研究与開発』（天津食品研究所）、2007年11月。

＊路文中「方便面市場戦国紛争」『中国食品』（北京食品科学研究院）、2011年第13号。

＊白石和良著『中国の食品産業――その現状と展望』農産漁村文化協会、1999年2月。

＊高水練「中国茶業不用立頓模式」『茶葉科学技術』（福建省農業科学院茶葉研究所）、2011年第4号。

第3章
中国産食料品の輸入拡大

第1章で述べたように冷戦時代においても食料品をめぐる日中貿易が行われていたが、その規模は限られていた。1970年代半ばから日本の経済構造の変化にともなって、日本の食料品輸入が拡大してきた。しかし、1970年代後半から1980年代末期までの輸入は穀物を中心として、輸入先はアメリカ、カナダなどに限られていた。肉類や水産物の加工食品の主な輸入先はタイ、台湾、韓国であった。そのため、1980年代まで日本の食料品輸入における中国の存在感は薄かった。

日本の食料品輸入における中国の登場は1990年代以降のことである。1990年代以降、中国からの食料品輸入は急速に拡大してきて、冷凍餃子事件が発生した前年の2006年には9,238億円に達した。その後、冷凍餃子事件の影響を受けて、輸入金額は減少したが、近年、再び回復してきた。中国から日本に輸入される主な食料品は野菜、魚介類の調製品、鶏肉の調製品などである。中国産食料品は外食産業の食材から一般家庭の食卓まで日本人の食生活の重要な一部となっている。他方、中国産食料品の輸入拡大にともなって、多くのトラブルも発生している。本章では貿易統計を中心にして、各種資料を利用しながら、1980年代以降の日本の中国産食料品の輸入状況と特徴を考察していく。

第1節 中国産食料品輸入の概況

1. 1980年代の事情

(1) 日本の食料品輸入の拡大

戦後、日本の食料品輸入の推移をみると、1975年に初めて100億米ドル（以下、ドルは米ドルで表示する）に達し、1986年には208億ドルを記録して200億ドルの大台を突破した。さらに、1988年には300億ドルに達した。輸入額が100億ドルから200億ドルに達するまで11年間を要したのに対して、200億ドルから300億ドルまではわずか2年間に過ぎなかった。このことについては1985年9月のプラザ合意以降の円高が食料品輸入急増に与えた影響として理解されている。とりあえず、1980年代後半から食料品の輸入は急速に拡大してきた。

食料品の輸入品目を見てみると、1980年代を通して上位品目は以下の通りである。例えば、1982年の輸入金額では以下の順位となっている。トウモロコシ、えび、大豆、小麦、豚肉、コーヒー豆、さけ・ます、牛肉、かつお・まぐろ、バナナ、いか、麦芽、大麦、鶏肉、羊肉、冷凍野菜、ウイスキー、かに、たこ、漬物、ウナギ、オレンジ、落花生などである。1980年代末期に至って、食料品の輸入品目は多少変化が生じた。1989年には食料品輸入金額を品目グループ別にみると、アルコール飲料の伸びを背景に、加工食品が48億2,000万ドル（前年比18.7%増）と

表3-1　日本の主要食料品の輸入状況（1989年）（単位：100万米ドル）

順位	品目名	輸入額	順位	品目名	輸入額
1	えび	2,590	16	ウイスキー	479
2	トウモロコシ	2,263	17	いか	453
3	牛肉	1,645	18	たこ	451
4	豚肉	1,633	19	バナナ	443
5	大豆	1,352	20	加工鰻	395
6	小麦	1,188	21	飼料用根菜、乾草	337
7	さけ・ます	932	22	ブランデー	337
8	まぐろ	918	23	ぶどう酒	326
9	コーヒー豆	770	24	麦芽	287
10	牛くず肉	586	25	グレープフルーツ	234
11	グレーンソルガム	560	26	たらのすり身	219
12	甘しゃ糖	516	27	ひらめ、かれい	214
13	菜種	514	28	犬猫用調製飼料	210
14	鶏肉	501	29	うなぎ	203
15	かに	492	30	肉・魚のミール等	182

出所：ジェトロ編『農林水産物の貿易』1990年版、102ページ。

引き続き最も高い伸びをみせ、次いで、好調な牛肉輸入を反映して肉類が46億9,000万ドル（前年比12.9%増）、穀物市況の堅調で穀物が43億ドル（前年比11.9%増）と、以上の3品目グループは堅調な伸びをみせた。また、輸入金額上位品目については、えび（1位）、とうもろこし（2位）の順位は変わらなかったが、3位には輸入自由化を前にして輸入枠の拡大等が実施された牛肉が前年の5位から躍進、以下、4位豚肉、5位大豆、6位小麦、7位さけ・ます、8位まぐろ、9位コーヒー豆、10位牛くず肉と肉類、水産物といった高付加価値品が上位を占めた。また、ウイスキー、ブランデーなどのアルコール飲料の輸入は急増した。1980年代末期の輸入食料品の上位品目の具体的状況は表3-1の通りである。

1980年代には相手国別の輸入金額では、アメリカが圧倒的に多く、毎年日本の農産物輸入の約3割を占めていた。例えば、1985年に日本の農林水産物の輸入金額は262億ドルで、その内アメリカからの輸入は85億ドルであり、全体の32.4%を占めていた。アメリカのシェアは第2位のカナダ（7.5%）を大きく引き離している。しかし、1980年代後半から事情が変化してきた。骨なしチキンを中心とするタイ

表3-2　日本の食料輸入額と上位輸入先のシェア変化

品目名	1989年輸入（億ドル）	1984～89年増加率（%）	上位輸入先とそのシェア変化、1984～89年（%）			
			1位	2位	3位	4位
食肉	49.0	158.3	米国	オーストラリア	デンマーク	台湾
乳製品	5.9	157.6	EC	ニュージーランド	オーストラリア	東欧
魚介類	100.3	144.9	米国	韓国	台湾	タイ
穀物	47.7	0.6	米国	カナダ	オーストラリア	中国
果実	22.8	114.9	米国	フィリピン	中国	台湾
野菜	16.7	116.3	中国	米国	台湾	韓国
糖類	7.5	66.4	オーストラリア	タイ	南ア	キューバ
コーヒー・茶	15.1	33.6	ブラジル	インドネシア	アフリカ	EC
飼料	12.5	131.3	米国	中国	カナダ	オーストラリア
飲料	14.8	392.6	フランス	英国	米国	西ドイツ
油料種子	21.2	－3.9	米国	カナダ	ブラジル	中国
油脂	3.6	－2.4	マレーシア	米国	フィリピン	カナダ

出所：ジェトロ編『農林水産物の貿易』1991版、84ページ。

の鶏肉の輸入が急増しているほか、台湾産豚肉、ウナギ加工品などの輸入が増え、韓国の水産物の対日本輸出も増加していた。その結果、日本の食料品輸入に占めるシェアは、米国、カナダなどが低下しているのに対して、台湾、タイ、韓国などの近隣諸国と地域のシェアは上昇してきた。

1980年代において、上記した国や地域と比べて、中国産食料品の対日本輸出はあまり存在感がなかった。表3-2は1984年から1989年にかけての6年間にわたる日本の食料品輸入先の変化を表すものである。食肉から油脂まで代表的な12品目の中で中国が1位を占めるのは野菜だけであった。

野菜といっても中国産野菜は、主に漬物と乾燥野菜に集中していた。生鮮野菜と冷凍野菜の中に中国産のものはほとんどなかった。もちろん、当時の輸送能力や保蔵・冷凍技術の問題で生鮮野菜と冷凍野菜の国際貿易は今日ほど発達していなかった。当時の生鮮野菜は、主にたまねぎ、カボチャ、アスパラガス、まつたけなどに集中している。たまねぎは主にアメリカやニュージーランド産、カボチャはニュージーランドやメキシコ産のものが多かった。アスパラガスは、アメリカ、オーストラリア、メキシコ産のものが多く、まつたけはほとんど韓国と北朝鮮産であった〔ジェトロ　1991：85〕。また、1980年代前半には中国製の漬物と干ししいたけの対日本輸出金額も台湾と韓国に及ばなかった。

(2) 1980年代中国から輸入される主要食料品

1980年代には日本に輸入される中国産食料品の中で主要穀物や肉類はほとんどなかった。中国から輸入される食料品は、以下の代表的な品目である。

●落花生

落花生は多くの諸外国では油糧作物として重要なものであったが、日本では嗜好の面からの需要で油脂としての利用はほとんどなく、もっぱら煎豆、バターピーナッツ、豆菓子、製菓原料など食品用として消費される。加熱した落花生の外側に砂糖をまぶしたり、小麦粉の衣を付けて揚げたような豆菓子やチョコレート菓子などの加工品も一般的である。千葉県の名産品には「落花生の甘納豆」があるが、他には砕いて団子の中に入れて餡にしたり、揚げせんべいに加工されたりもする。

落花生は一般的に南米原産であるといわれる。中国大陸へ伝播された時代は不明だが、一説に16世紀後半から17世紀初頭に、沿海地域の福建、広東に移入され、19世紀後半ごろ、大粒種（Virginia type）の落花生がアメリカ人宣教師によってもたらされた。その時以来、山東省を中心に中国各地へ栽培が広がった〔前田 1972：26〕。

世界の主要な落花生生産国は、中国、インド、アメリカなどがあるが、その内、中国の生産量は特に大きい。中国では黄河流域の山東省、河南省、河北省および南部の広東省が主産地であり、山東省の作付面積と生産量が昔から圧倒的に多い。日本国内での落花生の栽培は千葉県に集中しているが、日本で消費されている安価な落花生の大部分は中国産のものである。表3-3でわかるように、日本の落花生輸入に占める中国の割合は圧倒的に多く、1980年代を通し、ほぼ全体の7割を占めている。

●漬物原料

漬物原料は、1980年代になって中国から輸入されるもう一つの主要品目である。周知のように、漬物は日本古来の歴史と伝統を有し、その種類、風味も地域によって異なり、「ふるさとの味」として国民の食生活に定着している。1980年代以降、漬物はビタミンや繊維を豊富に含み、健康に役立つ食品として注目を集めている。特に塩分の少ないフレッシュな浅漬類の需要が伸びる傾向にある。また、漬物は女性の社会進出の増加、国民の食生活の外食化の進展、消費者ニーズの変化などにともない、伝統的な家庭漬（自家生産）が減少している一方、一夜漬、浅漬類等の商品化が進められ、メーカーによる市販漬物の割合が年々増加してきた。輸入漬物原料は、かつては国内原料の不足分を補うものとされていたが、1980年代以降、しょうが、梅、なす、きゅうりなどは、海外からの輸入に依存する傾向にある。

台湾はかつては、しょうが、きゅうり、らっきょう、なす、梅等の漬物原料の日本向け最大供給地であったが、1980年代以降、台湾の経済成長にともなって人件費が高くなるほか、台湾元高になったため、台湾に代わって中国が1980年代以降、きゅうり、なす、らっきょう等の漬物原料の対日本輸出を担い始めた。

●アズキ

アズキは、1980年代以降、中国から輸入される食料品の中で金額から見れば少ないが、単一品目で輸入に占める比率が高い商品である。アズキのほかにそら豆、ゴマ、玄そば、はちみつなどが挙げられる。アズキは中国で古くから栽培され、紀元前1世紀ごろの文献の中に「アズキ」の記述がみられる。日本へは3～8世紀頃に中国から伝わったといわれ、栽培の歴史も古い〔『食品大百科事典』2005: 24〕。アズキは、中粒の普通アズキと大粒の大納言、粒色から赤アズキ、白アズキ、その他（黒、黄緑、斑）、粒形から円筒、短円筒、だ円、烏帽子形などに分類される。普通のアズキは市場に出回る標準品であり、大納言は大粒の高級なアズキである。アズキはアジアの多くの地域で栽培されているが、中国での生産量が著しく多い。日本国内での主産地は北海道で全収穫量の8割を占め、生産される大部分は赤色の普通のアズキである。アズキは和菓子と中華菓子の重要な原料の一つである。餡にして、饅頭、最中、どら焼き、あんパンなどの中に入れる。煮てから寒天などを加えて羊羹にしたりもする。

第1章で述べたように、アズキは1970年代まで中国から輸入される食料品の中では重要な品目であった。1980年代に入っても事情は変わることなく、中国からアズキの輸入は続けられていた。1980年代前半まで台湾からもアズキを輸入したが、1980年代後半に入ってから、台湾の人件費の上昇や台湾元高の影響で日本のアズキ輸入はほぼ全部中国に依存するようになった。

●そら豆

そら豆は中国からのもう一つの主な輸入品目である。そら豆は大粒種が北アフリカ、小粒種が西アジア原産といわれている。日本へは中国より伝わったが、年代ははっきりしない。そら豆は四国、九州で生産されるが、その量は少ない。中国では、華北地方がそら豆の主要産地であり、そのうち張家口地区の崇礼県は古くから最高級品が栽培されている。崇礼県は土壌や気候、降水などがそら豆の成長に最適である。また、同地方は標高1,500から1,700メートルであり、農薬を使わなくても虫の発生が少ない。この崇礼県産のそら豆は小粒であるが、柔らかくフライビーンズの原料には最適だとされている。

そら豆は煮豆（おたふく豆、ふき豆）、煎豆、フライビーンズ、甘納豆、赤あん増量剤、豆板醤（とうばんじゃん）などに使用される。また、むき実は、塩ゆで、煮物、揚げ物、あん、きんとんなどに使う。そら豆は日本国内生産量が少ないため、輸入に依存している。1980年代には中国からのそら豆の輸入は全体の7割強を占めていた。

●そば

そばの原産地は、従来シベリア南部からバイカル湖沿岸方面とされてきたが、中国雲南省原産説も有力視されている〔五十嵐 2001 : 28〕。そばの食品への利用が現在のようなめん食として一般に行われるようになったのは江戸時代のことで、それまでは、そばがきや粒食などで食べられていた[1)]。また、江戸時代中期以降は、そばは庶民的な食品として江戸を中心に盛んに食べられていた〔五十嵐 2001：28〕。日本国内の主要産地は北海道、鹿児島県、茨城県などである。国内の生産量は限られているので、そばの輸入は以前から行われていたが、日本の玄そばの主要輸入先は、中国、カナダ、アメリカ、ブラジルなどである。1980年代初期、カナダからの輸入が多かったので、中国産の割合は3割前後であった。1980年代中期以降、中国からの輸入は増えてきて、日本の玄そばの輸入における中国の割合は半分強となった。

上記した品目以外に、1980年代に入って、中国からはちみつ、ゴマ、羊腸、乾しいたけ、中華料理用の香辛料、こんにゃく芋などを輸入している。いずれも金額は少ないが、日本の同品目の輸入総額に占める割合は高い。1980年代以降、中国から輸入された主要食料品の事情は表3-3の通りである。

表3-3　1980年代中国産主要食料品の輸入状況（単位：千米ドル、%）

年次	1980年		1982年		1984年		1986年		1988年	
品目	金額	%	金額	%	金額	%	金額	%	金額	%
落花生	30,291	40	48,926	62	80,509	87	72,174	69	92,234	73
小豆	10,373	54	27,111	56	21,727	80	10,296	93	20,683	98
玄そば	6,886	32	11,953	36	13,373	50	14,933	62	13,582	52
漬物	21,308	17	29,181	23	34,707	30	44,405	38	102,402	41
はちみつ	12,702	50	16,299	64	18,245	56	21,171	65	24,981	71
ゴマ	15,293	27	22,000	41	43,463	72	42,305	79	46,792	74
羊腸	4,999	29	4,471	29	4,800	29	8,315	21	14,950	20
乾しいたけ	119	22	397	38	45	9	369	26	20,683	93
香辛料	4,956	14	7,299	21	8,215	20	9,329	15	9,798	13
そら豆	4,962	71	4,919	70	3,778	71	4,085	70	3,764	76
こんにゃく芋	274	68	88	26	2,424	46	396	62	77	28

出所：ジェトロ編『農林水産物の貿易』各年版より作成。

1）そばの食べ方については、中国北部の農村地域では今でもそばがきや粒食で食べる習慣がある。それは食文化における日中の共通点を物語っている。

2. 1990年代以降の輸入拡大

(1) 1990年代以降日本の食料品輸入の構造変化

1990年代に入ってから、円高や日本国民の食生活様式の変化などによって海外からの食料品の輸入は拡大しつつある。それと同時に食料品の輸入構造にも変化が生じた。1980年代までは穀物のような素材型農産物の割合が高かったが、1990年代以降、その割合が徐々に低下し、それに代わって付加価値や単価の高いハム・ソーセージ類などの加工品や半加工品の割合が高くなってきた。例えば、1992年に農産物輸入における加工品と半加工品の割合は39%であったが、2004年にはその割合は43%までに拡大した〔農林水産省 2005：55〕。また、輸送技術や冷凍技術の発達により、生鮮品の割合も高まっている。

食料品輸入のもう一つの変化は輸入品の小口化である。1960年代後半以降、食料品の輸入届出の動向をみると、届出件数と総重量は増加傾向にあり、2003年に至って届出の件数は約168万件、総重量は約3,416万トンとなっている。一方、届出1件当たりの重量は減少傾向となっており、日本の食料品輸入は海外で加工されたものをより小さいロットで輸入する傾向が強まっている。例えば、食料品輸入届出1件当たりの重量は1960年代中期には130トンであったが、1990年代中期に至って30トンまで減少した〔農林水産省 2005：56〕。

(2) 中国から生鮮食品と加工食品輸入の急増

日本の年間食料品輸入は1990年に初めて4兆円を突破して、4兆926億円となった。1993年には3兆円台に戻ったが、1997年に至って5兆円を超え、5兆470億円となった。その後、年度によって変動はあるが、全体として輸入は安定的に維持され、輸入金額は4兆円から5兆円台までの間を推移してきた。2014年に初めて6兆円台になった。

日本の食料品輸入拡大は、中国からの輸入の増大と大きく関わっている。1988年に中国からの食料品の輸入金額は2,248億円であったが、1994年に至って、4,788億円になり、7年間で2倍以上拡大してきた。1994年に中国は、人民元対米ドル為替レートを大幅に切り下げした。そのことが主因となって、中国からの食

図3-1　中国および世界からの食料品輸入

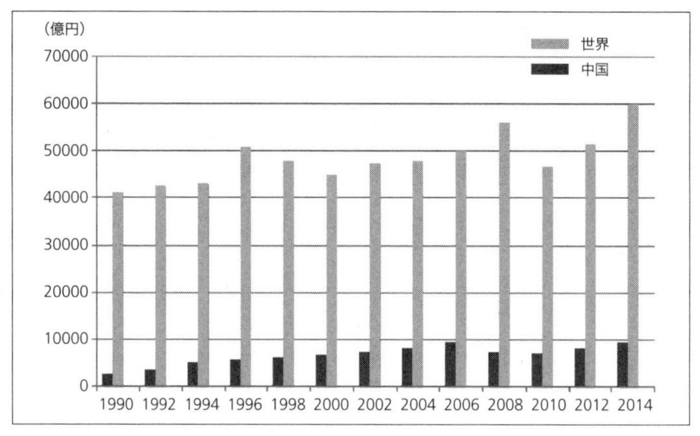

出所：財務省貿易統計より作成。

料品輸入は金額ベースから見れば前年度より下がり、4,375億円となったが、実際には輸入数量は下がることはなく、むしろ前年より増えてきた。1990年代後半以降、中国産食料品の輸入は拍車がかかって1997年には6,000億円を突破して、6,043億円となった。2000年以降、中国産食料品の輸入はさらに拡大してきて、冷凍餃子事件が発生した前年の2006年には9,238億円に達した。中国からの食料品輸入金額は日本の食料品輸入全体の2割強を占めるようになった。

中国から日本に輸入される食料品の構成はHS分類(3桁まで)によると、果実および野菜(011)、魚介類および同調製品(007)、肉類および同調製品(003)、飼料(017)、穀物および同調製品(009)、コーヒー・茶・ココア・香辛料などが主要なものとなっている。金額から見れば、果実および野菜が一番多く、次に魚介類および同調製品となる。この2項目は輸入金額、量ともに大差がなく、2000年前後では、魚介類および同調製品は果実および野菜より多かった。この2項目の輸入金額を合わせると、中国から日本に輸入される食料品全体の7割強を占めている。例えば、1999年度において、この2項目の合計は中国から輸入される食料品の77%を占めていた。また、中国から日本に輸入される果実および野菜の金額のうち、果実は全体の約3割を占めている。中国産果実は甘栗、冷凍ライチなどの一部を除いて、ほとんど果実ジュースやジャム用の原料である。野菜、果実、魚介類の

表3-4　中国から主要食料品の輸入状況（単位：億円）

年次	果実および野菜	魚介類および同調製品	肉類および同調製品	飼料	穀物および同調製品	コーヒー・茶・ココア・香辛料
1990	783.8	1,097.6	144.3	261.9	245.5	102.0
1995	2,201.4	1,890.7	746.8	97.7	191.3	191.3
2000	2,181.9	2,573.9	825.4	145.6	205.5	205.9
2001	2,553.9	2,714.6	934.7	234.8	280.6	266.0
2002	2,362.6	2,971.1	923.5	320.1	293.2	231.7
2003	2,299.9	2,745.4	752.4	334.3	457.4	213.9
2004	2,501.9	3,217.0	766.1	424.1	488.5	294.8
2005	2,701.7	3,400.0	1,030.4	356.4	526.0	267.8
2006	3,007.8	3,659.5	1,183.6	303.0	515.2	242.4
2007	2,929.0	3,178.4	1,253.8	487.3	658.0	266.3
2008	2,364.9	2,497.8	817.6	509.2	342.9	249.9
2009	2,080.3	2,097.4	766.6	628.2	319.0	189.0
2010	2,407.8	2,296.4	875.7	581.4	324.0	196.8
2011	2,710.8	2,481.7	1,036.0	374.0	317.0	216.4
2012	2,860.6	2,476.2	1,168.3	615.6	332.9	201.6
2013	3,263.7	2,604.5	1,265.8	656.4	353.7	251.9
2014	3,378.5	2,695.5	1,298.3	930.6	349.7	293.1

注：表中の金額はHS分類の3桁までの数値である。
出所：財務省貿易統計より作成。

ほか、中国から輸入される主要食料品は肉類および同調整品、穀物および同調製品、飼料、コーヒー・茶・ココア・香辛料などが挙げられる。中国から日本に輸入される主要食料品の具体的状況は表3-4の通りである。

3. トラブルの発生と輸入減少

2000年以降、中国から日本に輸入される食料品をめぐってトラブルが頻発していた。まず、前述したように1990年代に入ってから、野菜と加工食品を中心とする中国産食料品の輸入は拡大し続けてきた。1990年代後半には、ねぎ、生しいたけと畳表（イグサ）の中国からの輸入は急増した。これは日本国内で販売されている同種類の農産物の価格下落を引き起こした。日本政府は国内市場と農家の利益を守るために2000年12月に中国から輸入されるねぎ、生しいたけと畳表の農産物3品目について世界貿易機関（WTO）の提示する枠組み内でセーフガード（緊急輸入制限措置）を発動するか否かの調査を開始した。調査の結果として、ねぎ、生しいたけと畳表の輸入は国内同産業に重大な損害を与えたと認定された。翌2001年4月6日、関係閣僚会議で中国からの輸入が急増しているねぎ、生しいたけ、畳表の3品目についてセーフガードを暫定発動する方針を確認し、4月17日の閣僚会議で正式に決定した。

2001年1月、農民連食品分析センターは中国産冷凍ほうれん草などの野菜から基準値を超える残留農薬を検出したと発表した。同センターは中国産ほうれん草などの野菜からクロルピリホス、パラチオン、ジコホール、シペルメトリン、BHC、PDEの6種類の殺虫剤農薬を検出したと発表した。それを受け、厚生労働省は2000年1月輸入届け出があった中国産生鮮野菜のすべてを対象に抜き取り検査を実施した。検査の結果、約2,500件の届け出のうち、オオバなどの6品目9件で基準値を超える農薬が確認された。また、同年7月、農林水産省は埼玉県内で販売されている中国産冷凍ほうれん草から食品衛生法の基準値の180倍に相当する農薬クロルピリホスを検出したと発表した。この発表を受けて、中国野菜の安全性がマスコミによって大きく報道された。

セーフガードの発動によって、ねぎ、生したけと畳表の中国からの輸入は減少した。例えば、ねぎの輸入量は2000年の42,385トンから2001年の30,332トンまで大幅に減少した。しかし、上記した3品目の輸入減は中国産食料品の輸入全体に対する影響は限定的なものであった。ところが野菜の農薬問題は中国産食料品、特に野菜の対日本輸出に大きな打撃を与えた。中国産野菜の輸入金額は2001年から2年間連続で減少して、2004年に至っても2001年の水準に戻らなかった。

ほうれん草などの中国産野菜の輸入減少を受けて、中国産食料品全体の対日本輸出も減少した。2002年の輸入金額は7,282億円から2003年には7,004億円まで減少した。2005年以降、厚生労働省の輸入業者に対する輸入自粛の解除にともなって、中国産野菜の輸入は回復し始めた。その後は、中国の生産能力の巨大化と日本市場の旺盛な需要によって、中国から野菜や加工食品などの輸入は急速に回復して、2006年に至って中国産果実および野菜の輸入金額は3,000億円を突破して3,008億円に達した。

2007年には冷凍餃子事件が発生した。2007年12月下旬から2008年1月にかけて、中国河北省の天洋食品有限公司が製造、ジェイティフーズが輸入、日本生活協同組合連合会が販売した冷凍餃子を食べた千葉県と兵庫県の3家族計10人が下痢や嘔吐などの中毒症状を訴え、このうち、千葉県市川市の女児が一時意識不明の重体になった。両県警が餃子を鑑定したところ、メタミドホスなど有機リン系殺虫剤が検出された。2010年4月、中国当局が天洋食品元臨時工員を危険物質投与の疑いで逮捕、同8月に起訴した。

野菜の残留農薬問題から冷凍餃子事件までの一連のトラブルが日本の消費者に与えたショックは大きく、多くの消費者は中国産食料品を敬遠するようになった。2007年の冷凍餃子事件の後、中国産食料品の輸入は大幅に落ち込んだ。2008年に中国から日本に輸入される食料品の金額は2007年より2,000億円余り減少した。さらに、2年後の2009年に中国からの食料品輸入は6,324億円まで落ち込んで、1990年代末期の水準に戻った。2010年以降、中国側の品質管理[2)]の強化および冷凍餃子事件に対する消費者の記憶の薄れなどによって、中国からの食料品の輸入は回復している傾向があり、2014年の輸入金額は9,257億円に達している。これは冷凍餃子事件前の2006年の水準を上回って、史上最高となった。

4. 中国産食料品の安全性の読み方

厚生労働省は、食品衛生法に基づき、毎年、輸入食品監視指導計画を策定し、輸入食品の安全性確保の対策を講じている。具体的には食品、食品添加物などを販売する目的で海外から輸入する場合は、その安全性の観点から、食品衛生法に基づき厚生労働大臣への輸入届出が義務付けられている。届出を受けた厚生労働省検疫所では審査が行われ、その結果、検査の必要があると判断されたものについては、命令検査、自主検査等の検査を実施しなければならない。違反であると

2) 2000年以降、香港、アメリカ、日本をはじめ、世界的で中国の食品の安全性を懸念して、大きく報道された。中国政府は2008年北京オリンピック開催を控え、これ以上中国食品に対する信頼性が低下することを懸念して、食品の品質管理を強化した。食料品の輸出管理に関しては2007年から一時的に輸出抑制措置を採った。

判定された輸入食品の処分措置として、廃棄・積み戻し、食用外用途への転用などを命じられる。また、中国における日本向け輸出食品の安全対策を充実する取り組みの一環として、日本と中国の間では「日中食品安全推進イニシアチブ」が結ばれている。

表3-5　輸入食品に対する検査状況と結果（2012年度）

国名	検査件数	違反件数	違反率(%)
中国	98,424	221	0.22
ベトナム	13,984	103	0.74
タイ	11,819	84	0.71
フィリピン	2,358	16	0.68
インドネシア	3,278	26	0.79
台湾	3,667	22	0.60
インド	2,435	63	2.59
スペイン	1,858	24	1.29
イタリア	7,343	40	0.54
アメリカ	23,572	190	0.81
メキシコ	4,048	12	0.30
ブラジル	1,953	20	1.02
オーストラリア	2,020	11	0.54
世界	223,380	1,053	0.47

注：違反率は違反件数/検査件数。
出所：厚生労働省「平成24年度輸入食品監視統計」より作成。

厚生労働省は検査の結果を定期的に発表している。輸入食品の国別違反件数を見てみると、中国が常に最多である。表3-5は厚生労働省が公表した2012年度輸入食品に対する検査状況の一部である。同表の中の国名は日本の主な食料品輸入国である。違反件数から見れば、中国は221件で一番多く、全体の約2割を占めている。そのため、多くの日本人消費者は中国産食料品が危ないと思っている。一方、違反率から見れば、中国は表中の各国の中では一番低い国である。言い換えれば、日本の食料品輸入において、先進国と途上国とを問わず、他の国々と比べて中国の食品の安全性はそれほど劣っているわけではない。

第2節　主要品目の輸入状況

1. 野菜

(1) 中国野菜の伝来

日本の野菜の中で日本原産のものといえば、ミツバ、ウド、セリ、フキなど数えるほどしかない。私たちが日常食べている野菜、例えばダイコン、ナス、キュウリなどは、そのほとんどが外国で生まれた作物である。日本の野菜の中でアメリカ大陸原産の野菜は、南蛮貿易が始まってからポルトガル人などによって伝えられたものであるが、それ以前に渡来した野菜はいずれも中国大陸から伝わったものである〔青葉 2000：41〕。中国野菜は古くから日本に伝播してきた。例えば、ねぎ、きゅうりなどは古代の渡来人や遣唐使などによって中国から伝来してきたものである〔藤枝 1993：7〕。明治以降、多くの野菜品種を欧米から移入すると同時に、中国からも多くの品種が移入されてきた。日本の野菜の中にも、日清戦争や日露戦争に従軍した軍人が種子を持ち帰った野菜が多く、結球白菜、夏胡瓜、甜瓜（てんか）、南瓜などのいくつかの品種はそのころ日本に入ってきたものである。例えば、白菜は日清戦争の時に日本に移入されたものである。日清戦争の折に、仙台師団の岡崎清三郎参謀は種子を持ち帰り、宮城農学校の沼倉吉兵衛氏に試作させた。それがきっかけで沼倉氏は仙台養種園に転職し、白菜の移入・順化に励むこととなった。松島湾内の島で隔離採種に成功し、大正4年、宮城県に「松島白菜」を定着させた。大正13年には宮城県から横浜市場へ輸送園芸が成功し、仙台白菜の名で全国に知られるようになった〔藤枝 1993：109〕。また、ホウレンソウの禹城（うじょう）やキャベツの葉深（ようしん）などは、第二次世界大戦前後に中国から移入されたもので、日本野菜の品種改良に役だった品種といえる。1972年、日中国交回復以来、にわかに中国熱が高まり、野菜でも中国からの品種移入が盛んになった〔青葉 2000：88〕。

(2) 中国産野菜輸入の実態

①全体的な輸入状況

野菜はかつて生鮮のまま流通するのが一般的で、しかも品質の変化（鮮度の低下）が著しい品目や、単位重量当たり価格（単価）が低い品目が大半を占めていた。そのため、輸出入に最も不向きな農産物と見られていた。特に日本のような島国の場合には、野菜の輸出入はきわめて困難なことと考えられていた〔藤島 1997：17〕。事実、1960年代前半まで野菜のほぼすべての品目で輸入が自由化されていたにもかかわらず、1960年代末まで輸入量は皆無に近い状態であった。ところが、1970年代後半になると、輸入野菜がしだいに目につくようになり、1980年代中ごろ以降になると、今度は輸入量の増加が注目されるようになった。財務省（旧大蔵省）

の統計によると、1985年度の生鮮野菜の輸入量は13.4万トンであったが、5年後の1990年には倍増して26.1万トンになっている。1980年代まで、対日本野菜輸出国は、主にアメリカ、メキシコ、ニュージーランド、台湾などの国と地域であった〔戸田　1989：103～107〕。他方、1980年代末期には野菜の総輸入量に占める中国産のシェアは1割未満であった。中国産野菜の本格的な輸入は1990年代以降である。1993年、中国からの野菜輸入は初めて1,000億円を突破して、1,031億円になった。2005年、中国産野菜の輸入量は2,000億円を超え、2,050億円になった。その後、農薬の問題、さらに2007年に冷凍餃子事件が発生したため、以降、中国産野菜の輸入量は減少し始めた。しかし、2011年、東日本大震災以降、中国産野菜の輸入量は再び増えてきた。日本の輸入野菜の総額に占める中国のシェアは、2004年には50%を占めた。2008年以降、冷凍餃子事件の影響を受けて中国のシェアが一時的に下がったが、近年再び50%強になった。図3-2は1990年代以降、中国産野菜の輸入金額の推移である。

図3-2　中国および世界からの野菜輸入の推移

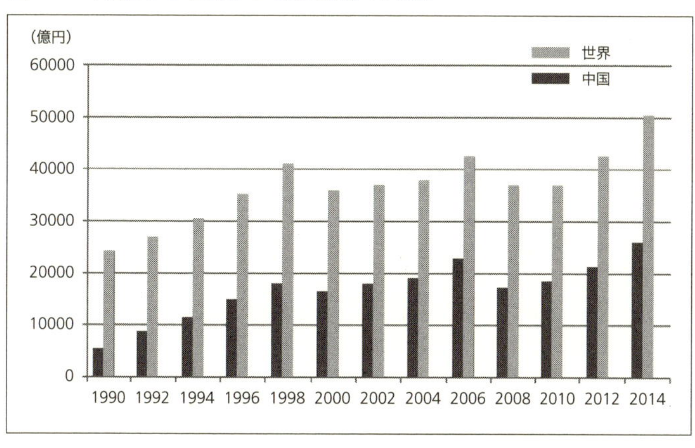

出所：財務省貿易統計より作成。

②種類別の輸入状況

中国産輸入野菜は、生鮮野菜、冷凍野菜、乾燥野菜およびその他の調製野菜などである。以下、それぞれの具体的な輸入状況を概観してみよう。

●生鮮野菜

中国から日本に輸入される生鮮野菜の種類は多く、財務省の9桁の貿易統計分類によると毎年約50種に及んでいる。輸入金額から見れば、1990年代末期には、しいたけ、まつたけ、えんどう、にんにく、しょうが、ごぼうなどが主な品目であったが、近年は、輸入金額の多い順では、たまねぎ、ねぎ、まつたけ、にんにく、にんじん、かぶ、ごぼう、しいたけ、しょうがとなっている。上記9種類の生鮮野菜の年間輸入金額はいずれも単一品目で10億円を超えている。例えば、2012年には上記した9種類の生鮮野菜の合計輸入金額は、中国から日本に輸入される生鮮野菜総額の75%を占めていた。その内、たまねぎとねぎは特に多く、同年度に中国から輸入される生鮮野菜総額に占めるシェアはそれぞれ30%と15%になっている。また、2005年ごろまではキャベツ、いんげん、さといもも中国から日本に輸入される主な生鮮野菜であったが、近年、輸入量は減少してきている。

図3-3　中国および世界からの生鮮野菜の輸入状況

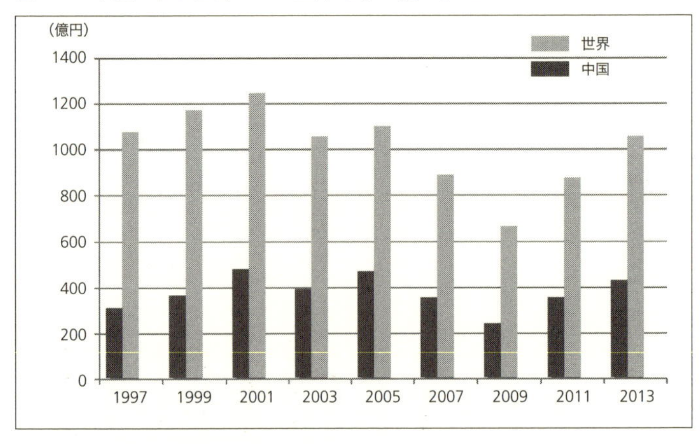

出所：農畜産業振興機構「野菜輸入の動向」により作成。

●冷凍野菜

中国から日本に輸入される冷凍野菜は大きく分ければ10種類ぐらいある。その内、近年輸入金額の多い順では、冷凍さといも、冷凍ほうれん草、えだまめ、混合冷凍野菜、冷凍ブロッコリー、冷凍ばれいしょとなっている。冷凍ばれいしょはフライドポテトなど調製したものがほとんどである。さといもは中国では古くから栽培されていて、広東省、福建省および長江流域が主な生産地である〔方2001:67〕。また、中国南部ではさといもを食用にしている歴史も長くあって、中国から輸入される冷凍野菜の中で冷凍さといもは主要品目である。日本に輸入される冷凍さといもは、ほとんどが中国産である。また、中国産冷凍ほうれん草、冷凍インゲン豆は日本の輸入冷凍野菜全体に占めるシェアも高く、5割強を占めている。中国からの冷凍ほうれん草の輸入は2004年以降拡大してきて、近年は金額にして年間約30億円を維持している。

図3-4　中国および世界からの冷凍野菜の輸入状況

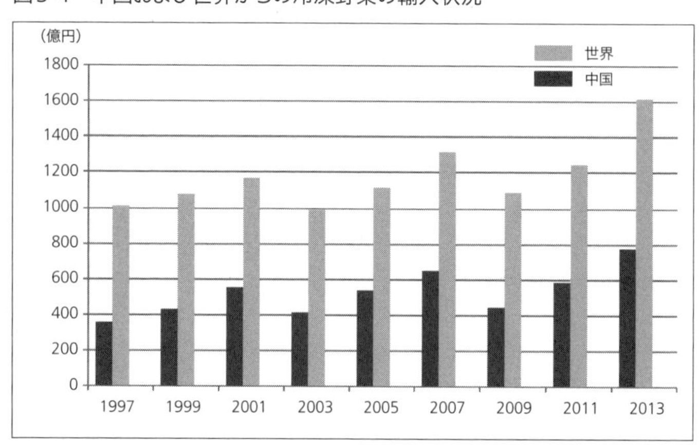

出所：農畜産業振興機構「野菜輸入の動向」により筆者作成。

●乾燥野菜

日本の乾燥野菜の輸入は、アメリカ産のたまねぎを除いて中国から輸入される種類と金額はともに圧倒的に多い。1990年代以降、日本の乾燥野菜輸入に占める中国のシェアは8割強となっている。日本へ輸入される中国産の乾燥野菜は、特にしいたけ、たけのこ、きくらげ、かんぴょう、だいこんに集中している。きくらげは中華料理店に利用されるほか、中華風惣菜にも食材として使われている。中国からの乾燥野菜の輸入状況は図3-5の通りである。

図3-5　中国および世界からの乾燥野菜の輸入状況

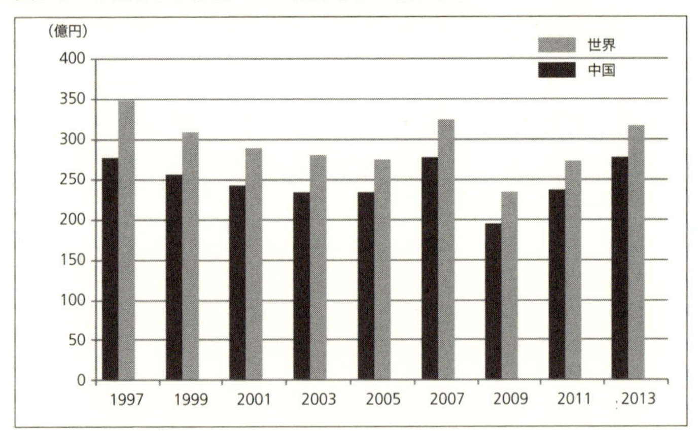

出所：農畜産業振興機構「野菜輸入の動向」により作成。

●その他の野菜

上述した生鮮野菜、冷凍野菜と乾燥野菜のほか、中国から塩蔵野菜、酢調製野菜、トマト加工品などの調製野菜も輸入している。塩蔵野菜は種類が多く、きゅうり、らっきょう、しょうが、れんこん、こなす、なす、わらびなどが代表的なものである。塩蔵野菜の中国からの輸入は1990年代から好調であり、年間の輸入金額は20億円前後を維持していた。しかし、2000年以降、輸入は伸び悩んで、年々減少傾向になり、近年の年間輸入金額は8億円台まで下がってきた。その原因は、日本における減塩健康志向だと考えられる。中国から酢調製野菜の輸入は2000年ごろ以降増加している。ここ10数年、年間輸入金額は40～50億円である。酢調製野菜の中で特にしょうがは圧倒的に多く、全体の半分強を占めている。多くの回転すし店で無料で提供される酢調製しょうがは、ほとんど中国製である。また、その他の野菜として、トマト加工品、野菜ジュースなども含まれている。トマト加工品はイタリアからの輸入が一番多く、全体の3割強を占めているが、2番目は中国である。近年、中国からのトマト加工品の年間輸入金額は40億円弱となっている。中国から輸入されるその他の野菜の輸入状況は図3-6の通りである。

図3-6　中国および世界からのその他の野菜の輸入状況

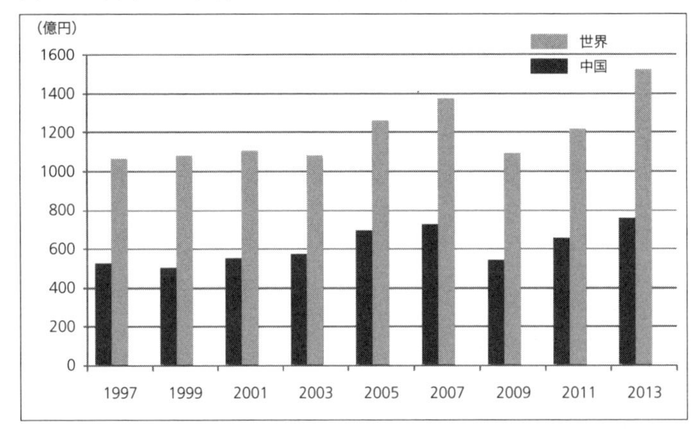

出所：農畜産業振興機構「野菜輸入の動向」により作成。

2. 魚介類

中国から日本に輸入される魚介類は、1970年代までえびを中心としていた。1980年代に中国は台湾と日本からウナギの養殖技術を導入した。さらに台湾のウナギ養殖業は1980年代後半から中国へ進出し始めたため、中国はえびなどの伝統的な対日本輸出水産物以外に、ウナギの輸出を開始した。中国からの魚介類の輸入金額は、1990年に初めて1,000億円を突破して1,098億円になった。さらに、1997年には倍増して2,672億円に拡大した。他の中国産食料品と同じく、中国産魚介類の対日本輸出は2006年に史上最高に達し、3,659億円になった。冷凍餃子事件の後、中国からの魚介類の輸入も大幅に冷え込んだが、野菜など他の食料品と異なって、えび、まぐろなどの魚介類は中国国民の生活水準の向上および中国国内市場の価格の上昇にともなって、輸出の余地が少なくなっている。近年、国内市場におけるえびの需要が高まって、中国はベトナムからえびの輸入を拡大している。

中国から日本へ輸入される魚介類は大きく分ければ、生鮮・冷凍品[3]と調製品が

3)生鮮・冷凍品といっても生鮮品が少なく、冷凍品が圧倒的に多い。

表3-6　中国産魚介類および同調製品の輸入状況

（単位：億円）

年次	魚　介　類		
		生鮮・冷凍	調製品
1990	1,097.6	953.1	144.5
1995	1,890.7	913.3	977.4
2000	2,573.9	1,245.1	1,328.8
2001	2,714.6	1,345.0	1,369.5
2002	2,971.1	1,482.6	1,488.5
2003	2,745.4	1,428.4	1,317.1
2004	3,217.0	1,600.2	1,616.8
2005	3,399.9	1,737.5	1,662.4
2006	3,659.5	1,802.1	1,857.4
2007	3,178.4	1,375.7	1,802.7
2008	2,497.8	1,179.9	1,317.8
2009	2,097.4	909.9	1,187.6
2010	2,296.4	970.5	1,325.9
2011	2,481.7	1,018.2	1,463.4
2012	2,476.2	1,002.3	1,473.9
2013	2,604.5	1,103.5	1,501.1
2014	2,695.5	1,172.0	1,523.5

出所：財務省貿易統計より作成。

である。1990年代まで生鮮・冷凍品が多く、全体の半分強を占めていた。2000年以降、中国の食品加工業の発展にともなって付加価値の高い加工品が増えてきている。例えば、2014年に生鮮・冷凍品の輸入金額は、中国から輸入される魚介類全体に占める割合は43%まで下がって、代わりに調製品の割合は57%まで上がった。中国産魚介類の輸入状況は表の3-6の通りである。

中国から日本に輸入される魚介類の生鮮・冷凍品は、金額から見れば、まぐろ、いか、うなぎ、えびなどが上位に入っている。近年は、この4品目の年間輸入金額はそれぞれ100億円以上である。中国からのまぐろの輸入は2000年以降から急に拡大してきた。2000年以降、中国の遠洋漁業生産力は高まってきて、沿海地区の一部の港湾でまぐろ加工工場が多く設立され、まぐろの加工能力は向上してきた。浙江省舟山市と山東省の栄成市は中国沿海地域における主なまぐろ加工地域である。舟山諸島は中国最大の漁場であり、漁業は古くから同地域の主要産業である。2012年までは、舟山市のまぐろ加工関連会社は8社にすぎなかったが、2013年には15社に増え、年間のまぐろ加工能力は11万トン前後となり、製品はほとんど輸出に向けている。山東省栄成市は1990年代までは小さな港町であったが、1990年代以降、山東半島の経済発展と共に、栄成市は港町から脱皮して漁業産業都市に発展した。1990年代以降、近海漁業資源の減少を鑑みて、栄成市は遠洋漁業産業を育成してきた。2014年には同市は遠洋漁業に従事する水産関連の企業は16社、遠洋漁船は大小合わせて140隻になっている。同市の年間遠洋漁業生産量は約10万トンである。その内の多くは日本市場に輸出されている[4)]。

えびは第1章で述べたように、中国から日本に輸入される伝統的な水産物である。1990年には年間輸入金額は475億円に達した。えびは中国国民にとって人気の高い食材である。前述したように中国国民の生活水準の向上にともなって国内での需要は高くなり、輸出する余地が少なくなっている。近年、中国からいかの輸入も増える傾向にある。中国から日本に輸入されるいかはほとんどが冷凍のもので、中国沿海で漁獲されるものより、遠洋で漁獲するものが多い。遠洋で漁獲されるいかは中国沿海地域の加工工場で処理されて、冷凍品として日本に輸出されている。また、生鮮・冷凍のウナギの輸入金額は冷凍餃子事件の前には170億円になっていたが、その後減少した。ただし、近年には再び回復傾向が見えている。上記した主力の4品目以外に、たこ、うに、かに、さわら、にしん、さけ、ますなどの魚介類がある。それらの魚介類の年間輸入金額は、数億円から数十億円の間で推移している。これらのうち、さけ、にしんなどはノルウェー原産で、中国の加工工場で処理され、日本に輸出されるものが多い。

他方、魚介類の調製品は、ウナギ、いか、かに、えびなどの調製品に集中しているが、ウナギの調製品が特に多い。1990年代に中国から日本へ輸入される魚介類調製品の内、ウナギの調製品は約7割を占めていた。2000年に至ってもその割合はまだ半分ぐらいであった。例えば、2000年に中国から日本に輸入される魚介類調製品の金額は1,329億円のうち、うなぎの調製品は730億円で、全体の55%を占めていた。また、ウナギの調製品はほとんど蒲焼となっている。2007年末に発生した冷凍餃子事件は、中国産ウナギ製品の輸入にも打撃を与えた。また、同年、欧州連合(EU)がヨーロッパウナギの絶滅を危惧してシラスウナギの輸出を規制する方針を発表し、ワシントン条約締約国会議でEU案が可決、規制が確定した。世界的にウナギ資源保護の機運が高まる中、中国からのウナギ製品の輸出が減少した。中国から蒲焼などのウナギ調製品の輸出が減少したが、代わりにいか、さけなどの魚介類の調製品の輸出が増えてきた。

---

4) 筆者はここ数年、現地で数多くの調査を行った。文中の情報や資料の一部は現地で収集したものである。

3. 鶏肉とその調整品

日本の肉類輸入において、アメリカやオーストラリアなどと比べて中国の存在は小さい。例えば、2014年、日本の肉類および同調製品の輸入金額は1兆3,352億となり、その内中国からの輸入金額は1,298億円で、中国のシェアは1割しかない。1990年代には中国から年間数トン程度の牛肉を輸入したが、1998年以降、停止状態となった。豚肉の輸入は1980年代末期にはわずかであったが、1990年代に入ってからなくなった。馬肉は1990年代前期には年間10億円強輸入していたが、2000以降、年々減少して、2014年には6,209万円しかなかった。

一方、中国から鶏肉および同調製品の輸入量は大きい。1990年代以降、輸入金額ベースから見ると、中国から日本に輸入される肉類の中で鶏肉およびその調製品のシェアは一貫して9割前後となっている。言い換えれば、中国から輸入される肉類はほとんどが鶏肉およびその調製品である。中国からの鶏肉の輸入は、1990年代まで生鮮と冷凍ものが多かった。2000年以降、中国の食品加工産業の成長にともなって、生鮮や冷凍の鶏肉の輸入は減少して、代わりに鶏肉の調製品は急速に増えてきた。中国から輸入される鶏肉の調製品は、から揚げ、フライド

図3-7　中国産鶏肉とその調整品の輸入状況

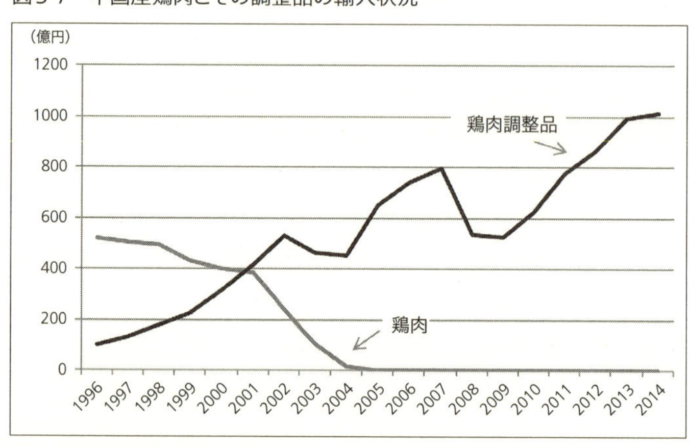

出所：財務省貿易統計より作成。

チキン、鳥の串焼きなどがほとんどで、2000年以降、中国はタイと並んで日本の鶏肉調製品の一大供給国となっている。日本の鶏肉調製品の輸入は、ほぼ中国とタイに依存している。2014年、日本の鶏肉調製品輸入に占める中国とタイのシェアはそれぞれ49%と50%で、合わせて99%になっている。中国から鶏肉およびその調製品の輸入状況は図3-7の通りである。

小括

以上、財務省の貿易統計を中心にして、各種資料を用いながら1980年代以降の日本の中国産食料品の輸入状況を考察してきた。最後に、煩雑な統計データで示された中国産食料品の輸入状況を簡潔に整理しておこう。

まず、1980年代には中国産豆類や特産品などが輸入されてきたが、アメリカやカナダからの肉類や穀物などの輸入と比べて金額的には小さく、日本の食料品輸入における中国の存在は小さかった。しかし、1990年代に入ってから、円高や日本国民の食生活様式の変化などによって海外からの食料品輸入が拡大してきた。それと同時に食料品の輸入構成にも変化が生じ、付加価値や単価の高い加工品や半加工品の割合が高くなってきた。その背景のもとで、加工食品を中心とする中国産食料品の輸入は、1990年代以降急速に拡大してきた。

次に、中国から日本に輸入される食料品の商品構成を見れば、野菜、魚介類と鶏肉の調製品が主力品目となっている。特に野菜は中国から輸入される食料品の中で重要な位置を占めている。また、全体的に見れば、中国産食料品は基本的に加工食品を中心としている。野菜においても生鮮野菜より冷凍野菜、乾燥野菜、塩蔵野菜、酢調製野菜、トマト加工品などの調製野菜の輸入金額の方が遥かに大きい。魚介類においても、生鮮・冷凍品より調製品の割合は大きい。鶏肉は2005年頃から生鮮・冷凍品がほとんどなくなり、その代わりに唐揚げやフライドチキンなどの調製品が多くなった。要するに、中国から輸入される食料品は、農畜産物や水産物より主に食品工業の加工製品であると考えられる。

最後に、中国産食料品の輸入変動から食料品貿易のリスクの大きさが明らかになっている。冷凍餃子事件が発生した後、冷凍餃子の輸入だけでなく、野菜、魚介類、肉類調製品、特産品などの中国産食料品の輸入は激減してきた。冷凍餃子事件は食料品貿易を超えて、日中両国民の相互不信を深め、日中関係に大きな影響をもたらしている。

【参考文献】

*ジェトロ編『農林水産物の貿易』(1991年版) ジェトロ、1991年9月。
*前田和美「中国山東省産輸入落花生の主要特性とその品種分類区分について」『高知大学学術研究報告』(高知大学) 第21巻農学第3号、1972年9月。
*食品総合研究所編『食品大百科事典』朝倉書店、2005年2月第3刷。
*五十嵐脩他編『食料の百科事典』丸善、平成13年11月。
*農林水産省編『食料・農業・農村白書』平成16年版、農林統計協会、2005年6月。
*青葉高著『日本の野菜』(青葉高著作選Ⅰ) 八坂書房、2000年6月
*藤枝國光著『野菜の起源と分化』九州大学出版会、1993年7月。
*藤島廣二著『リポート　輸入野菜300万トンの時代』家の光協会、1997年。
*戸田博愛著『野菜の経済学』農林統計学会、1989年3月。
*方智遠他「我国蔬菜産業和蔬菜科技発展」『中国菓菜』(中国農業科学院蔬菜花卉研究所)、2001年6月号。
*厚生労働省「平成24年度輸入食品監視統計」、厚生労働省HP.
*農畜産業振興機構『野菜輸入の動向』各年度版、農林統計協会。

第4章
日系食品企業の中国進出と開発輸入

第3章で考察してきた中国から日本へ輸入される食料品、特に野菜と加工食品の多くは中国へ進出している日系食品企業と日系商社に深く関わっている。日系食品企業は電気、機械、自動車などの分野と同じく、中国へ大量に進出している。海外における日系食品現地法人の国別分布状況を見れば、中国に圧倒的に多くの企業が集中している。日系食品企業と日系商社は中国へ進出して、日本の規格と日本の消費者の嗜好に合わせて現地生産を行い、その製品を日本に逆輸入する。また、日系食品企業や日系商社の直接投資活動も時代の変化に応じて変わってきている。近年、中国における食料品市場の拡大にともなって、中国で事業を展開している日系食品企業は中国国内市場を狙って、現地での販路を拡大しようとしている。本章では、食料品をめぐる日中貿易に深く関わっている日系食品企業と日系商社の役割と位置を検討する。

第1節 日本の食料産業の海外進出とその変容

1. ODAから始まった食料品の開発輸入

周知のように日本では戦後の経済復興を経て、1960年代半ば以降、工業生産の拡大を中心とする高度経済成長の時期に入った。急速な工業発展にともなって、都市化が急激に進められた。そのため、限られた農地の多くは農業以外の目的に転用された。また、戦後日本では急速な人口増加が現象した。人口増加率は終戦直後に海外からの引き揚げ者や第1次ベビーブームにともない、急激な上昇を示したが、高度経済成長期には年平均1%程度と安定的に推移した。その後、1971

年から1974年までの第2次ベビーブーム期には年間人口増加率は1.4%程度の高い上昇を見せた。1967年には日本の総人口は1億人に到達したが、急速な人口増加によって食料の輸入を余議なくされたため、日本はアメリカを中心として、諸外国からの穀物輸入拡大を始めることになった。

食料輸入の増大にともなって、海外から調達される食料品および農産物の安定確保が政策的にも重要な課題となった。政府は1971年に食料品調達先国の多元化を図って、発展途上国を中心とした飼料用穀物の調査団を中国などに派遣した。それ以降、発展途上国に対する官民一体となった経済協力は東南アジアを中心として大きく推進された。官民一体の経済協力の多くは、政府開発援助（ODA）によるものであった。政府開発援助（ODA）は食料の開発輸入を直接的な目的とするものではなかったが、当時、これらの地域が日本の重要な食料調達先になっていたことから判断して、経済（技術）協力の形をとった実質的な食料開発輸入政策がこの時期に始まったといってよい〔下渡 2006：18～19〕。

東南アジア地域での食料開発輸入を実施するために、1960年代に入ってからカンボジアにおいてトウモロコシの開発輸入に着手した。1961年、日本政府（通産省）は一次産品買付調査団を現地に派遣して、この時以降、1963年にはメイズ開発計画調査団（OTCA）、1966年には一次産品問題調査団（通産省）、1967年にはトウモロコシ開発調査団、1968年にはトウモロコシ開発協力実施調査団（OTCA）を相次いで派遣し、1968年にはカンボジア政府との間でトウモロコシ開発計画に調印した。一方、1965年には、海外経済協力基金、東食、相互貿易、日商岩井、日綿実業、兼松江商の商社によってカンボジア経済協力株式会社（SOCODAC）が発足し、さらに1968年にはSOCODACとカンボジア政府が共同出資してトウモロコシの栽培、採種、収買、処理、加工、販売を目的とする熱帯栽培会社（SOCTOROPIC）が設立された。熱帯栽培会社には、カンボジア政府が51%と日本借款団[1)]が49%を出資し、1980年までに毎年30万トンのトウモロコシを日本に輸出する計画であった〔米国農務省 1972：45〕。

インドネシアにおいても日本による食料開発輸入が行われてきた。1969年には三井物産がインドネシアのコスゴロ社との合弁事業によってスマトラ島ランポン

1）日本借款団は日本商社5社と日本政府によって構成される。また、商社5社と日本政府はそれぞれ50%ずつ出資した。

州において飼料用トウモロコシの開発輸入を目的とする現地法人「ミツゴロ」を設立した。当時、この食料開発輸入プロジェクトは内外の脚光を浴び、一時期、三井物産のほかに伊藤忠、トーメンがこれらの開発輸入プロジェクトに相次いで参入した。

1970年代に入ってから、世界経済は大きな変貌を遂げることになる。国際金融においては、1971年8月のニクソン・ショックによって、固定相場制が維持できなくなり、1973年には日本を含む先進各国は相次いで変動為替相場に切り替えた。また、1973年末、領海、経済水域、海底資源について新しい海洋秩序の樹立を目指して、第3次国連海洋会議が開かれた。その後、自国周辺沿岸200カイリの漁業専管水域を設定する国が相次いで現れた。このような背景のもとで、米菓（あられ、おかき）の製造、エビトロール漁業、エビ養殖と冷凍エビ加工といった水産業、食品加工に食料開発輸入の重点が移っていった〔下渡　2006：32〕。1980年代、特に1985年秋のプラザ合意以降、急速な円高が進行するなかで、外食産業も急速に成長してきた。低廉で規格化された食材を確保するために、商社だけではなく、多くの食品企業も人件費と原材料の安いアジア諸国へ進出し始めた。1980年代後半になると、タイは多くの日本食品企業の進出先であったが、1990年代以降、日系商社と日系食品企業は中国へ大量に進出して、中国は日本の食料品開発輸入の最大の舞台となっていった。

2. 主要先進農業国からの食料調達

日本の食料品開発輸入は近隣のアジア諸国だけではなく、アメリカを中心とする先進農業国においても展開されている。先進農業国での食料品の開発輸入は、1961年に三井物産がアメリカイリノイ州にパシフィック・グレイン社を設立し、現地の生産農家との契約栽培によって日本向けに、みそ・しょう油用の大豆の集荷・輸送を始めたのが端緒である〔下渡　2006：33〕。さらに、1969年には同じ三井物産がADM社の穀物エレベーターを買収して、ユナイテッド・グレイン社を設立した。1970年代に入ると三菱商事や丸紅が米国の中西部で穀物エレベーターの企業を買収し、1978年には飼料用穀物の最大の需要者であるJA（全国農業協同組合連合会）がニューオリンズに独自の穀物エレベーターを建設し、全農グラインを設立した〔宮崎 1988：92〕。

また、1960年代以降、アメリカで水産物開発輸入も始まった。東洋水産が1966年に水産加工品の製造を目的にしてアラスカに進出した。丸紅は1972年にベーリング海漁業会社に資本参加し、また1974年にはアラスカで缶詰と冷凍水産物の加工会社を設立している。アラスカの他、多くの日系大手水産加工企業がワシントン州でも直接投資している。例えば、極洋、大洋漁業、ニチロ、日本水産、東洋水産、ニチレイ、宝幸水産など、その端的な例であり、しかも、1社で複数の現地法人を所有していることも珍しくない。現地で経営活動を展開する日系水産加工企業は日本への輸出を重視しているケースが少なくない〔斎藤 1992：63〕。

果汁はアメリカで開発輸入が行われている。1988年6月にオレンジ果汁の輸入自由化と相俟って、輸入の自由化をにらみ、大手食品メーカーのカゴメは、同年からアメリカの飲料メーカーであるトンキン・コーポレーションに果汁の生産を委託し、日本への輸入を開始することになった。カゴメはこうした方式では、品質管理、納期、調達数量などに問題があるとして、同年、さらに一歩進めてアメリカのカリフォルニア州に工場を建設することを決定した。1990年、カゴメは現地工場の操業を開始し、日本向けに30％果汁「フルーツ村」を年間100万ケース製造することになった。1991年にはこれまでの果汁の増産に加えて、新たにトマトケチャップ、ピザソース、パスタソースなどのトマト加工品の生産を開始することになった〔斎藤 1992：61〕。

アメリカの他に、オーストラリアは日本の食料品開発輸入のもう一つの重要な国である。オーストラリアで開発輸入に携わっている日本の食肉製品製造業企業は、日本ハム、伊藤ハム、ゼンチク、プリマハム、林兼産業、雪印食品、サンミート、日畜などがあげられる。特に日本ハムと伊藤ハムはオーストラリアばかりでなく、ニュージーランドにも進出している。しかも、両社はオーストラリアに複数の現地法人を所有するまでになっている。オーストラリアにおける日系企業の輸出用肉牛畜場は、1990年にはニューサウスウェールズ州、クイーンズランド州、タスマニア州などを中心に、出資比率が50％以下のものも含めると15ヵ所を数えるまでになっており、オーストラリアの全輸出用肉牛畜場の19.5％を占めている。こうした日系商社や食品企業の現地における主たる生産活動の目的は、もちろん日本への輸出である。

以上のように、アメリカやオーストラリアで展開している日本の商社や食品関連企業の開発輸入は、その大部分が穀物、水産物、牛肉を中心として、しかも原材料調達に集中している。

3. 食品産業の東アジア近隣諸国への進出

前述した東南アジア地域での食料開発輸入およびアメリカやオーストラリアからの食料品調達は1960年代から始まったが、それらの事業の担い手はほとんど大手商社、大手食品メーカーおよび大手水産会社である。一般食品企業の海外進出は、1980年代半ばまでほとんどなかった。一般食品企業の海外進出が低調であった理由は多様だが、以下の二つの理由が挙げられる。まず第1に、食品産業の場合、一部の企業を除けば、そのほとんどが規模の小さい企業であり、企業経営者の関心は膨大な国内市場の確保に向けられていたからである。第2に、海外直接投資には、国内への投資以上の困難がともなう場合が少なくない。したがって、そのことについての特殊なノウハウが必要だが、規模の小さい食品企業の場合、その経験も少なく、十分な対応ができない状況にあったからである〔斎藤 1992：25〕。

しかし、1985年9月のプラザ合意以降、急速な円高によって大手商社および大手食品会社は生鮮食品や加工食品などを海外から直接に調達する部分を急増させたため、国内での食料品価格競争が激しくなった。1990年代に入ってから、多くの中小食品企業も国内市場での価格競争に巻き込まれ、生き残るために中国などの近隣諸国への海外進出が始まった。

表4-1は1993年から2013年までの間の海外における日系食品現地法人数の推移である。同表によると、日系食品海外法人数は、1993年の328か所から2013年の552か所まで21年間で大幅に増えた。日系食品海外法人の地域分布を見てみると、アジアは圧倒的に多い。2013年には日系食品海外法人数の552か所の中でアジアには370か所あり、全体の約7割を占めている。21年前の1993年はアジア地域の数はそれほど多くなかった。1990年代以降、日本の食品企業や商社は中国をはじめ、東アジア諸国に大量に進出している。表4-1で示されるように、中国だけで日系食品海外法人数はアジア全体の約50%を占めている。また、台湾とタイは、かつて日系食品企業のアジアにおける主な進出先であったが、人件費の上昇

表4-1 海外における日系食品現地法人数の推移

	1993年	2003年	2013年
アジア	159	298	370
中国	29	148	178
タイ	42	53	59
台湾	18	15	18
ベトナム	—	10	28
ヨーロッパ	21	21	35
フランス	9	8	11
イギリス	3	6	8
北米	109	97	93
アメリカ	102	91	87
カナダ	7	6	6
中南米	17	9	21
ブラジル	12	6	14
メキシコ	—	1	3
オセアニア	21	20	27
オーストラリア	17	17	21
ニュージーランド	4	2	6
世界全体	328	445	552

注：表中のデータは東洋経済新報社によるアンケートの結果である。同社は毎年数千社の上場と未上場企業を対象にしてアンケート調査を行っている。

出所：東洋経済新報編『海外進出企業総覧』各年版より作成。

と台湾元高のため、1990年代以降、台湾への新規進出は見られなくなった。タイでは1993年の42か所から2013年の59か所まで増えたが、中国ほどの増加率ではない。近年は、ベトナムが新しい投資先として注目され、日系食品企業や商社の現地法人数は、2003年の10か所から28か所まで拡大している。

東アジア地域での大幅増加と対照的に、北米での日系食品現地法人数は減少してきた。アメリカにおける日系食品企業現地法人数は、1993年の102か所から2013年の87か所まで減少してきた。中南米については、メキシコ、アルゼンチン、パラグアイなどに対する日系食品企業や商社の投資は多少増加しているが、全体として大きな伸びがない。中南米と同じく、オセアニアは2000年以降、ニュージーランドへの投資は微増しているが、オセアニア全体としては頭打ちの傾向にあるといえる。ヨーロッパでの日系食品現地法人数は、2003年の21か所から2013年の31か所まで増加してきたが、ヨーロッパ地域の広さを考えれば、日本の食品企業のヨーロッパでの存在はまだ小さいといえる。

第2節　日系食品企業の中国進出

1. 中国の改革開放と外国食品企業の中国進出

1978年末、中国は従来の閉鎖的な社会経済体制から脱皮して、改革開放政策を打ち出した。外国の資本、技術と経営ノウハウを導入するために、翌1979年7月、中国は「中外合資経営企業法」を制定した。そして、1980年には広東省の深圳、珠海、汕頭と福建省の厦門（アモイ）に経済特別区を設立した。それとともに、外国資本に対する税制面での優遇をはじめ、土地使用の方法など多方面にわたって優遇政策を制定した。具体的には1983年「中外合資経営企業法」の実施細則として企業所得税の減免措置を拡充した。翌1984年、北部の大連から南部の広州に至る沿海主要都市は外国資本に開放することになった。

中国政府の急速な政策変化に対して、日本を含めた先進国は不安を抱きつつ、10億以上の人口を有する潜在的巨大市場の門戸が開かれたことを歓迎した。日本をはじめ、主要先進諸国の対中国貿易および対中国資本輸出は急増したが、中国の改革開放政策に依然として半信半疑であり、大規模な直接投資は1980年代初期には見られなかった。そもそも、社会主義国における外国直接投資の受け入れは、1960年代より東欧諸国が行っているほか、1977年にベトナムが外資導入法を制定したくらいで、東欧諸国およびベトナムの外国直接投資受入れ政策は、成果が大きく出なかった。中国の「中外合資経営企業法」には、多くの問題点が指摘されている。それらの問題点は社会経済体制の相違に基づくものであるため、合弁事業のみにとどまらない広範なものである。中国は「中外合資経営企業法」の制定と同時に、中国国際信託投資会社や外国投資管理委員会などの合弁事業推進のための監督・管理機関を設け、合弁事業の相手国となる可能性のある国々に責任者を派遣し、その内容の説明を行ってきた。中国側は積極的に誘致活動を行ったにもかかわらず、日系企業などの投資側は依然として不安が残ったままで解消されなかった〔岩見 1981：42〕。

今日の立場に立ってみれば、投資する側の不安は当然のことであろう。当時の世界は冷戦時代がまだ終わっていない。イデオロギーをめぐる東西対立は解決されたわけではなく、共産党一党独裁政権の政策の一貫性に疑問を持たせざるを得ない。また、中国をめぐる国際関係は、米中、日中などとの国交樹立は達成されたが、長年、鎖国政策を採ってきた中国との交流はほとんどなく、中国に関する情報が乏しい状態にあった。このような諸般の事情があったため、中国の改革開放政策の初期には日本を含めた先進国からの対中国直接投資は見られなかった。

しかし、日本、アメリカなどの先進国と異なって、香港や東南アジアの華僑は、言語、風俗、習慣が中国本土と同様で、中国本土との特別なコネクションを有している。中国の改革開放政策が打ち出されてから香港や東南アジアの華僑資本による中国進出が始まった。改革開放後、中国に進出した外国企業の第1号は、1979年に香港資本によって北京で設立された北京航空食品有限公司である〔趙 2008 : 32〕。食料品分野においては、タイのCP (Charoen Pokphand) グループ[2)]の中国進出が注目される。CPグループは、1920年代に中国の海南島からタイへ渡った華僑がバンコクで開業した「正大荘行」に始まる。最初は中国本土から野菜の種子をタイに輸入して販売していた。1950年代、飼料の生産と販売を開始した。1970年代に入ると、飼料事業の成功を生かして、ブロイラー事業に進出し、生産工程の一貫体制を構築している。1980年代以降、養豚、エビの養殖も展開している。また、CPグループはタイ国内での事業にとどまらず、1970年代初期から周辺のインドネシア、マレーシアなどの国々で飼料やブロイラー事業をいち早く展開した。

中国の改革開放政策が発表されてから、CPグループはいち早く中国へ進出し、1979年に深圳経済特別区で正大康地国際集団有限公司を設立して、中国での飼料事業を開始した。その後、CPグループは中国各地へ進出して、各省・自治区の国有企業や飼料工場と合弁企業を設立し、多くの省・自治区で外資の1号登録証を持っている〔東 2006 : 136〕。CPグループは飼料事業のほか、1980年代からブロイラー事業を中国各地で展開した。1986年には北京で北京家禽育種有限公司を設立し、養鶏、鶏肉加工を始めた。その後、吉林省、黒竜江省、山東省などで数多くのブロイラー事業関連の合弁企業を設立した。中国への資本進出以来、CPグループのアグリビジネスは順調に進められ、2014年現在、CPグループはチベ

---

2) CP (Charoen Pokphand) グループの名称についてCharoenは繁栄、Pokphandは食料品という意味である。

ットと青海省を除いて中国のすべての省と自治区で養鶏場や鶏肉加工工場を設立している。2014年にCPグループは中国国内で8万人を雇用して、年間売上は750億元になっている〔CPグループ・中国正大集団HP〕。CPグループの中国での投資活動は、中国の飼料と鶏肉加工産業の発展に多大な役割を果たしている。特に鶏肉加工業にマニュアル化された生産管理システムを中国に導入し、中国の鶏肉加工業の生成と発展に大きく貢献した。第3章で述べた中国の鶏肉加工品の輸出拡大は、CPグループの貢献を忘れてはならない。中国から輸入される鶏肉加工品は、CPグループ中国工場の製品を多く含んでいる。[3)]

CPグループを先頭にして、1980年代末に台湾や他の外国の食品企業も中国へ進出し始めた。他方、1990年代に入ると、上海市の開発を中心として、中国政府はさらなる開放を実施した。このような背景のもとで食品分野の外国企業の中国進出は本格化した。2000年に至って、中国で事業を展開している外資系食品製造企業数は約2,500社、同年の年間生産額は2,000億元に達した〔黄 2002：32〕。

中国は2001年11月、カタールのドーハで開催された第4回WTO（世界貿易機関）閣僚会議でWTO加盟を承認された。同年12月には加盟が正式に発効し、中国はWTOの一員になった。WTOへの加盟によって中国は関税率を下げただけではなく、流通、金融、観光などのサービス分野でさらなる対外開放をしなければならないようになった。サービス分野の開放によって、外国の大型店やスーパーマーケット、チェーン店は沿海地域を中心に中国へ進出した。また、1990年代までの経済発展の成果として中国国民の生活水準は高くなり、中国社会には富裕層が生成した。中国の労働力が低賃金であることを狙うだけではなく、中国市場での販売拡大戦略に着目して、欧米、日本、台湾系食品企業の中国進出は加速した。日系食品企業は中国へ進出する際、100％出資による新規設立が多いが、欧米系食品企業の特徴として新規設立よりM&Aがよく使われている〔阮 2003：46〕。欧米大手食品企業の中国国内でのM&Aは、2005年頃以降さらに拡大してきた。農産物加工、飲料、食肉、外食産業などのほとんどの分野に外資系企業が登場してきた。食料品分野における外資系企業の大量進出に対して、近年、中国では食料安全保障問題を懸念する意見も多くなっている〔黎 2010：107〕。

3) 中国正大集団（CPグループ中国子会社）などのホームページ（http://www.cpgroup.cn）および著者の現地調査によって得た情報である。

2. 日系食品企業の中国進出

前述したように、中国は1979年に外国資本、技術と経営ノウハウなどを導入するために、「中外合資経営企業法」を制定した。日本企業の中国での投資意向を確かめるために、1980年に外資導入の窓口である中国国際信託公司は日本長期信用銀行に依頼して、日本企業に対するアンケート調査を行った。アンケート調査の結果は、以下のように要約される。第1に、中国との取引は貿易を中心に活発に行われており、将来ともに取引を行いたいとする企業、あるいは新規に取引関係を結びたいとする企業が調査対象企業の7割に達している。第2に、将来の海外投資の対象地域として中国は有望な投資対象地域とみられている。つまり、日本企業の中国に対する評価は高く、投資先としての中国への期待が大きいということである。

他方、日本企業は中国投資への期待が大きくなっていると同時に、中国の現実的な投資環境に懸念と不安を抱いている。それらの懸念や不安は以下のようなことが挙げられる。(1) 中国の経済政策と路線の継続性の問題である。多くの日本企業は外資に門戸を開いた中国の路線と政策は将来にわたって継続されるかどうかについて不安を抱いている。具体的には経済政策と路線が変わった場合、すなわち中国が再び閉鎖的な政策をとるようになった場合、投資した資産が国有化されたり、接収されたりするのではないかということである。(2) 中国の法制度の未整備である。多くの日本企業は中国の法制度の未整備が合弁事業の妨げとなっているので、関連法規の制定を待ってからにしたいという姿勢となっている。(3) インフラストラクチャーの未整備である。具体的には電力の安定的供給、国内輸送網の充実、港湾施設の整備などの問題である。(4) 中国の硬直的な官僚組織である〔岩見 1981：43〕。

中国への投資に大きな期待を持っているが、上記の懸念と不安も抱いているので、ほとんどの日本企業は1980年代初期には中国への直接投資活動に関して慎重な態度と姿勢を取っていた。1983年までは中国へ進出している日本企業は数社しかなかった。これらの企業は小糸製作所（二輪車生産、1980年）、大塚製薬（輸液製品、1981年）、日立（テレビ生産、1981年）、東洋紡（カシミヤ、羊毛生産、1983年）、華東物産（ホテル、1983年）などである。

1980年代半ばに入ると、中国の外資導入政策の安定性および改革開放による中国経済の成長を見るにおよんで、多くの日本企業は中国への進出を本格的に考え始めた。食品企業の中国進出は、この時期から始まった。『海外進出企業総覧』（東洋経済新報社編）の統計資料によると、最初に中国へ進出した日系食品企業は以下の数社である。甲州園は、1984年に山東省の張裕葡萄酒有限公司とそれぞれ50%出資して山東省で中日友誼葡萄酒醸造公司を設立した。京樽は、1985年に、当時北京の最高級ホテルである北京飯店で日本料理店を開業した。同年、サントリーは江蘇省の連雲港市で中国国際信託投資公司などと共同出資して、ビールと麦芽生産を始めた。また、大洋漁業は5億円を投入して、浙江省の舟山で現地の漁業企業と合弁して、魚介類の養殖・加工事業を開始した。日清製油は、1985年に大連へ進出した。

1986年10月、中国は「外国投資奨励規定」を制定し、外資優遇措置をさらに拡充した。そして、1988年には合弁事業だけではなく、100%出資の外国投資企業を積極的に受け入れる方針を打ち出した。同時期に「日中投資保護協定」が締結された。このような中国側の積極的な外資導入政策および1985年9月のプラザ合意以降の円高のもとで、日本企業の中国投資ブームが現れた。1988年、日系企業の対中国投資件数は171件、前年比68%増となった。日系食品企業の対中国投資もこのような雰囲気のもとで伸びてきた。日系食品企業の対中国投資件数は、1985年の6件から1989年に20件まで増えてきた。その後、1989年の天安門事件の影響を受けて、食品分野を含む日本企業の対中国投資は一時的に沈静化した。

1990年に入ると、中国の最高実力者である鄧小平氏の指示によって、中国は上海を中心とする全方位開放を決定し、もっと大胆に各種の改革を実施することになった。中国のさらなる改革開放措置の実施を受けて、中国の改革開放および市場経済の導入がもはや後戻りすることはないと感じられたこと、中国政府による外資誘致と各種外資優遇政策が一段と強化されたことで、食品関連分野を含め多くの日系企業による中国への本格的な進出が始まった。中国へ進出した日系食品製造業の現地法人数は、1990年の22社から1993年に41社、1995年に93社、そして1997年には167社へと急速に増えていった。また、食品製造業の他、中国へ進出した農業と水産業関連の日系企業の法人数は、1990年の10社から1993年の

20社を経て1997年には31社にまで拡大していた。1990年代半ば以降の日系企業の中国進出拡大にはもう一つの重要な背景がある。それは為替レートの変動である。1990年代半ば頃、円相場が高騰すると同時に、1994年1月1日から中国は人民元対米ドル為替レートを1ドル＝5.2元から1ドル＝8.7元へ、約4割切り下げした。円高と元安が同時進行したため、日中間の生産コスト格差はさらに大きく開いた。この時期に中国へ進出した日系食品企業の対中国投資は、主に原材料や人件費などのコストダウンを狙って、中国で加工した製品を日本に逆輸入する構造であった。つまり、中国からの食料品の開発輸入はこの時期から本格的に展開されることになった。

1990年代後期までに日本の大手食品企業はほとんど中国へ進出した。代表的な例は以下の通りである。ニチレイは、1988年に上海で餃子、焼売（しゅうまい）などの中華点心類を中心にして現地生産と日本への逆輸入を始めた。さらに、1993年、ニチレイは山東省煙台市で第2の生産拠点を設置して、餃子などの冷凍食品を生産し、日本に輸出することになった。加ト吉は、1990年に中国へ進出して、山東省を生産拠点にして鶏唐揚げ、魚フライなどの加工食品を生産し、現地で生産した加工食品を日本へ輸出する事業を開始した。味の素は、1995年に江蘇省の連雲港市へ進出して、れん根のはさみ揚げなどの野菜を中心とした調理加工冷凍食品の開発輸入を始めた。日清食品は、1993年から香港の子会社を通して、中国の広東省、山東省などへ進出し、即席麵の大量生産を行った〔稲垣 2002：130〜134〕。また、この時期から日本の商社の中国での食料品の開発輸入も始まった。代表的な事例として、伊藤忠は、1994年に吉林省松原市で現地の大豆を利用して大豆タンパクの生産と貿易を始めた。そして、1995年、同社は山東省の膠南市と青島市で食肉加工、調理冷凍食品製造の合弁企業を設立した。丸紅は、1990年に山東省の濰紡（いぼう）市で鶏肉加工（唐揚げ、焼き鳥）合弁企業を創立した。三井物産は、1990年には浙江省の寧波市で合弁企業を設立して、農水産物の缶詰を生産し始めた。

1997年末、アジア金融危機が発生した。中国は直接的に危機に巻き込まれなかったが、間接的な影響を受けた。アジア金融危機後、日系食品企業の中国進出は一時的に鈍化した。1998年と1999年には中国における日系食品企業の現地法人数はいずれも前年比で減少していた。また、食料品業界の競争も厳しくなり、中国から撤退した企業も現れた。中国における日系食品企業の法人数は、2003年ま

表4-2　中国および香港・台湾へ進出する日系食品企業の推移（各年の現地法人数）

年次	中国		台湾		香港		世界	
	食品製造業	農林水産業	食品製造業	農林水産業	食品製造業	農林水産業	食品製造業	農林水産業
1987	8		13		8		192	
1988	11	2	15	1	11		235	105
1989	16	4	14	1	12		269	128
1990	22	10	16	1	13		301	130
1991	29	11	18	1	13		333	132
1992	29	12	18	1	11		328	139
1993	41	20	20		12	1	354	146
1994	67	20	19		13		382	150
1995	93	22	21		14		420	143
1996	140	25	17		19		470	137
1997	167	31	27		20	4	616	236
1998	151	22	15		16	2	482	121
1999	139	19	16		15	2	460	118
2000	140	19	16		16	1	455	116
2001	144	19	15		13	1	449	101
2002	148	21	15		14	1	445	104
2003	155	19	14		14		444	104
2004	170	16	14		11		470	104
2005	175	16	13		10		480	104
2006	179	15	13		9		476	100
2007	178	15	12		8		467	97
2008	180	14	13		9		474	102
2009	169	13	12		9		461	99
2010	163	9	13		9		448	100
2011	167	8	14		8		474	95
2012	173	8	16		8		518	103
2013	178	7	18		7		552	100

注：表中のデータは東洋経済新報社によるアンケートの結果である。同社は毎年数千社の上場と未上場企業を対象にしてアンケート調査を行っている。

出所：東洋経済新報社編『海外進出企業総覧』各年版より作成。

で伸長しなかった。2004年に中国は、穀類、肉類、水産物の生産加工分野を外資系企業に対して本格的に開放政策を実施した。その後、日系食品企業は再び中国への進出を加速させた。2008年には食品製造業と農林水産業などを合わせて中国における日系食料品現地法人数は194社に達した。その後、冷凍餃子事件の影響を受け、現地法人数は減少したが、近年、再び増加する傾向になっている。2013年、世界各地へ進出した日系食品企業は652社になるが、その内、中国は185社であり、全体の約3割を占めている。上記の中国へ進出した日系食品企業は、いずれも日本に本社があり、大規模な企業である。実際は、中国に進出している日系食品企業は小規模の企業が多い〔沈 2011：61〕。中国は1990年代半ばから一貫して日本の食品企業の最大の海外進出先となっている。中国における日系食品企業の進出状況は表4-2の通りである。

第3節 日系食品企業中国進出の特徴

1. 地域分布の特徴

中国へ進出している日系食品企業は圧倒的に沿海地域に集中している。2013年現在、中国に進出した日系食品企業の現地法人数は181社[4)]である。この181社は日本に本社があり、規模の大きい上場企業である。181社の内、山東省では一番多く、46社ある。2番目は上海市であり、34社ある。山東省と上海市にある日系食品企業現地法人数は全体の4割強を占めている。3番目は広東省(16)、以下は、江蘇省(14)、北京市(14)、遼寧省(13)、浙江省(13)、天津市(11)の順番になる。1位の山東省から8位の天津市までの8省と市には、日系食品企業の現地法人数は161社になり、全体の9割弱を占めている。さらに、東北地方の吉林省、黒竜江省、内陸部の四川省、雲南省などにも数社が散在している。それらの企業はほとんど現地

4) 東洋経済新報社編『海外進出企業総覧』と21世紀中国総研編『中国進出企業一覧』で比較すると、2013年に中国にある日系食品企業の企業数は3社の差がある。統計上の誤差ではなく、統計方法による誤差である。2社のデータはアンケート調査から得た数字である。21世紀中国総研の調査対象は上場企業に限られているが、東洋経済新報社は未上場企業も調査対象となる。3社の数字の差は全体の事情を把握するには影響がないと判断する。

の原材料の独特な利用、あるいは現地の市場を狙って進出している。例えば、吉林不二蛋白有限公司は、1994年に不二製油と伊藤忠が吉林省の国有会社と共同出資で設立した合弁企業である。同社は現地の大豆を利用して、大豆製品を生産している。新疆ウイグル自治区は内陸部にあるが、その地方特有の気候や風土によってビールのホップ生産に適切なため、1987年にはサッポロビール(45%)、豊田通商(5%)、新疆ウイグル自治区北埠農工商連合公司(50%)の共同出資によって合弁会社が設立され、現地でホップの生産を行っている。黒竜江省においては、2009年に双日(25%)と現地の国有農業会社が共同出資で合弁会社を設立して、現地産のジャガイモを利用してポテトフレークの製造と販売を行っている。また、四川省においては2007年、山崎製パンが台湾の子会社を通して成都市に進出し、現地の市場を狙ってパンの製造を開始した。

食品製造業の他、農林水産業は、2013年現在、中国における関連企業は19社ある。食品製造業と同様に日系農林水産関連企業は山東省に一番多く進出して

表4-3　中国における日系食品企業の地域分布(2103年)

	農林水産業	食品加工業	卸売業
北京市		14	4
天津市		11	
河北省		3	
内モンゴル自治区		1	
遼寧省		13	3
吉林省	1	2	1
黒竜江省		1	1
上海市	1	34	3
江蘇省	2	14	
浙江省	1	13	
福建省		8	
山東省	6	46	9
河南省		2	
広東省	2	16	2
広西チワン族自治区	1		
海南省	1		
四川省	2	3	1
雲南省		1	
陝西省		1	
寧夏回族自治区	1	1	
新疆ウイグル族自治区	1		
合　計	19	181	24

注：表中のデータは21世紀中国総研によるアンケート調査の結果である。調査対象となる企業は日本の証券取引所で上場している企業に限られている。

出所：21世紀中国総研編『中国進出企業一覧』(2013～14年版、蒼々社)より作成。

表4-4　山東省における主要日系食料品関連企業一覧（2013年現在）

現地法人の名称	設立年次	資本金	日本側の出資率（%）	業務内容
山東魯菱果汁有限公司	1993	1,178万ドル	30%（三菱商事）	果汁濃縮ジュース生産
威海威東日総合食品有限公司	1993	800万ドル	87.5%（テーブルマーク）	水産品加工、パン粉製造
青島亜是加食品有限公司	1994	573万ドル	81.2%（テーブルマーク）	冷凍野菜、水産品加工
青島有明食品有限公司	1994	6,145万元	100%（アリアケジャパン他）	加工食品製造、販売
青島福生食品有限公司	1994	1.83億元	100%（理研ビタミン）	冷凍食品、冷凍水産品、乾燥野菜の生産、販売
青島加藤吉食品有限公司	1995	1,184万ドル	100%（テーブルマーク）	冷凍水産品加工
青島普徳食品有限公司	1995	400万ドル	15%（プリマハム）	食肉加工、販売
青島卡楽比食品有限公司	1995	5,718万元	100%（カルビー）	スナック製造、販売
山東龍藤不二食品有限公司	1995	7,464万元	76%（不二製油、伊藤忠商事）	大豆蛋白食品の生産
煙台啤酒青島朝日有限公司	1995	30億円	51%（アサヒグループ）	ビール生産
山東美好食品有限公司	1997	2,400万ドル	51%（プリマハム）	加工食品の生産、販売
山東安吉丸食品有限公司	2001	535万ドル	100%（あじかん）	干瓢、椎茸、野菜加工
威海佳康食品有限公司	2001	1,220万ドル	100%（テーブルマーク）	魚介エキスの製造、販売
威海日都食品有限公司	2001	500万ドル	100%（日本ハム）	冷凍食品の製造、販売
山東日龍食品有限公司	2002	500万ドル	85%（日本ハム）	鶏肉加工品の生産
青島秀愛食品有限公司	2002	1,460万ドル	100%（正栄食品工業）	フルーツ・ナッツ類の加工、冷凍食品製造、販売
青島松屋食品有限公司	2002	1,200万ドル	100%（松屋フーズ）	食材調達工場
青島丸魯大食品有限公司	2002	760万ドル	96%（丸大食品）	加工食品の製造、販売
青島亀田食品有限公司	2003	1,250万ドル	100%（亀田製菓）	米菓生産、販売
山東龍大肉食品有限公司	2003	1.63億元	26.7%（伊藤忠商事）	豚肉製品の加工、販売
神戸物産（安丘）食品有限公司	2004	1.94億元	100%（神戸物産）	食品製造、販売
山東山孚日水有限公司	2004	2.25億元	59.1%（日本水産）	水産品の加工、販売
青島愛康食品有限公司	2005	503万ドル	50%（あじかん）	寿司用食材の製造
錦築食品研究開発有限公司	2005	1.66億元	100%（ニチレイ、日清製粉）	食品栄養、安全分析
煙台日魯大食品有限公司	2005	4,138万元	45%（マルハニチロ食品）	冷凍食品の生産、販売
煙台龍栄食品有限公司	2006	9,778万元	35%（伊藤忠商事）	畜産加工品の製造、販売
山東朝日緑源農業有限公司	2006	19億円	99.95%（アサヒグループ他）	野菜、苺、酪農事業
新日清製粉食品有限公司	2007	9.20億元	100%（日清製粉他）	食品加工用粉の製造
山東朝日緑源乳業有限公司	2008	8.4億円	100%（アサヒグループ他）	酪農事業、牛乳の生産

注：①ここでの主要企業とは山東省に進出している日系食料品関連企業の中から資本金500万米ドル以上の企業を選んだものである。投資の通貨別は米ドル、人民元と円があるが、当時の為替レートで換算して、500万米ドル以上の企業を抽出した。②出資側のアサヒグループとはアサヒグループホールディングスのことである。③表中のデータは21世紀中国総研によるアンケート調査の結果である。
出所：21世紀中国総研編『中国進出企業一覧』（2013～14年版、蒼蒼社）より独自に作成。

いる。山東省の他、江蘇省、広東省、浙江省などの沿海各省に日系農林水産関連企業は散在している。また、雪国まいたけは2009年に吉林省長春市で100％出資によって子会社を設立し、現地のトウモロコシの芯を利用してえのき茸を生産・販売している。その他、広西チワン族自治区、海南省、寧夏回族自治区と新疆ウイグル自治区に日系食品企業がそれぞれ1社ある。

また、食料品卸売企業は山東省に一番多く進出している。同省には、日系食料品卸売企業が9社ある。その次は北京、上海と遼寧省の順番になる。北京と上海はビジネス情報が集中しているので、食料品卸売業界にとって主な進出先になる。遼寧省には日本の食料品卸売会社は3社あるが、すべて大連にある。つまり、食料品卸売企業は山東省をはじめ、上海、北京、大連などの大都市に集中している。中国における日系食品企業現地法人数の地域的分布状況は表4-3の通りである。

中国へ進出している日系食品企業の地域分布は、「地域的特化」の特徴が見られる。つまり、アルコール、清涼飲料、菓子類、調味料などを生産する日系企業は現地販売を主目的とする企業が多い。それらの企業は、上海、北京、広州などの大都市およびその周辺地域に多く立地している。それに対して、肉類、水産物加工および日本への輸出を中心とする企業は、山東省、遼寧省、江蘇省、福建省、浙江省などの地域に多く進出している〔沈　2011：62〕。その内、日系食品企業は、山東省に特に集中している。第2章で述べたように、山東省は野菜栽培の歴史が長く、野菜などの原材料を円滑に調達できる。省内には豊富な余剰労働力が存在している。また、山東省は中国沿岸北部にあるため日本に距離的に一番近く、日本までの輸送距離が他の地域より短い。これらの理由で日系食品企業は山東省に特に集中している。山東省における日系食品企業の事情は表4-4の通りである。

2. 投資形態の特徴

中国では改革開放政策の初期に外国直接投資導入の形態について、以下のように定めていた。

- 独資企業（100％外資企業、Wholly Foreign-Owned Enterprise）――つまり、100％外国側が出資し、すべての生産コスト、投資条件などについて外国投資企業が責任を持つ。

- 合弁企業（Chinese-Foreign Equity Joint Venture）――外国の企業、経済団体および個人が中国の企業、あるいは経済団体と共同して中国国内で設立した企業である。その特徴は出資者がそれぞれ出資比率に応じてリスクを負い、損益について責任を持つところにある。
- 合作経営（Chinese-Foreign Contractual Joint Venture）――契約合弁企業とも呼ばれる。株式の持合ではなく、権利と義務を契約で取り交わす。合作企業は、外国の企業、経済団体および個人と中国の企業、あるいは経済団体が中国国内で双方が合意した条件に基づいて、設立する企業である。合作者同士が合意すべき条件・権利・義務・利益配当およびリスク・債務の責任・企業のマネジメント・契約満了後の財産処分等について協議し、合作契約で明文化する。また、初期の合作経営は、基本的に外国企業が資本・技術を提供し、中国側は土地、設備、労働力などを提供する共同生産協定である。
- 補償貿易（Compensation Trade）――外国企業が技術・設備を提供して、中国側はその設備を使って生産した製品で代価を返済する。外国企業側はその製品を海外へ輸出する。
- 委託加工（Trusted Processing Trade）――外国企業は原材料と生産設計を提供し、中国側はそれを組立・加工する。最終製品は外国企業側に引き取られ、外国企業側は中国側に加工料を支払う。

上記した中国の外資導入形態は、世界および中国の経済事情の変化につれて変わってきた。委託加工、補償貿易は1990年代以降はほとんどなくなった。合作経営は最初から少なかったので、1990年代以降ほぼ存在しなくなった。1990年代以降、中国における外資導入法規の調整に従って、上記した投資形態の他、外資株式会社（Share Company with Foreign Investment）、持株会社（Foreign-Invested Holding Company）、BOT（Build-Operate-Transfer）方式、M&A（Mergers and Acquisitions）が導入された。

また、国によって対中国直接投資の形態的特徴が異なる。一般的には香港、台湾および欧米の企業と比べて日系企業の対中国直接投資は、独資企業形態（日系企業100％出資）が多く見られる。食料品分野においても日系独資企業が多く存在している。

中国における日系食品製造業の現地法人トップ100社の投資形態を見てみると、

100社の内、100％日本側出資の企業が54社で、半分強を占めている。さらに、中国における日系食料品製造業のトップ30社（資本金3,000万米ドル以上の企業）に絞ってみれば、日本側が100％出資で設立された独資企業は20社あり、全体の3分の2にあたる。つまり大手企業であるほど、独資企業形態が多くなる。大手企業は資本力以外に、技術移転などの問題を警戒する場合がある。食料品分野は、製造方法、成分の構成など企業それぞれ独特の部分があるので、企業側ではそれらの機密情報が流失することを心配している。

また、中国における日系食品製造業の現地法人トップ100社の資本金の中に商社の資本が入っている企業が12社あり、全体の1割強となっている。特に伊藤忠が数社の企業に資本を投入している。その他、中国で事業を展開している主要日系食品企業の出資構成を見ると、香港子会社を通して資本参加することが注目される。中国における日系食料品製造業の現地法人トップ100社の内、香港子会社が出資する企業が11社ある。日系食品企業の中国進出における香港との関わりについては第6章で詳しく検討する。

大手食品企業と比べて、規模の小さい食品企業の中国進出は、現地企業と合弁する場合が多い。また、食料品製造企業は中国へ最初に進出した段階では、中国側の事情を熟知していないので、現地の企業と合弁する形態が多かった。最近、中国企業の資金力の増強によって新規に設立された日中合弁企業の中には中国側の出資率が高くなるケースが増えている。

3. 原材料の調達と製品の販売

日系食品企業の中国進出の一つの目的は、現地の安い食材を利用することである。1990年代まで農産物における日中間の価格差は大変大きかった。野菜およびその調製品に使われる原材料の価格格差は特に大きかった。第3章で述べたように、中国からは、生鮮野菜、冷凍野菜や乾燥野菜のほか、塩蔵野菜、酢調製野菜、トマト加工品などの調製野菜も輸入している。塩蔵野菜は種類が多く、きゅうり、らっきょう、しょうが、れんこん、こなす、なす、わらびなどが代表的なものである。これらの製品の多くは中国へ進出した日系企業が生産したものである。1990年代までは、きゅうり、しょうが、なすなどの野菜原料の価格は日本の数十分の1

でしかなかった[5]。また、1990年代には肉類は野菜ほどの格差がなかったが、中国の鶏肉や豚肉の単価は日本より低かった。近年、中国の物価上昇にともなって、農産物における日中間の価格差は縮小しているが、全体としては、その格差が今でもまだ存在している。

表4-5は、中国で事業を展開している日系食品企業の材料調達先の状況である。日系食品企業の材料調達先としては、現地調達、日本および第3国からの輸入になっている。第3国とは主にタイをはじめとする東南アジア諸国を指す。同表によると、現地調達は圧倒的に多く、特に1998年まで9割以上を占めている。1999年以降、現地調達の比率は変動し始めた。1999年には中国での現地調達の比率は前年の92.3%から79.4%まで減少した。その代りに同年第3国からの輸入は前年の5.4%から19.3%まで大幅に増加した。第3国からの輸入拡大は、1997年末に発生したアジア金融危機と関連している。金融危機でタイのバーツをはじめとする東南アジアや韓国の通貨は大幅下落した。為替の大幅変動のため、中国以外の国からの材料調達はさらに安くできたので、現地調達のかわりに、鶏肉、エビ、魚などの加工食品の材料は第3国からの輸入が増加した。また、2001年に中国野菜の農薬問題が発生したが、2003年には中国国内でSARS[6]（重症急性呼吸器症候群）という感染症が広がった。これらの問題はいずれも食料品の安全問題に関わっているので、多くの日系食品企業はやむを得ず中国以外の国から一部の材料を輸入した。アジア金融危機およびSARSの沈静化にともなって2005年以降、現地調達の比率は再び大きくなった。また、日本からの輸入も少量だが行われている。日本からの輸入は主に海産物と加工食品の製造に必要な添加物に集中している。

中国で生産された食料品の製品販売については、開発輸入の一環として日本向けの輸出が多い。日本向けの輸出は1990年代後半まで特に多かった。例えば、1997年と1998年には日本向けの輸出は全体の25%を占めていた。第3章で述べたように、2000年頃以降、中国からの食料品輸入に関してトラブルが頻発していた。2001年に日本政府は国内の農家の利益を守るために、中国産のねぎ、生しいたけ、畳表の3品目について一般セーフガード（緊急輸入制限措置）を発動した。

5）野菜における日中の価格差について、筆者はここ10数年に日中両国で詳細な現地調査を行った。

6）SARSとはSevere Acute Respiratory Syndromeの略語である。重症急性呼吸器症候群という感染症である。新型肺炎とも呼ばれる。2002年秋、中国の広東省で発生し、香港や中国の多くの地域に広がった。2003年夏にはコントロールされたが、中国の経済、社会に大きな打撃を与えた。

表4-5　中国における日系食品企業の原材料調達先別仕入高の内訳（単位：億円、%）

年次	仕入高	日本からの輸入	%	現地調達	%	第3国からの輸入	%
1995	59.6	2.7	4.5	56.1	94.1	0.8	1.3
1996	135.1	1.5	1.1	132.0	97.7	1.7	1.2
1997	302.0	5.7	1.9	294.8	97.6	1.5	0.5
1998	249.2	5.6	2.3	230.1	92.3	13.4	5.4
1999	508.8	6.6	1.3	404.1	79.4	98.1	19.3
2000	693.5	6.7	1.0	554.0	79.9	132.9	19.2
2001	878.5	84.8	9.7	674.0	76.7	119.7	13.6
2002	1,272.6	43.3	3.4	1,023.8	80.5	205.5	16.1
2003	1,466.0	40.0	2.7	1,168.7	79.7	257.4	17.6
2004	963.1	98.9	10.3	628.2	65.2	236.0	24.5
2005	1,727.7	48.4	2.8	1,421.4	82.3	257.9	14.9
2006	3,046.9	102.8	3.4	2,730.3	89.6	213.7	7.0
2007	3,814.5	64.9	1.7	3,702.3	97.1	47.4	1.2
2008	4,140.0	503.1	12.2	3,287.6	79.4	349.3	8.4
2009	4,017.9	226.5	5.6	3,749.8	93.3	41.6	1.0
2010	5,216.6	330.2	6.3	4,793.4	91.9	93.0	1.8
2011	5,826.4	378.5	6.5	5,327.7	91.4	120.2	2.1
2012	7,000.3	830.3	11.9	6,034.9	86.2	135.1	1.9
2013	9,658.4	587.3	6.1	8,821.0	91.3	250.1	2.5

注：①表中のデータは経済産業省によるアンケート調査の結果である。同調査は1970年から毎年実施されてきた。調査方法として経済産業省から本社企業に調査書類を配布し、本社企業で記入し、返送する書面調査である。調査対象企業と回収率は年度によって多少差がある。例えば、2013年の調査は8,662社に対して実施して、回収率は76.4%である。②表中「日本からの輸入」は日本の対中国食料品輸出の一部になるはずである。財務省の貿易統計によれば、2012年と2013年に日本から中国へ輸出された食料品の金額はそれぞれ260億円と336億円になる。しかし、表中2012年と2013年のそれぞれの「日本からの輸入」の金額（830.3億円と587.3億円）は財務省の貿易統計より大幅に超過している。
出所：経済産業省『我が国企業の海外事業活動』各年版より作成。

また、同年、中国産冷凍ホウレンソウから基準値を超える残留農薬が検出され、中国産野菜の危険性がマスコミによって大きく報道された。その影響を受けて、2002年から2003年にかけて日本向けの輸出は激減した。その後、厚生労働省が輸入業者に輸入自粛を解除し、中国産野菜の輸入は回復し始めた。しかし、2007

表4-6　中国における日系食品企業の売上高の内訳（単位：億円、%）

年次	売上高	日本向け輸出	%	現地販売	%	第3国向け輸出	%
1995	158.8	25.9	16.3	90.9	57.2	3.8	2.4
1996	186.3	29.3	15.7	126.0	67.7	5.5	3.0
1997	334.3	83.0	24.8	209.4	62.7	1.8	0.5
1998	409.4	104.3	25.5	298.8	73.0	6.2	1.5
1999	859.6	108.4	12.6	735.1	85.5	16.1	1.9
2000	1,106.2	147.6	13.3	932.2	84.3	26.4	2.4
2001	1,348.1	230.5	17.1	1,100.2	81.6	17.4	1.3
2002	2,330.7	175.0	7.5	2,137.3	91.7	18.5	0.8
2003	2,433.5	227.6	9.4	2,187.0	89.9	18.9	0.8
2004	1,549.8	332.4	21.4	1,113.9	71.9	103.0	6.6
2005	3,613.1	457.6	12.7	3,070.7	85.0	84.8	2.3
2006	4,400.7	443.7	10.1	3,860.9	87.7	96.1	2.2
2007	5,663.2	587.0	10.4	4,956.4	87.1	119.8	2.1
2008	6,117.1	459.1	7.5	5,597.5	91.5	60.5	1.0
2009	6,157.5	316.9	5.1	5,788.6	94.0	52.0	0.8
2010	8,037.3	298.5	3.7	7,669.5	95.4	68.9	0.9
2011	8,273.3	383.1	4.6	7,797.9	94.3	92.4	1.1
2012	10,159.7	443.2	4.4	9,577.0	94.3	138.7	1.4
2013	14,094.3	593.8	4.2	13,325.0	94.5	175.4	1.2

注：表4－5と同じく、表中のデータは経済産業省によるアンケート調査の結果である。
出所：経済産業省『我が国企業の海外事業活動』各年版より作成。

年には冷凍餃子事件が発生した。冷凍餃子事件は日系食品企業の中国での開発輸入に大きな打撃を与えた。表4-6は中国における日系食品企業の販売先の状況である。同表による、冷凍餃子事件が発生した以降、中国における日系食品企業の日本向けの輸出は激減した。日本向けの輸出が全体の売上高に占める比率は、1990年代末期の20%台から2008年の7.5%まで激減した。他方、中国産食料品のトラブルが頻発している時期に中国国民の所得水準の向上にともなって、中国国内の食料品市場は急速に拡大してきた。このような背景のもとで中国における日系食品企業は中国国内市場を重視して、中国国内での販売を拡大している。同表でわかるように、冷凍餃子事件の後、日系食品企業の日本向け輸出は減少したが、中国での販売比率は年々高くなっている。2008年以降、中国国内の販売率は全体の売上高の90%以上になっている。これは中国における日系食品企業の経営活動の変化を物語っている。言い換えれば、中国における食料品市場の拡大に対応して、中国へ進出した多くの日系食品企業は現地化しつつあるといえよう。

小括

以上、日系食品企業の中国進出の諸状況および中国での開発輸入活動について考察してきた。最後に、本章で明らかになった点を簡単にまとめておこう。

1985年のプラザ合意以降、日本は急速な円高によって加工食品や生鮮食料品の海外からの輸入が増え、国内での食料品の価格競争が激しくなった。価格競争に負けないように中小企業を含めた多くの日系食品企業は、近隣の東アジア諸国へ進出し始めた。その中でも中国へ進出した企業は特に多い。中国へ進出している日系食品企業は、沿海地域、特に山東省に集中している。山東省は中国における最も重要な野菜と水産物の生産地域である。また、地理的には日本に一番近い地域である。こうした条件のもとで、山東省は日系食品企業の最大進出先となった。多くの日系食品企業は山東省で野菜や水産物を加工して、その製品を日本へ輸出するという開発輸入活動を行ってきた。日本のスーパーマーケットで販売されているネギ、にんにく、冷凍野菜、冷凍水産物の多くは日系食品企業が山東省で生産したものである。

また、他の製造業分野と同様に日系食品企業の中国での投資形態は合弁企業より100%出資という独資企業形態が多い。それは合弁による技術や製造方法などに関する機密情報の流失を恐れたことが主な理由であろう。

最後に、2007年末に発生した冷凍餃子事件は、日系食品企業の中国での開発輸入に大きな打撃を与えた。事件発生後、中国における日系食品企業の日本向け輸出は激減したが、この時期から中国国民の生活水準の向上によって中国国内での食料品市場は急速に成長している。このような背景のもとで、中国へ進出している日系食品企業は販売戦略を転換して、中国国内での販売を拡大している。つまり、中国へ進出している日系企業は現地で材料を調達して、現地生産、現地販売の体制を形成しているということである。

【参考文献】

＊下渡敏治「食料品開発輸入における商社の役割」『食と商社』（島田克美、下渡敏治ほか著）日本経済評論社、2006年。
＊米国農務省報告『日本の開発輸入――米国の農産物輸出に与える影響――』農林統計協会、1972年。
＊宮崎宏・服部信司他著『穀物メジャー』家の光協会、1988年。
＊斎藤高宏著『わが国食品産業の海外直接投資――グローバル・エコノミーへの対応』筑波書房、1992年。
＊岩見元子「新天地“中国”投資への可能性を探る」『海外進出企業総覧』（東洋経済新報社編）、1981年。
＊趙晋平「改革開放30年我国利用外資成就与経験」『国際貿易』（中国商務部）、2008年11月号。
＊東茂樹「タイ・中国企業の海外投資――CPグループ、華源集団を事例として」大西康雄編『中国・ASEAN経済関係の新展開――相互投資とFTAの時代へ』アジア経済研究所、2006年。
＊黄聖明「中国食品工業発展分析」『中国経済展望』（国家信息中心）、2002年1月。
＊阮蔚「WTO加盟後の中国における日系食品企業の動き――幅広い業界の投資加速と中国市場の開拓――」『農林金融』、2003年11月号。
＊黎佳「論外資対我国食糧油脂産業的影響」『現代商貿易工業』（中国商工業雑誌社）、2010年1月号。
＊稲垣清著『中国進出企業地図』蒼々社、2002年。
＊沈金虎「グローバル化と少子・高齢化時代の日系食品企業の海外進出――中国への進出動向、地域分布と資本出資率の変化を中心に――」『生物資源経済研究』（京都大学大学院農学研究科）第16号、2011年。
＊21世紀中国総研『中国進出企業一覧』各年版、蒼蒼社。
＊東洋経済新報社編『海外進出企業総覧』各年版、東洋経済新報社。
＊経済産業省編『我が国企業の海外事業活動』各年版、経済産業統計協会。

第5章
日本産食料品の対中国輸出

1990年代以降、日本の食品産業は、人口減少、少子・高齢化の進展にともなう国内市場の量的飽和・成熟化に直面している。一方、近隣東アジア諸国は急速な経済発展によって魅力的な食品市場として成長している。そうした中で中国は、国民生活水準の向上、富裕層・中間層の生成を背景にして、巨大な食品市場として登場してきた。中国における食品市場の成長は日本の食品業界に注目されるだけでなく、日本政府も産業戦略と政策の一環として、中国などの東アジア諸国の食料品市場の開拓を推進している。また、多くの地方自治体も政府と同調して地方経済を振興するために地元の農林水産物・食品などの対中国輸出に動き出している。こうした背景のもとで、近年の日本産食料品の対中国輸出は展開されてきた。本章では日本と中国におけるそれぞれの食料品市場の変化および日本政府、産業界の輸出戦略をふまえて、日本産食料品の対中国輸出の状況と特徴を考察していく。

第1節 日本の食品産業を取り巻く環境の変化

1. 食品産業の国内市場の量的飽和と国内生産額の減少

経済産業省の産業分類によると、食品産業は「食品製造業」と「飲料・たばこ・飼料製造業」の2部門からなる。その2部門はさらに56業種に分けられている。多種の業種から構成されているので、食品産業の原料が農産物、水産物、林産物と多岐にわたることを反映している。食品産業は日本経済の中で一大産業分野であり、特に食品製造業は事業所数、従業者数、製品の出荷額などのいずれもが製造業全体の約1割を占める巨大産業分野である。

また、製造業の事業所数では食品産業の事業所数が最多であり、かつ全国各地にあまねく存在している。これは農産物、水産物の収穫される地域には必ず食品産業が存在し、その地域の経済を支える重要な地場産業の一つとなっているためである。すなわち食品産業は従業員を多く雇用し、その地域の経済に極めて大きな影響力を有している。さらに食品産業は景気の変動に対してほとんど影響を受けず、生産変動や在庫変動があまり影響されなく、言い換えれば不況に強いという特徴を有している〔平岩 2005：9〕。

食品産業も戦後日本経済の変遷とともに変化してきた。高度経済成長期から人口増加の流れに乗り、食品製造業をはじめ、関連流通業も著しく発展してきた。1960年代後半から急成長を経て、1985年度には食品産業の国内生産額は67.9兆円になった。その後も伸張し続け、1990年代中期には、戦後最大規模となった。しかし、1990年代後半以降、食品価格の低下と人口の伸び悩みもあって、食品産業のマーケットには異変が生じた。1980年度には日本国内で最終消費された飲食費の帰属額は47.9兆円であったが、1995年度には82兆円にまで拡大した。この金額は1995年度の国の一般会計予算（71兆円）を上回った。しかし、1990年代後半以降、飲食費の帰属額は下がる一方となり、2005年には73.6兆円まで減少してきた[1]。最終消費された飲食費の帰属額の減少は、食品産業のマーケットの縮小を意味し、食品業界は厳しい状況に直面し始めた。マーケットの縮小によって、食品産業の拡大は限界になっている。農業・食料関連産業の国内生産額[2]は、1990年代後半をピークに減少傾向にある。1995年度には農業・食料関連産業の国内生産額は114兆5,000億円に達したが、その後減少に入り、2012年度には95兆2,000億円まで落ち込み、ここ20年間に約20兆円減少してきた。

他方、食品産業は、農林水産業とともに、いわば「車の両輪」として安定的に食料を供給する役割を担っている。日本国内で生産される農林水産物の3分の2が食品産業向けであり、食品産業は国産農林水産物の最大の需要者として農林水産業を支えている。また、農業が盛んな北海道、鹿児島、沖縄などの地域では、雇

1）農林水産省編『ポケット食品統計』（平成22年版：4）。しかし、平成22年度以降、最終消費された飲食費の帰属額の統計は公表されなくなった。
2）この農業・食料関連産業の国内生産額は内閣府「国民経済計算」による経済活動別の産出額の合計である。

用の面から考えても食品産業は地域経済の安定に重要な役割を果たしている〔農林水産省 2012：50〕。この意味で食品産業の伸び悩みが農林水産業全体に与える影響を軽視してはならない。

2. 競争の激化

国内市場の量的飽和は、言うまでもなく食品産業界の競争激化を招く。また、2007年頃以降、国際穀物相場や原油価格の高騰により原料調達コストや製造・輸送コストが増加する一方、食品の安全性に対する消費者や取引先の信頼を得るためにも一定のコストをかける必要が生じている。このため食品産業に関わる多くの企業でコスト増が利益を圧迫している。農林水産省は、2007年に食品産業に関する意識調査を行った。その調査結果は図5-1で示されているように、経営状況は「かなり厳しくなっている」と回答する企業は44%、「厳しくなっている」と回答する企業は36%であり、両者合わせて全体の8割を占めている。つまり多くの食品関連企業は激しい競争の中で、厳しい経営状況に置かれている。

経営状況の困難はコスト上昇によるものだけではなく、安価な外国からの加工食品の輸入増加によるものもある。1980年代までの輸入食料は、一部の品目を除

図5-1　食品産業の1、2年前と比べた経営状況

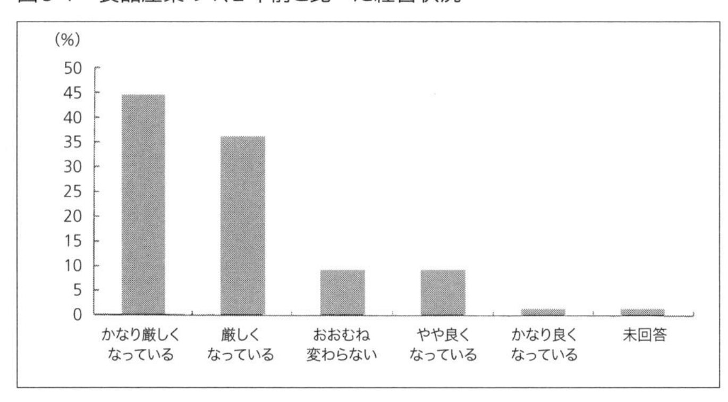

注：食料品の製造から流通・販売にかかる関係企業を対象として業界団体経由で実施したアンケート調査（回答総数914）。
出所：農林水産省編『食料・農業・農村白書』平成20年版、107ページより作成。

き、多くは穀類などの素材品であり、食品産業の原料であった。しかし、1990年代に入ると、素材品に加えて、直接消費にまわる加工食品が登場してきた。経済産業省の統計資料によると、1985年の輸入食料品の仕向け先は、食品産業向けが82%、直接消費向けが18%であったが、1995年になると、食品産業向けが76%、直接消費向けが24%に変わった。金額ベースでみると、直接消費向けは1985年の6,290億円から1995年に1兆1,870億円と2倍に拡大している。海外から輸入される安価な加工食品の多くは、中国などの東アジア諸国へ進出する日系企業の製品である。グローバルな原料調達を行う東アジアの食品関連産業は日本の食品産業全体に二重のダメージを与えている。ひとつは、食品産業の生産拠点が海外に移り、そこから日本に輸出される安価な製品が国内の食品企業にダメージを与えていること。今ひとつは、加工工場などが海外に移転してしまい、原料を供給してきた農林水産物の販路が狭まったことである〔山尾 2008：4〕。

また、食品製造業事業所数の変化も食品産業の競争状況を物語っている。食品産業は、食品製造業事業所数が多いことが特徴の一つである。食品製造業事業所数は、電気機械工業、輸送機械工業などの業種より多い。食品製造業の場合、単に事業所数が多いだけではなく、その事業所が全国各地に分散している。しかし、日本経済のバブル崩壊後、競争の激化によって食品産業業界の併合・買収も進められてきた。食品製造業事業所数は、1981年の7万3,000箇所から2010年の4万6,000箇所まで減少してきた。

また、人口減少により国内食品市場はさらに縮小していくと予測されている。日本の総人口は、2046年には9,938万人となって1億人を割り込むと予測されている。また、総人口に占める高齢者（65歳以上）の割合は、2023年には30%を、2052年には40%を超え、国民の2.5人に1人が高齢者という社会になると予測されている〔矢野恒太郎記念会 2011：58〕。総人口と食べ盛り人口が減少するのだから、今後、国内食品市場は確実に縮小していくことになると思われる。

第2節　食料品輸出戦略の提起と推進

1. 日本政府の輸出戦略――「攻めの農政」から「FBI」まで

日本政府の食料品輸出戦略の提唱は小泉内閣時代にさかのぼることができる。当時の政界では、少子高齢化、人口減少による国内食料品市場の規模縮小などを懸念して、農林水産物を含め、日本の食料品の新たな市場開拓の重要性を認識していた。そのため、日本の農林水産物や食品は国内市場向けという固定観念を打破して、海外に新たな市場を求める新しい農業政策の一つとして提唱された。2005年3月22日に「食料・農業・農村政策推進本部」(平成12年に設置）は、「21世紀新農政の推進について～攻めの農政への転換～」を決定した。これがいわゆる「攻めの農政」であり、この新しい農政の一つが、日本の農林水産物・食品の輸出促進である。輸出拡大の具体的な目標は図5-2のように制定された。

図5-2　農林水産物・食品の輸出拡大目標

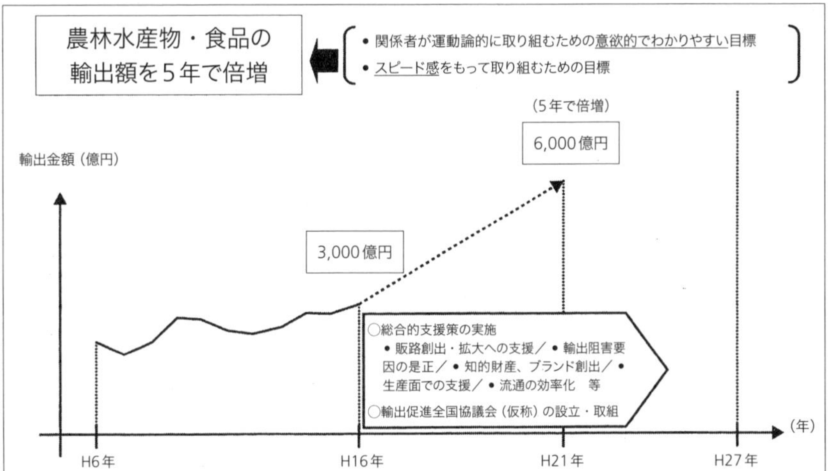

注：たばこ、アルコール、真珠を除く。
出所：農林水産省ホームページ（http://www.maff.go.jp）。

上記の「21世紀新農政の推進について～攻めの農政への転換～」は、8項から構成され、その中の第5項が農林水産物・食品の輸出促進に関する内容である。具体的には下記のように記述されている。

「第5項　高品質で安全・安心なわが国農林水産物・食品輸出促進

アジア諸国の所得水準の向上や世界的な日本食ブームを好機ととらえ、わが国の安全で良質な農林水産物・食品の輸出をより一層促進する。

①関係府省庁、地方自治体、民間関係者等を構成員とする促進体制を構築し、平成21年に農林水産物・食品輸出額を倍増させることを目指して、民と官が一体となって取り組む。

②関係府省庁の連携のもと、輸出先国の情報収集・提供、日本の食文化の海外への普及、輸出を阻害する要因の改善、知的財産権やブランドの保護対策の実施、販売促進活動の支援等輸出対策を強化する」。

そして、隣接する東アジア各国の経済成長および食料品市場の拡大に着目して、日本政府は翌2006年に「東アジア食品産業共同体構想」を打ち出した。この構想の狙いは、東アジアの経済活力を生かして食品産業の経営体質と国際競争力を強化し、ひいては輸出市場を開拓することにある〔農林水産省 2007：78〕。

さらに、2006年、第1次安倍内閣では2013年までに日本の農林水産物・食品の輸出額を2009年には6,000億円、2013年には1兆円規模とする目標が新たに提示された。以来、政権交代があったにもかかわらず、輸出環境整備などを推進するとともに、輸出ビジネスの確立を図る輸出促進政策に取り組んでいる。

官民一体の努力の結果として、日本産食料品の対外輸出は年々伸びて、2007年の輸出金額は5,160億円になり、6,000億円という当初の目標に近づいていくようになった。2008年10月に「100年に一度」の世界金融危機が発生したが、金融危機の後も超円高の局面は続いていた。さらに2011年3月に、東日本大震災および福島第一原子力発電所の原発事故が起こった。放射能による汚染問題は日本産の食料品輸出に大きな打撃を与えている。巨大な災害に遭遇しているにもかかわらず、日本政府は国内農業、食品産業の振興、そして拡大が見込まれる世界の食料市場の獲得のため、日本産食料品の輸出拡大という方針を依然として変更しない。2013年に提唱した新しい輸出戦略は、具体的には、①日本の食文化・食産業の海外展開（Made By Japan）、②日本の農林水産物・食品の輸出（Made In Japan）を推進しつつ、さらに、③世界の料理で日本食材の活用推進（Made From Japan）の取組を一体的に展開することとしており、この取り組み（From、By、In）の頭文字をとって、FBI戦略と呼んでいる〔農林水産省 2014：110〕。

農林水産省では、FBI戦略の具体化に向け、2013年8月に「農林水産物・食品の国別・品目別輸出戦略」を公表した。同戦略では、輸出の重点国・地域と重点品目を設定し、集中的に支援していくこととしている。具体的には、海外における「日本食」人気の高さを背景として、「日本食」を特徴付けるコンテンツである①水産物、②加工食品、③コメ・コメ加工品、④林産物、⑤花卉、⑥青果物、⑦牛肉、⑧茶の8品目を重点品目として、それぞれの品目について、食料市場の拡大が見込まれる国を重点国・地域と定め、重点的に輸出環境整備や商流の拡大を図っていくこととしている。同戦略の具体的な数値目標設定は図5-3の通りである

図5-3　農林水産物・食品輸出戦略の概要

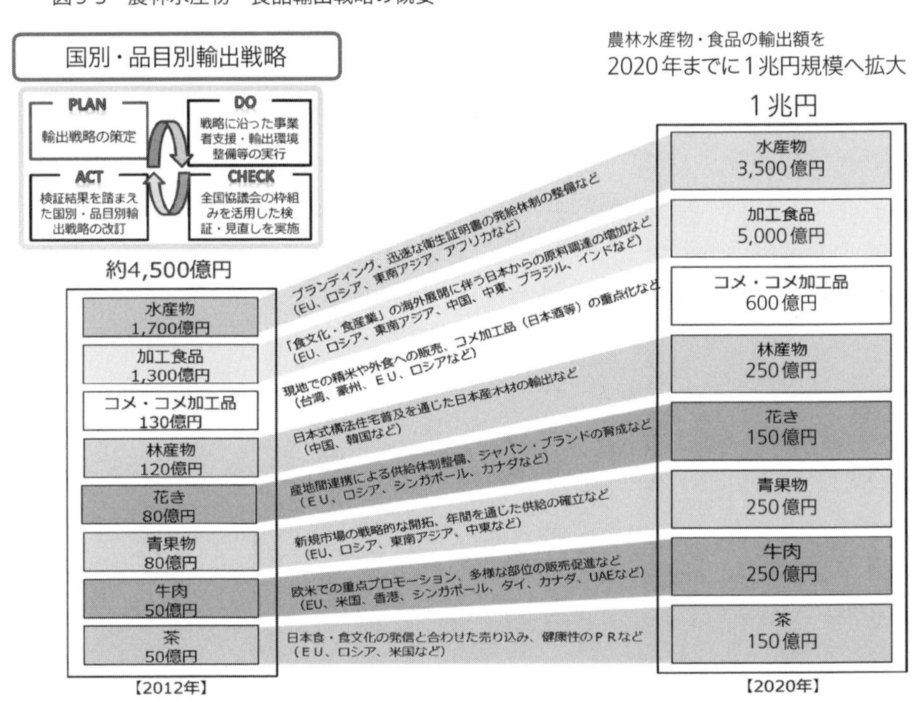

出所：農林水産省編『食料・農業・農村白書』平成26年版、111ページ。

2. 地方の対応――山形県の事例

前述したように、日本政府は2005年3月に「21世紀新農政の推進について～攻めの農政への転換～」を決定した。その2ヵ月後の2005年5月に山形県では「山形県農林水産物・食品輸出促進協議会」を設立した。同協議会の設立趣旨は以下のとおりである。

「東アジアを中心に経済発展に伴って富裕層が増加し、高額な日本産農林水産物を購入できる高所得者が増大している。また、世界的に日本食ブームが広がっていることに加えて、健康志向の高まりから安全、安心で高品質（美味しい）の日本産農林水産物に対する各国の消費者ニーズは高まりを見せている。一方で、農産物等の輸出については植物検疫や代金決済などの商慣行等の課題があることや、輸出先の検疫情報、交渉窓口、消費者ニーズなどの情報が不足していることも否めない事実であり、県産農産物の輸出については台湾、香港など一部の国・地域へりんご、ラ・フランスなど一部品目の輸出実績がある程度で、スポット的な取り組みにとどまっている現状にある。

しかしながら、国内各地においてはりんご、梨、柿などの果実や、りんどう、グロリオサ、シンビジュームなどの花卉（かき）、ホヤ、鰹、鯛、するめいかなどの海産物、内装用・家具用の木材、醤油、乾麺、泡盛などの加工食品など、様々な農林水産物、食品が海外輸出されている。

本県においても、こうした状況を踏まえ、優れた本県産の農林水産物や食品を積極的に海外市場へ提供する輸出振興の取組をこれまで以上に促進していく必要があるものと考えている。このため、関係者が情報の共有化や明確な役割分担等を行いながら、一体となった輸出振興を図るため「山形県農林水産物・食品輸出促進協議会」を設立することとした。」

同協議会の事業内容としては以下のようになっている。

「(1) 情報の収集提供等

主要な関係国の輸出関連情報を収集、整理し、会員に発信する。また、輸出意欲を喚起し、具体的な輸出の取り組みへの展開を支援するため、各種のセミナーを開催する。

(2) 相談窓口の設置

輸出に関する会員の具体的な相談に対応するため、海外取引に関するワンストップ相談窓口として、農産物輸出コーディネーター（兼海外貿易コーディネーター）を配置した。

(3) 試験輸出、見本市出展、商談会等

本格的な輸出以前の販路開拓、ニーズ調査、輸出ルート調査等のための試験輸出、見本市出展、商談会等の取組を支援する。

(4) 輸出用シンボルマーク等の普及・活用促進

2006年3月、海外において山形県産農産物等について他と差別化を図り、山形ブランドを確立するため、山形県全体のイメージを明確にするシンボルマーク、キャッチフレーズを選定した。当協議会では、本県産農産物・食品等の海外でのイメージアップを図るために、シンボルマークの普及・活用促進に取り組んでいる。」〔山形県庁 HP〕

同協議会は設立された後、本格的に活動を行った。まず、県内外から実務者、研究者、政策担当者などを招いて、毎年数回のセミナーを開催した。例えば、「果実等の輸出に係る諸課題と対応策」（講師、ジェトロ山形情報センター所長、伊藤亮一氏、2005年）、「香港へのサクランボ輸出」（講師、（有）安達農園代表取締役、安達茂夫氏、2006年）。また、同協議会は他の団体と共同でセミナーや商談会を開催した。2009年8月にジェトロ山形、山形県経済国際化推進協議会などと共同で「中国食品輸出セミナー」を開催し、中国の黒竜江省ハルビン市で「山形県食品フェア」を行った。

2012年、「山形県農林水産物・食品輸出促進協議会」は「山形県経済国際化推進協議会」と統合して、「山形県国際経済振興機構」へと再編された。再編統合された同機構は引き続き、山形県産農産物の海外ビジネス展開をサポートしている。2013年には同機構の活動は近隣の東アジア諸国と地域で商談会の主催や国際食品見本市への出展など計17回を企画参加した。また、「山形県国際経済振興機構」は中国との経済関係を強化するために、黒竜江省ハルビン市に事務所を設置している。ハルビン市事務所を拠点にして、山形県の農産物や食品を積極的に中国へアピールしている。

農林水産物・食品の輸出戦略を提出して、具体的に実施を開始したのは山形県だけではない。北海道や宮崎県なども類似する戦略を打ち出し、中国などのアジア諸国への農林水産物・食品の輸出を推進している。

第3節 中国における食料品市場の拡大

1. 中国における人口規模と人口構成の再確認

一国の食料品市場の規模を規定する主な要素は、人口規模およびその国の国民の購買力であろう。以下、中国におけるこれらの要素の変化と特徴を考察してみる。

中華人民共和国が成立した1949年に、中国の人口はすでに5億4,000万人に達していた。中華人民共和国成立以降の中国の人口増加の歴史は以下のような段階に整理できよう[3)]。

第1段階は、1949～57年の第1次人口増加高潮期である。この期間に中国の人口は1949年の5億4,167万人から1957年の6億4,653万人まで増加した。この期間の人口増加の背景としては以下のものが考えられる。中華人民共和国の成立によって、中国本土における長期間の戦争状態は終止し、戦後の経済回復の時期となった。経済回復によって、国民の生活が安定し、大規模な伝染病がコントロールされた〔姜 1998：46〕。1957年に、中国の第1次5ヵ年計画の目標は達成され、同年度の中国の工業と農業の年平均成長率はそれぞれ18%と4.5%の高率であった。都市部における経済建設は進み、新しい町が次々と建設され、都市部住民の生活も以前より改善された。農村部においては土地改革以降、農業生産が高くなり、農民の生活水準が向上した。

第2段階は、1958年から1961年の人口増加の谷間の時期である。この時期は、人口増加率が著しく低下し、特に1960年と1961年における総人口は前年度に対して減少を示した。1958年以降、大躍進政策の失敗および自然災害によって、中国の経済は破綻した。食料不足によって国民の発病と死亡率は以前よりはるかに高くなった。1960年に全国の人口死亡率は25.43‰に達し、農村部では28.58‰であった。そのため、総人口はマイナスになった。1960年には中国の人口は前年比

---

3) 中国における人口変遷について、基本的に若林敬子著『中国の人口問題』（東京大学出版会）を引用したが、姜涛著『人口と歴史――中国人口構造研究』（人民出版社）の内容を参考した。

で1,000万人減少した。

第3段階は、1962～71年の第2次人口増加の高潮期である。1962年から自然災害の影響が沈静化し、中国の経済情勢も改善された。それにともなって人口は飛躍的に増加した。1963年には2,954万人が出生した。同年の出生率は43.3‰に達した。1964年に至って、中国の人口は7億人を突破した。1960年代初期、人口の急増に対して中国政府は計画出産政策を打ち出し、中央と地方において計画出産を管理する機関を設立したが、効果がなかった。1960年代後半以降、人口の増加はさらに拡大してきた。

第4段階は、1971年以降から今日までの段階である。政策的に見ると、1974年以降、中国政府は「一人っ子政策」を含む人口抑制政策を国策として実施し始めた。結果として出生率は1975年の23.0‰まで、さらに1980年には18.2‰までに下がった。しかし、人口ベースが余りにも大きいので、中国の人口総数の増加は続いている。2013年に中国の人口は13億6,000万人に達した。世界人口の約2割を占めるようになった。

また、中国の人口は2020年に14.3億人、2035年には人口総数がピークに達し、14.6億人になると予測される〔UN 2008〕。1980年代以降の中国の人口増加状況は表5-1の通りである。

次に、中国における人口の年齢別構造を確認してみよう。人口ピラミッド型は富士山型、つりがね型、つぼ型、ひょうたん型などの種類があるが、そのうちの富士山型とつりがね型は代表的なものである。アジア、アフリカ、中南米などの発展途上国では、年少人口のすそ野部分の割合が多く、年齢が上に行くにつれて次第に先細りする典型的な富士山型を示している。一方、先進国は出生率、死亡率がともに低いつりがね型となっている。人口ピラミッド型は国が発展するに従って富士山型からつりがね型へ、出生率がさらに低下するとつぼ型へ移行していくと考えられる。また、一般的に一国の人口のうち、65歳以上の人口が7%に達した場合、その国は高齢化社会に入ったとされる[4]。表5-1によると、中国の若年層（0～14歳）の人口は年々下がって、2013年には16.4%まで低下してきた。そのことは中国の人口ピラミッドがアフリカや他のアジアの発展途上国で現れる富士

4）国連統計指標では総人口に占める65歳以上の人口の割合を高齢化率として、高齢化率が7%以上を高齢化社会と定義している。本書もこの定義によっている。

表5-1　中国における人口増加と人口年齢別構成状況の推移

年次	年末総人口（万人）	年齢別人口					
		0～14歳		15～64歳		65歳以上	
		人口（万人）	%	人口（万人）	%	人口（万人）	%
1982	101,645	34,146	33.6	62,517	61.5	4,991	4.9
1987	109,300	31,347	28.7	71,985	65.9	5,968	5.4
1990	114,333	31,659	27.7	76,306	66.7	6,368	5.6
1995	121,121	32,218	26.6	81,393	67.2	7,510	6.2
2000	126,743	29,012	22.9	88,910	70.1	8,821	7.0
2005	130,756	26,504	20.3	94,197	72.0	10,055	7.7
2010	134,091	22,259	16.6	99,938	74.5	11,894	8.9
2011	134,735	22,164	16.5	100,283	74.4	12,288	9.1
2012	135,404	22,287	16.5	100,403	74.1	12,714	9.4
2013	136,072	22,329	16.4	100,582	73.9	13,161	9.7

出所：中国国家統計局編『中国統計年鑑』2014年版より作成。

山型から変化していることを意味している。さらに、同表によると、中国は2000年には総人口に占める65歳以上の人口の割合が初めて7%台に入り、2013年には9.7%まで上がった。つまり中国は2000年以降すでに高齢化社会に入ったことを示している。しかし、中国の人口問題を考える時、中国の人口総数を忘れてはいけない。つまり、中国においては高齢人口が増えても、若年層人口の規模もまだ大きい。言い換えれば、中国において食料品に対する需要は依然として巨大である。

2. 経済発展による国民の購買力上昇と富裕層の生成

1970年代末に実施された経済体制改革と対外開放政策は、中国経済に急成長をもたらした。中国における経済成長の歴史を振りかえってみると、1979年から1998年までの20年間における中国の国内総生産（GDP）の年平均成長率は9.8%である。とりわけ1982～88年の年平均成長率は11%の高水準に達した。1989年と1990年の2年間は天安門事件の影響を受け、4%前後に低下したが、1991年には再び回復し、1991～98年までの年平均成長率は10.8%である。特に1992年と

1993年にはそれぞれ14%と13.3%の高率である。2000年に入ってからも高度成長は続き、とりわけ2003年以降の5年間は毎年10%を超え、世界屈指の成長率を誇った。2008年秋以降、世界金融危機の影響を受けたが、2008年と2009年にはそれぞれ9.0%と8.7%の高成長率を維持してきた。2012年以降、中国の経済成長率は低下してきているが、依然として7%台を維持している。要するに、改革開放政策以来の30数年間、中国の国内総生産（GDP）は実質年平均10%近い高成長率を続けてきた。

持続的な高度経済成長によって、中国国民の所得水準は明らかに向上してきた。中国の一人当たり名目国内総生産は2001年に初めて1,000米ドル台に入り、1,032ドルになった。その後、高度経済成長のもとで、その数値は年々伸びて、2013年に至って6,959米ドルに到達した。つまり、2001年から2013年の13年間で中国の一人当たり名目国内総生産は6.7倍に増大した。また、第4章で述べたように1980年代以降、中国は輸出を促進することを主な目的にして、人民元の切り下げを何度も実施してきた。人民元為替レートは2005年以降、少しずつ切り上げが始まったが、人民元為替レートがまだ過小評価されているとするのは国際社会の一般的な見方である。人民元為替レートは過小評価されているので、米ドルで表示される中国国民の所得水準も過小評価されている。実際には国際通貨基金（IMF）の統計によると購買力平価（PPP）による中国の一人当たり国内総生産は、2013年

図5-4　中国における一人当たりGDPと購買力平価（PPP）の推移

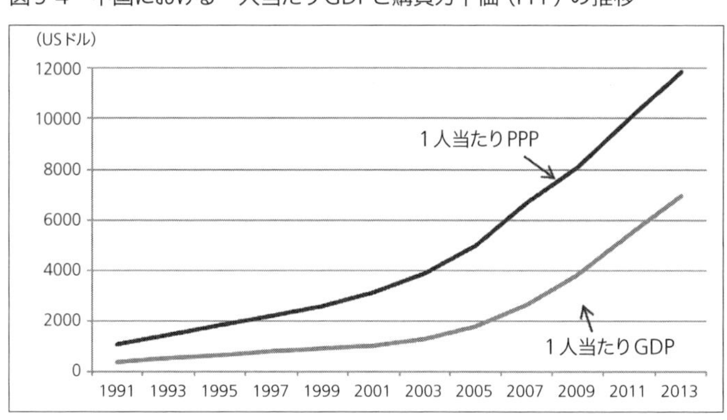

出所：IMF-*World Economic Outlook Databases*（2014年10月版）

に11,868米ドルとなった〔IMF 2014〕。中国における一人当たり購買力平価GDPの増加状況は図5-4の通りである。

購買力の増大にともなって、中国国民の消費水準も向上してきている。都市部住民と農村部住民のエンゲル係数は、1990～2013年の間に、54.2%と58.8%から35.0%と37.7%までそれぞれ下がってきた。第2章で述べたように、食生活の面では、穀物などの主食の消費量は1980年代中期をピークに減少傾向にあり、代わりに肉類、油脂、水産物、果物などの消費量は増えている。耐久消費財も量的に大きく増加したのみでなく、消費構造的にも大きな変化を見せた。1980年代の耐久消費財は主としてテレビ、冷蔵庫、洗濯機などが中心となり、1990年代に入ってからクーラー、パソコンなどが主流となった。2000年以降、乗用車も家庭に入り始めた。2009年の自動車の販売台数は1,369.6万台、乗用車に限ると1,033万台になり、米国を抜き、販売台数は世界最大の市場となった〔中国研究所 2014：178〕。さらに2013年には中国の自動車生産、販売台数は、それぞれ2,211.7万台と2,223.0万台となり、単一国として世界の自動車史上初の2,000万台を超える規模となった〔中国研究所 2014：153〕。住宅事情をみると、内陸部でもアパートやマンションのような集合住宅が大量に建設された。不動産価格の高騰などの問題を抱えるが、住宅事情も大きく改善された。

また、持続的な高度経済成長のなかで、所得水準の高い階層、いわゆる富裕層が確実に形成されている。1970年代末の経済体制改革によって、私営企業、個人経営者階層が登場した。特に沿海地域にはビジネスで成功している個人経営者が大量に現れた。それと同時に、対外開放政策のもとで、多くの大手外資系企業や商社、金融機関が中国に進出した。大手外資系企業のホワイトカラーはもう一つの高収入階層として出現した。さらに、1990年代末期以降、国有企業の改革を経て、エネルギー、通信、金融分野の国有企業の経営は順調に整理・統合が進められてきた。それらの国有企業、金融機関の管理職、専門職だけでなく、一般職員の所得も急増している。中国では富裕層について明白な定義がないが、上記した高収入階層が形成されて、かつ急増している。

第4節　食料品の対中国輸出の実績と特徴

1. 輸出の展開と挫折

日本産食料品の対中国輸出は1980年代から始まったが、その年間輸出金額は1990年代中期に至ってもわずか30億円ぐらいであった。1990年代後半から日本産食料品の対中国輸出は拡大してきて、年間輸出金額は2001年には初めて200億円台に入った。その後、日本産食料品の対中国輸出はさらに伸びて、2006年には500億円に近づいてきた。しかし、2008年以降大幅に減少したが、その主な背景としては、2008年に発生した石油価格の高騰および世界的な金融・経済危機後の円高の影響があると考えられる。後述するように中国へ輸出される日本産食料品は、魚介類が圧倒的に多い。原油先物市場（WTI＝West Texas Intermediate）価格は2008年1月、史上初めて1バレル100ドルを超え、夏頃までほぼ一貫して上昇した。同年7月11日には 最高値の147.27ドルに達した。石油価格の高騰は漁業に大きな打撃を与えた。また、2008年秋に世界金融・経済危機が勃発し、その後の円相場は急激な円高に入った。石油の高騰と円高は水産業の輸出に二重の打撃を与えていた。

2010年以降、金融危機の沈静化に伴って、日本産食料品の対中国輸出は回復し始めた。しかし、翌2011年3月11日、東日本大震災と福島第一原子力発電所で原発事故が発生した。福島原発事故を受けて、中国は他の国と同様に日本産農林水産物の輸入制限措置を採った。中国は福島県、群馬県、栃木県、茨城県、宮城県、山形県、新潟県、長野県、山梨県、埼玉県、千葉県と東京都など、計12の都県からの食品・農産物・飼料の輸入を禁止した。また、12の都と県以外の産地からの食品・農産物・飼料の輸入には、検疫の際に日本政府の放射性物質検査合格証明と原産地証明の提出を義務付けるようになった。福島第一原発事故の影響で2011年以降、日本産農林水産物の対中国輸出は急減した。2013年以降、震災の沈静化にともなって、日本産農林水産物の対中国輸出は回復する傾向にある。日本産食料品の対中国輸出は図5-5の通りである。

図5-5　食料品の対中国輸出状況

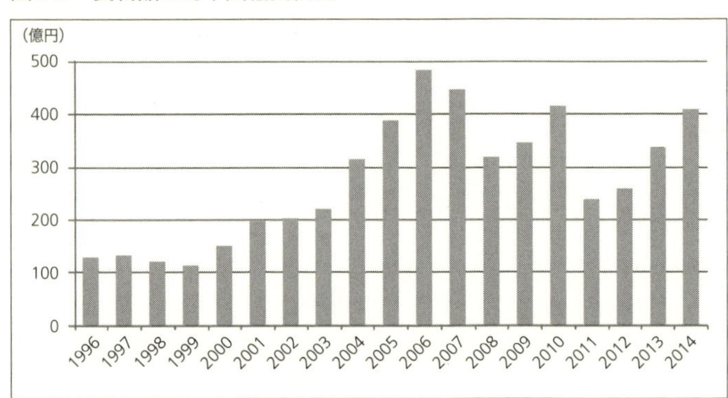

出所：財務省貿易統計より作成。

中国に輸出される日本産食料品の内訳をHS分類（3桁まで）で見てみると、主な品目は、肉類、魚介類、野菜・果実類、穀物・加工穀物、コーヒー・茶・香辛料、加工食品類などがある。その内、魚介類と加工食品が特に多い。主な日本産食料品の対中国輸出の状況は表5-2の通りである。

表5-2　主な日本産食料品の対中国輸出状況（単位：億円）

年次 / 品目	1995	2000	2002	2004	2006	2008	2010	2012	2014
肉類及び同調製品	0.78	0.76	0.73	0.61	0.23	0.37	0.14	0.08	—
魚介類及び同調製品	29.86	58.88	99.44	196.47	365.88	207.21	285.81	181.13	306.60
穀物及び同調製品	2.27	2.71	3.52	5.74	7.52	8.88	13.33	6.54	18.31
野菜及び果実類	0.88	2.27	5.32	8.27	11.30	12.38	13.07	7.45	11.51
コーヒー・茶・香辛料	0.44	1.05	2.55	6.48	11.14	9.95	14.18	6.63	6.56
飲料	2.85	1.77	2.36	5.06	9.65	23.29	33.92	37.81	27.85
その他の調製食料品	35.87	73.44	77.02	86.37	75.45	63.13	71.31	43.70	41.09

注：表中の金額はHS分類の3桁までの数値である。
出所：財務省貿易統計より作成。

2. 主要食料品の輸出実績とその特徴

(1) 魚介類

魚介類は一貫して日本産食料品の対中国輸出の主力商品である。2003年まで魚介類の対中国輸出は食料品全体の対中国輸出の約半分を占めている。2004年以降、中国に輸出される食料品全体に占める魚介類のシェアはさらに上昇して、全体の約7割を占めるようになった。魚介類の中では、さけ（冷凍のもの）は特に多い。さけ（冷凍のもの）は、魚介類全体の対中国輸出の約半分となっている。さけといっても日本から中国へ輸出されるのは主に太平洋さけである。食文化として中国人はさけを特に好まない。中国においては、東北地方の黒竜江省などの一部の地域を除いて、さけは決して人気があるとはいえない[5]。近年、さけは大都市のスーパーで扱われているが、他の魚種と比べてまだ希少の類にとどまっている。中国に輸出されるさけ（冷凍のもの）は、中国で加工されてから欧米などの第3国に輸出される部分が多い[6]。食文化の相違があるので、欧米地域の消費者向けの魚製品は一般的に骨を取り除く必要がある。中国は1980年代以降、輸出主導型経済発展モデルのもとで、加工貿易が大きく発展してきた。第2章で述べたように、食料品分野においても沿海地域を中心にして多くの加工工場が設立された。1990年代後半以降、中国の沿海地域は、タイと並んでアジアにおける有数な食品加工基地となっている。それらの水産品加工工場で魚介類の加工処理を終えて、世界市場へ輸出するケースも多い。日本から中国に輸出される魚介類としてはさけ（冷凍のもの）の他、さば、かに、ホタテ貝などが主な品目である。それは、近年中国に進出した日本の外食産業、スーパーなどの流通業へ仕向けられるものが多い[7]。

また、魚介類の調製品の対中国輸出金額も大きい。魚介類の調製品はさば、いわし、まぐろの缶詰、魚肉ソーセージ、貝柱、くらげ、乾燥なまこなどがある。近

---

5) 黒竜江省はアムール川（中国語は黒竜江という）をはさんでロシアと国境を接している。アムール川はオホーツク海のアムール・リマンに注ぐ。アムール川は営養が豊富であり、サケ類をはじめ豊かな水産資源に恵まれている。その自然環境のもとで、黒竜江省には昔から狩猟民族を中心としてサケを食用する習慣がある。

6) 著者の現地調査および各種資料による。また、欧米向け輸出のほか、委託加工貿易品として日本に（「フレーク」の形態）に輸出される部分もある。

7) 著者の現地調査および各種資料による。

表5-3　主要魚介類の対中国輸出状況（単位：億円）

品目＼年次	1995	2000	2005	2010	2012	2014
さけ・ます（生・蔵・凍）	11.53	4.85	13.09	158.03	32.41	86.03
ホタテ貝（生・蔵・凍・塩・乾）	—	0.26	0.74	20.36	4.99	19.43
かつお（生・蔵・凍）	—	0.01	0.94	0.15	0.04	1.00
まぐろ（生・蔵・凍）	0.03	7.23	0.82	1.64	1.86	3.17
さば（生・蔵・凍）	0.03	0.59	12.88	13.27	6.23	4.30
さんま（生・蔵・凍）	0.01	0.36	3.69	5.30	4.97	3.66
いわし（生・蔵・凍）	—	0.28	0.67	1.11	0.12	0.79
ひらめ・かれい（生・蔵・凍）	0.62	5.49	1.01	0.57	2.11	2.02
たら（生・蔵・凍）	0.20	12.30	2.15	3.04	1.51	1.39
さめ（生・蔵・凍）	0.02	2.27	0.91	0.35	—	—
ふかひれ	0.22	0.18	0.05	—	0.57	0.12
えび（冷凍）	0.18	1.49	2.21	0.27	0.05	0.50
かに（冷凍）	5.22	3.66	23.63	1.80	1.92	0.27
いか（生・蔵・凍）	9.05	3.41	7.83	19.42	20.51	5.93
たこ（活・生・蔵・凍・塩・乾）	0.17	1.58	0.86	1.39	1.74	1.82
乾こんぶ	0.05	0.08	1.40	0.62	1.05	1.12
寒天	0.12	0.18	0.24	0.27	0.07	0.07
魚油（肝油除く）	0.02	0.10	0.01	0.06	0.06	0.09
貝柱（調製品）	—	—	0.10	0.66	—	1.41

出所：農林水産省『農林水産物輸出入統計』より作成。

年、日本産なまこの対中国輸出が話題になっているが、なまこは中華料理の高級食材として知られている。実際、日本産なまこの対中国輸出の歴史はかなり長い。17世紀末に徳川幕府は乾燥なまこや干しあわび、ふかひれを対中国貿易の主要輸出品とさだめ、増産体制を敷いたことがある〔赤嶺　2008：245〕。なまこ、ふかひれなどの高級中華食材の対中国輸出金額はまだ少ないが、食文化に見合って中国の需要および中国における富裕層の生成を考えてみれば、今後輸出が拡大する可能性があるだろう。

(2)加工食品

食品は、生鮮食品と加工食品の二つに分けることができる。現在われわれが食べている食品の大半は、加工食品である。この加工食品は、野菜、魚や肉などの原料に食塩、砂糖などを添加し、乳化・混合などの操作を加えて加熱処理し、保存性を持たせたものを指す場合が多い。また、加工食品は、構成する成分、保存方法、包装方法、包装材料、栄養などによって分類されている。このように、分類においてもいろいろな分け方があるので、加工食品を定義することは難しい〔杉田他　2008：679〕。国際統一商品分類(HS)に基づく財務省の貿易統計おいて、加工食品は第4部(第16類～第24類「調製食料品、飲料、アルコール、食酢、たばこおよび製造たばこ代用品」)に該当する。他方、農林水産省の農林水産物輸出入統計は財務省の貿易統計に基づいて、主要農林水産物の輸出入状況を抽出し、まとめて輸出入統計を公表している。本章では農林水産省の統計資料を中心にして主要加工食品の対中国輸出状況を考察していく。

中国に輸出される日本製加工食品の種類は多い。品目別の輸出金額を見てみると、清涼飲料水が一番大きい。清涼飲料水の対中国輸出は2008年に10億円を超え、12億8,400万円になった。さらに、2012年には清涼飲料水の対中国輸出金額は22億6,100万円に増えた。しかし、その後、輸出は低下傾向にある。清涼飲料水の次に多いのは清酒、醤油、チョコレートの順番となる。清酒と醤油は食文化として中国の一般消費者はまだ慣れていない。清酒は日本独特なものであるが、醤油も日本の醤油と中国醤油の味は大分異なる。日本製の清酒と醤油は主に中国へ進出している日系外食レストランや料亭で消費されている。チョコレートの対中国輸出は2004年から急増して、2006年には年間輸出金額は6億3,200万円になった。しかし、チョコレートの対中国輸出は、2007年以降減少傾向となっている。上記した清涼飲料水、清酒、醤油とチョコレート以外の加工食品は年間輸出金額がほとんど数千万円の規模にとどまっている。

他方、粉乳の対中国輸出は一時的に急増しているが、そこには特別な背景がある。2004年に中国の安徽省で偽造育児用粉ミルクによる幼児死亡事件が起こった。さらに、2008年には河北省にある大手の乳製品製造会社である三鹿グループの育児用粉ミルクから有害物質が検出された。二つの事件をきっかにして、中国産粉ミルクの安全性が懸念され、外国製の粉ミルクの輸入はその時期から急増してき

表5-4　主な加工食品の対中国輸出状況（単位：億円）

品目＼年次	1995	2000	2005	2010	2012	2014
清涼飲料水	0.26	0.13	0.57	20.61	22.61	9.13
清酒	0.11	0.34	5.75	3.64	4.12	6.90
粉乳	0.08	0.50	1.38	9.94	0.08	0.32
マーガリン	0.01	0.22	0.26	0.01	—	—
砂糖（精製）	0.08	0.65	0.61	0.23	0.16	0.14
ぶどう糖	0.07	0.05	0.38	0.42	0.01	0.11
チューインガム	0.01	0.02	0.17	0.11	0.06	0.18
キャンデー類	0.10	0.25	0.91	1.99	1.30	3.06
チョコレート菓子	0.12	0.33	2.41	3.38	1.40	2.71
ビスケット	0.04	0.01	0.03	0.68	0.21	1.28
米菓（あられ・せんべい）	0.04	0.12	0.20	0.01	0.18	0.59
果汁	—	0.06	0.31	0.30	0.17	0.38
醤油	1.55	2.84	5.12	3.44	1.85	2.00
味噌	0.04	0.28	0.75	0.81	0.29	0.90
即席麵	0.07	0.12	0.45	0.95	0.30	0.87
ビール	0.10	0.21	1.82	0.48	0.11	0.22

出所：農林水産省『農林水産物輸出入統計』より作成。

た。日本製の粉ミルクの対中国輸出は2006年にはわずか2億円弱であったが、2009年には19億円に急増した。しかし、2010年には中国で販売されるニュージーランド製と韓国製の粉ミルクにも品質の問題が起こった。それと同時に中国における外国製粉ミルクの独占販売問題も深刻になった。そのため、中国政府は外国製粉ミルクの輸入制限を開始した。さらに、2011年3月以降、福島第一原発事故を受けて、粉ミルクを含め日本産食料品に対する風評は中国でも広がっていた。以降、日本製粉ミルクの対中国輸出はほとんどなくなった。主な加工食品の対中国輸出状況は表5-4の通りである。

(3) 農産物

日本産農産物の中でも野菜などの播種用種子の対中国輸出は、2003年頃から拡大してきて、近年その年間輸出金額は約20億円となっている。中国は日本の播種用種子の最大輸出先となっている。他方、野菜や果実などの対中国輸出は、香港、台湾と比べてまだ規模が小さい。中国へ輸出される日本産野菜は、にんにく、あぶらな、かんしょがあるが、いずれも輸出金額は小さい。福島第一原発事故の後、野菜の対中国輸出はさらに減少して、年間の輸出金額は1億円台にとどまっている。果実の対中国輸出は野菜より金額は多いが、台湾と香港と比べ依然として少ない。果実の対中国輸出は2010年には10億円を超え、10億5,000万円になったが、2011年以降、果実の対中国輸出も福島第一原発事故の影響を受けて急減してきた。中国へ輸出される果実はりんごとくりを中心としている。

日本産農産物の対中国輸出を語る場合に、米の対中国輸出を忘れてはならない。日本産米は2002年まで中国に輸出されていたが、年間輸出量はわずか1トンぐらいであった。中国政府は2003年に日本産米によって新しい病虫害[8)]が持ち込まれる恐れがあることを理由に日本産米の対中国輸入を差し止めた。その理由が発表された背景として、2002年3月から始まった中国の検疫制度の変更がある。中国では、2002年2月まで食糧、飼料、植物、食品などの輸出入に関して、「中華人民共和国動植物検疫法」と「中華人民共和国食品衛生法」という二つの法規が適用されていた。しかし、1990年代後半以降、大豆、小麦などの食糧、飼料の輸入は急増してきた。中国政府は新しい状況に対応して、輸出入される食糧、飼料などの検査・検疫の管理体制を強化するために上記した二つの法規に基づいて、「中華人民共和国輸出入食糧・飼料検査検疫管理条例」を新たに制定した。新条例のもとで外国産米などの農産物の輸入は厳しく検査されている。

他方、日本政府は2004年6月に日本産米の対中国輸出再開を申請した。害虫の防御措置をめぐる協議および日中間の政治力学の変化を経て、2007年4月に日本産米の対中国輸出再開は最終的に合意された。日本産米の対中国輸出再開が決定された後、中国側は知名度の高い高級米の輸入を要請した。農林水産省と全国農業協同組合連合会（全農）は中国側の要請に応じて、新潟産の「コシヒカリ」と宮城産の「ひとめぼれ」の対中国輸出を決定した。2007年6月、約4年ぶりに再開となった日本産米の対中国輸出の第1便は横浜港から中国に向けて出港した。第1

8）日本にはカツオブシムシという害虫がいるといわれているため、中国政府は、日本産米の輸入によってこれが中国に持ち込まれる恐れがあるとして輸入を差し止めた。

表5-5　日本産米の対中国輸出の状況

年次	数量（トン）	金額（億円）
2006	2	0.07
2007	72	0.43
2008	90	0.52
2009	30	0.14
2010	96	0.43
2011	0	0.00
2012	34	0.14
2013	46	0.18
2014	157	0.76

出所：財務省貿易統計より作成。

便の米は新潟産の「コシヒカリ」と宮城産の「ひとめぼれ」、計22トンであった。中国に到着した日本産米は上海と北京の日系スーパーマーケットを中心にして販売され、予想外の好調でまもなく完売となった。そして販売価格の高さは特に話題となった。「コシヒカリ」は1kg当たり99元（当時の為替レートに換算すると、約1,600円に相当）、「ひとめぼれ」は1kgあたり94元（約1,500円）であった。この価格は、日本国内での店頭価格の4～5倍、中国産一般米の約20倍の高さだった。

日本産米の対中国輸出再開は日中両国において大きな話題になり、日本の農家と中国の消費者に期待されたが、両国の農政における米の特殊性、流通機構の独占経営およびその後の日中関係悪化など、諸般の事情によって日本産米の対中国輸出はわずかなままでとどまった状態となっている。日本産米の対中国輸出の状況は表5-5の通りである。

小括

食料産業は農水産物をはじめとして、食品産業（食品製造業、食品流通業、外食産業）と関連する資材供給産業、流通業といった食にかかわるすべての産業から構成されている。多岐にわたる産業であるため、食料品の種類も多種多様となる。しかし、以上の考察で判明したように、現段階までの日本産食料品の対中国輸出は魚介類と加工食品に集中している。中国へ輸出される魚介類、加工食品、農産物の多くは中国へ進出している日系スーパーマーケットや日系外食企業に供給されている。これらの日系企業同士による取引は日本産食料品の対中国輸出の一つの特徴となる。日本産米の対中国輸出と中国での販売は代表的な一例である。また、魚介類と加工食品の輸出実績と比べて、「攻めの農政」の重要な柱として取り組まれている農産物はわずかな金額にとどまり、進展が見られない。中国国民の所得水準の向上と富裕層の生成によって、中国市場は日本産米に対する需要が高まっている。今後、米などの日本産農産物の対中国輸出は期待されている。米などの農産物の対中国輸出は農家の生産意欲の向上および意識改革に意義があるが、多額な補助金という名の税金を投入している日本農業にとって輸出の必要性が問われている。つまり、補助金によって維持されている日本の農業と米などの農産物の輸出拡大との間にある矛盾である。

【参考文献】

*平岩直「食品業界の現状と課題」『調査と情報』(農林中金総合研究所)、2005年11月号。
*農林水産省編『ポケット食品統計』平成22年版、農林統計協会、平成23年3月。
*農林水産省編『食料・農業・農村白書』平成20年版、農林統計協会、2008年6月。
*山尾政博「東アジアの食料貿易の動きとわが国食品産業の戦略――日本型水産物フードシステムのゆくえ」『明日の食品産業』(食品産業センター、月刊)、2008年3月号。
*財団法人・矢野恒太郎記念会編集・発行『日本国勢図会』2010/2011年版。
*農林水産省編『食料・農業・農村白書』平成19年版、農林統計協会、2007年6月。
*農林水産省編『食料・農業・農村白書』平成26年版、農林統計協会、平成26年6月。
*農林水産省編『食料・農業・農村白書』平成24年版、農林統計協会、2012年5月。
*山形県庁ホームページによる(http://www.pref.yamagata.jp/)。
*姜涛著『人口と歴史――中国人口構造研究』人民出版社、1998年。
* United Nations Population Division, World Population Prospects: *The 2008 Revision Database.*
* IMF *World Economic Outlook Databases*, October 2014.
*一般社団法人・中国研究所編『中国年鑑』2014年版、毎日新聞社、2014年5月。
*赤嶺淳「刺参ブームの多重地域研究――試論」『海洋資源の流通と管理の人類学』明石書店、2008年7月。
*杉田浩一他編『日本食品大事典』第2版第1刷、医歯薬出版、2008年3月。
*農林水産省編『農林水産物輸出入統計』各年版、農林統計協会。

第6章
食をめぐる日中経済関係と香港

香港は、自由放任の経済政策のもとで植民地時代から世界有数の自由貿易港の一つである。香港は国際金融センターとしても1970年代から世界経済において重要な地位を占めている。また、冷戦時代には、香港は中国と西側世界との経済交流の重要な窓口であった。冷戦終結後も香港経由の中国と世界との中継貿易地として資本移動も依然として行われている。香港は豊富なビジネス情報、自由な経済環境および法制度に保障されている社会経済システムを持っているため、外国企業にとって中国ビジネスのゲートウェーとなっていた。

他方、香港は2007年以来、日本産農水産物の最大の輸出市場となっている。それと同時に多くの日系食品企業と外食企業は香港へ進出して、さまざまな事業を展開しているが、さらに、日系食品企業と外食企業の多くは香港での経験を生かして中国本土へ進出している。本章では、食をめぐる日中経済関係における香港の位置を検討していく。

第1節　香港のビジネス環境

1. 港湾としての香港

広大な国土を有する中国は海岸線も長い。しかし、中国の海岸線は地形的に曲がりが少なく、特に上海以北の海岸線はほとんど直線的な地形となり、しかも海岸線の地質は砂や土を中心としている。上海や天津などの港湾は水深が浅いため常に海底の浚渫作業を行わなければならないため、港湾の維持には多大なコストがかかる。中国沿岸には天然良港という港湾が限られている。上海や天津と比べて、香港は地形や海岸の地質状況から見ると、物理的な環境に恵まれ、中国沿岸だけではなく、世界的に見ても良港湾の一つであるといえる。また、同じ西洋国家の植民地であったマカオと比べても香港は良港としての条件に恵まれている。マカオは大量の土砂が流れ込む珠江河口にあるので、大型船が寄港できる港が作れなかった。このことはマカオと香港の運命を大きく分けてしまった〔野村総研 1994：40〕。

香港は複数の港湾施設によって構成され、その中核部分は葵涌－青衣コンテナターミナル（Kwai Chung－Tsing Yi Container Terminals）、内河ターミナル（River Trade Terminal）と沖荷役作業区（Mid－Stream Sites）である。香港におけるコンテナ貨物はほぼこの三つの港湾施設で処理されている。香港の専業コンテナターミナルは葵涌－青衣地区に集中している。葵涌地区で最初のコンテナターミナル（CT1）が1972年に竣工し、その後、CT8まで合計16バースのコンテナバースがこの地区で整備されている。2000年以降、コンテナ取扱量の拡大に対応するために、葵涌地区に隣接する青衣島において、CT9の整備が行われ、2004年までに6バースが整備された。葵涌－青衣地区のコンテナバースの平均水深は15.5mに達し、1万TEUの大型コンテナ船は寄港できる。また、葵涌－青衣コンテナターミナルにはフィーダーバースも整備され、船会社は多様なサービスを提供している。2010年、葵涌－青衣コンテナターミナルは、約1,710万TEUのコンテナを取り扱い、香港全体のコンテナ取扱量の約7割を占めている。内河ターミナルは屯門区（Tuen Mun District）に位置し、主に香港と珠江デルタ諸港との間を航行しているバルク貨物やコンテナ貨物を取り扱っている中小型内航船を対象にしたサービスを提供している。沖荷役作業区は海上でバージのクレーンを使用して、中小型コンテナ船との間でコンテナの積み下ろし・積み上げ作業を行う場所である。沖荷役の荷役方式は荷役の効率が低いものの、料金がコンテナターミナルと比べて相対的に安いので、スピードよりコスト面での優位性がある〔姜 2012：73〕。

また、地政学から見れば香港はアジアの十字路だということであり、東アジア、東南アジア、西太平洋圏の中心である〔土屋 1994：142〕。香港はイギリスの植民地になってから中国大陸と東南アジアとの貿易の中継地となっている。香港を中心にして、半径3,000km、2,000km、1,000kmの同心円を描くと、3,000kmの円周に東京、ジャカルタ、シンガポール、クアラルンプールがプロットされる。2,000kmの円周にはブルネイ、バンコク、北京、ソウル、北九州がある。1,000kmの円周

表6-1　世界の上位10港のコンテナ取扱量の推移

順位	1980		1990		2000		2010	
	港湾	千TEU	港湾	千TEU	港湾	千TEU	港湾	千TEU
1	NY/NJ	1,947	シンガポール	5,200	香港	18,100	上海	29,069
2	ロッテルダム	1,901	香港	5,100	シンガポール	17,040	シンガポール	28,431
3	香港	1,465	ロッテルダム	3,670	釜山	7,540	香港	23,699
4	神戸	1,456	高雄	3,490	高雄	7,426	深圳	22,510
5	高雄	979	神戸	2,600	ロッテルダム	6,280	釜山	14,194
6	シンガポール	917	釜山	2,350	上海	5,613	寧波	13,144
7	サンファン	852	ロサンゼルス	2,120	ロサンゼルス	4,879	広州	12,550
8	ロングビーチ	825	ハンブルグ	1,970	ロングビーチ	4,601	青島	12,012
9	ハンブルグ	783	NY/NJ	1,900	ハンブルグ	4,248	ドバイ	11,600
10	オークランド	782	基隆	1,810	アントワープ	4,082	ロッテルダム	11,146

出所：Informa Plc "*Containerisation International Yearbook*" (Informa UK Ltd) 各年版より作成。

にはマニラ、台北、上海を含む地域が入ってくる。

天然の良港という物理的な要素とアジアの真ん中にある地政学上の位置に恵まれ、また、後述する自由な貿易制度に加えて、香港は世界有数の海運センターの一つとなっている。1980年代以降、コンテナ取扱量から見れば、香港は常に世界の主要港湾の中でトップグループに入っている。特に2000年頃、香港のコンテナ取扱量は世界一であった。コンテナ取扱量から見た世界主要港湾における香港の地位は表6-1の通りである。

2. 香港の貿易管理制度と関税制度

香港では、植民地時代からレッセ・フェール（自由放任）経済政策を採用して、域内での経済活動に幅広い自由を与えている。香港の貿易制度と政策は、ほぼ完全な自由貿易を基本としている。香港は1986年4月から宗主国であったイギリスとは独立して個別にGATT（関税および貿易に関する一般協定）に加盟しており、対外貿易の自主的経営が図られていた。1997年7月、香港は中国に返還されたが、引き続き単独でWTO（国際貿易機関）の一員として対外貿易の自主権を維持している。

植民地時代には香港の対外貿易管理機関は香港政庁の貿易署（Trade Department）であったが、中国に返還された後、香港特別行政区政府の工業貿易署（Trade and Industry Department）に改組された。工業貿易署は植民地時代の伝統を守り、貿易取引上の制限はWTO（国際貿易機関）のルールによる必要最小限にとどめられている。

香港では自由貿易の理念を堅持しているが、化学製品、薬品、農薬などの社会安定と公害に関わっている物資、国際的に制限されている戦略物資に関しては管理制度を設け、規制している。輸入管理に関しては、香港ではほとんどの商品は自由に輸入できるが、いくつかの品目について輸入許可（輸入ライセンスの取得）を義務づけられている。輸入制限品目を輸入する場合、事前に工業貿易署へ輸入許可申請をしなければならないが、申請手続きは植民地時代から変わりがなく極めて簡素化されており、ライセンスは申請後通常3営業日以内に発給される。2014年の時点で、以下の品目に関して、輸入ライセンスを必要としている。

- 動植物
- 制限化学製品
- 危険な薬物
- 関税課税品（アルコール飲料、煙草、炭化水素油とメチルアルコール）
- 爆薬・銃器・銃弾
- 特定食料（冷凍・冷蔵の肉、乳製品）
- 光ディスクのマスタおよびコピー装置
- オゾン消耗物資
- 農薬
- 薬剤・医薬品
- 放射性物資・放射線照射装置
- 無線伝達装置
- 備蓄物資
- 戦略物資
- 繊維
- 武器

輸入制度と同様、香港ではほとんどの物資や商品は輸出許可を必要せず、自由に輸出できる。制限の対象品目は輸入制限品目とほぼ同じである。2014年時点の輸出ライセンスを必要とする品目は以下の通りである。

- 動植物
- 制限化学製品
- 危険な薬物
- 関税課税品（アルコール飲料、煙草、炭化水素油とメチルアルコール）
- 爆薬・銃器・銃弾
- 光ディスクのマスタおよびコピー装置
- オゾン消耗物資
- 農薬
- 薬剤・医薬品
- 無線伝達装置
- 戦略物資
- 繊維
- 武器
- 粉ミルク

繊維品については輸出入ともライセンスが必要とされている。香港はMFA（Multi-Fiber Arrangement）により、アメリカ、カナダ、オーストラリア、EU諸国との間で繊維貿易に関する政府間協定を結んでいる。このため、上記した諸国との間の繊維貿易は数量的に制限されており、貿易業者は政府の繊維輸出入許可を取得しなければならない。また、粉ミルクに関する輸出ライセンスは以前にはなかった。2008年に中国で発生した粉ミルクへの有害物資混入事件をきっかけにして、香港を経由した外国製の育児用粉ミルクの中国への輸出は急増した。中国では外国製の粉ミルクの輸入に関して規制を設けているので、外国製粉ミルクは容易に輸入できない。中国国内の巨大な需要に応じて、多くの貿易業者は香港に輸入される外国製粉ミルクを買い占めて中国へ転売して利益を得ている。中国への大量転売によって、香港域内での粉ミルク価格は高騰し、一時的にあまりにも高価になり入手できなくなった。香港住民の利益を保護するために、香港政府は粉ミルクの中国への輸出に対して許可制度を新たに設けた。

関税については、イギリス植民地時代の制度として、自由貿易港の立場から香港ではほとんどの商品は無関税で輸入できる。関税の課税対象となるのは、アルコール飲料(Liquor)、煙草(Tabacco)、炭化水素油(Hydrocarbon)とメチルアルコール(Methl Alcohol)の4品目だけである。また、上記した4品目に対する課税目的は、決して香港の同類産業を保護するためではなく、香港政府の税金収入を増やすためである。上記した4品目の現行(2014年)関税率は以下の通りである。

- アルコール飲料──>アルコール度30%以上のアルコール飲料は100%、アルコール度29%以下のアルコール飲料は0%。
- 煙草──>従量税で課税される。普通のタバコ、1,000本当たり1,906香港ドル。葉巻は1kg当たり2,455香港ドル。中国産煙草の葉っぱは1kg当たり468香港ドル。その他のタバコは1kg当たり2,309香港ドル。
- 炭化水素油──>飛行機用ガソリンは615香港ドル/ℓ。ガソリン(鉛を含有するもの)は6.82香港ドル/ℓ。ガソリン(鉛を含有しないもの)は6.09香港ドル/ℓ。ディーゼルは2.89香港ドル/ℓ。
- メチルアルコール──> 840香港ドル/100ℓ。

以上のように、香港の貿易管理制度ならびに関税制度は自由貿易をその基本としているため、上記に関する規制を除いては国際貿易の立場からみれば、十分メリットがある制度といえる。さらに、香港は1970年代における国際金融センターの設立にともなって、為替制度に関しては、1973年1月1日の為替管理制令撤廃によりあらゆる為替取引が自由化されてきた。

アジアの要所に位置していること、自由な経済制度および法と社会管理に加えて、香港は1970年代以降、すでに世界有数の国際貿易センターと国際金融センターとして成長してきた。近年でも香港は世界の多くのシンクタンクや研究機関で発表される国際競争力ランキング[1)]で常にトップクラスに位置している。例えば、スイスのビジネススクールであるIMD(国際経営開発協会)が発表している『国際競争力報告書』の2011年版では、香港はアメリカと並んで総合1位となった。さらに、

1）スイスのビジネススクールであるIMD（国際経営開発協会）の国際競争力ランキングは政府の効率、経済実績、ビジネス効率およびインフラストラクチャという四つの項目と、それぞれの五つの小項目に関する調査をもとに作成されるものである。国際競争力とは与えられた市場において、企業・業種・国家が財やサービスを売ったり、供給したりする能力と売上の比較を語る際に用いられる用語と概念である。しかし、自国の経済に対する政府の補助金の投入や国民の福祉との関係などの角度から国際競争力という用語と概念について疑問や批判の声もある。

アメリカのシンクタンクであるヘリテージ財団が発表している世界各国・地域の経済自由度ランキングでも香港は2011年まで17年連続で1位となっている。自由な経済制度が香港経済の強さの源泉であるといえる。

第2節 日本産食料品の対香港輸出

1. 日本産食料品に対する香港の購買力と需要

第二次世界大戦前、香港には船舶修理や紡績などの軽工業が若干存在していたが、香港は中国と世界がつながる中継貿易港であり、その経済基盤は中継貿易によって支えられていた。しかし、朝鮮戦争勃発のため、国連は1951年に中国に対して輸出禁止（経済封鎖）を実施した。その後、冷戦構造のなかで中国は政治体制とイデオロギーの違いから西側諸国との経済交流を中断した。こうした状況から香港は、中国と世界との中継貿易によって獲得していた経済基盤を喪失した。他方、共産党政権の中華人民共和国が成立した際に、中国本土から大量の避難民が香港に流入してきた。それと同時に、上海や広州にあった外国資本や中国資本も香港に移転してきた。大量の労働力と資本の到来が香港を単一中継貿易港の経済構造から加工工業を主体とする経済構造へと転換させたのである。この経済構造転換は1950年代末までに完成した。貿易、アパレル、玩具などの加工工業が1950年代に次々と現れた。1960年代、加工工業はより一層発展し、1970年代に入ると、加工工業自体の蓄積と自由な経済政策の効果によって香港の貿易、金融、運輸、観光の諸部門が急速に発展して、香港はアジアNIEsの一員としてその経済成長は世界に注目されるようになった。

1980年代以降、中国の改革開放政策にともなって、香港の製造業部門は広東省を中心とする華南地域に生産拠点を移した。香港域内では高付加価値化、新製品の開発と販路開拓などに特化し、生産は華南地域で行う中国本土との分業関係が形成された。1997年に中国へ返還された後にも香港経済は全体として順調に発展して、香港住民の所得水準はさらに上昇していった。2013年には香港の一人当たり名目GDPは3万7,777米ドルになり、世界においては24位の日本に次いで25

位となっている。

他方、購買力平価で香港の経済規模および香港住民の生活水準を見てみると、購買力平価による香港の経済規模は2013年には3,825億米ドルとなり、世界の第45位である。その規模はヨーロッパの多くの国より大きい。香港の人口は720万人（2014年現在）であるので、一人当たりの購買力平価を見れば、香港は世界トップレベルにある。表6-2は2013年購買力平価による一人当たりGDPランキングである。[2)] 香港の一人当たり購買力平価GDPは5万2,984米ドルになり、世界第10位となる。ちなみに同年日本の一人当たり購買力平価GDPは3万6,653米ドルで、世界27位である。

表6-2　世界の一人当たり購買力平価GDP上位の国と地域（2013年）

順位	国・地域名	米ドル
1	カタール	145,894
2	ルクセンブルク	90,333
3	シンガポール	78,762
4	ブルネイ	73,823
5	クウェート	70,783
6	ノルウェー	64,363
7	アラブ首長国連邦	63,181
8	スイス	53,977
9	アメリカ	53,001
10	香港	52,984

出所：Word Economic Outlook Databases, IMF.

1980年に香港の一人当たり購買力平価GDPは6,850米ドルであり、当時の先

図6-1　香港における一人当たりGDPと購買力平価（PPP）の推移

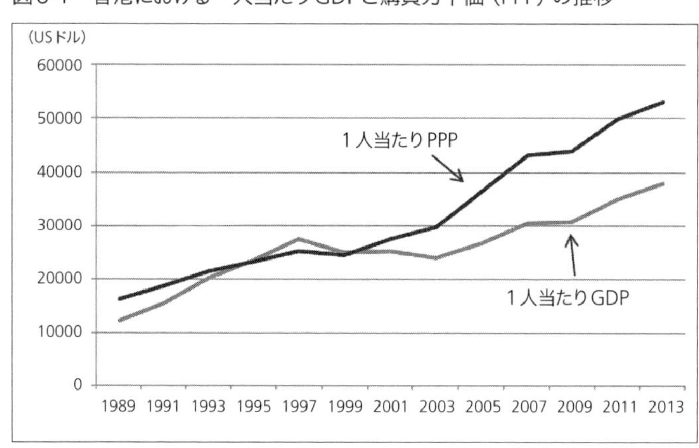

出所：Word Economic Outlook Databases, IMF.

2）購買力平価による経済規模や国民の生活水準を測るには量的には問題がないが、生活の質の問題があると指摘されている。

進国との格差は大きかったが、中国の改革開放政策の波に乗って、中継貿易港の復活および製造業の中国本土への進出などによって、香港の経済は発展し、住民の所得は急速に伸びた。イギリスから中国へ返還される1997年には、香港の一人当たり購買力平価GDPは1980年の4倍近くまで伸びて、2万5,258米ドルとなった。中国へ返還された後、香港の経済成長にともなって住民の所得はさらに上昇して、2013年に至って、香港の一人当たり購買力平価GDPは5万2,984米ドルになり、返還された年度よりさらに倍増してきた。

自由放任の資本主義経済制度のもとで、香港社会には富裕層と超富裕層の人口が大きく存在している。人口の規模が720万の港町である香港だが、家計金融資産100万米ドル以上を保有する富裕世帯数は、2012年には23,000戸、世界ランキング11位である。さらに、家計金融資産が1億米ドルを超える超富裕世帯は323戸あり、世界ランキング12位である。人口の規模から見れば、域内の全人口に対する超富裕層の割合では香港が世界首位となる[3)]〔BCG 2013：7〕。

香港の高所得水準は高品質と高価な日本産食料品に対して購買力を有する。特に富裕層と超富裕層の存在は、あわび、なまこ、ふかひれ等の高級中華食材に対する需要を大きくしている。香港は1842年から1997年までの155年間、植民地としてイギリスに統治されたが、香港の文化、特に食文化は決してイギリス的なものとなっていない。香港住民の98％は中国系である。また、その中国系住民は基本的に隣の広東省から移住してきた者およびその子孫である。言語、宗教、風俗習慣から見れば、香港は広東省の一部にすぎない。香港の食文化は典型的な広東料理である。

「食」をこの世の行為の中で最も重要なものとして考える人たちは、中国の中でも、特に広東省の人たちに多い。広東省は特別に食いしん坊の土地柄だというのは、もはや定説といってもよい。中国料理全般を見渡しても、素材の範囲が広く、料理の種類が豊富であることにかけて、広東料理は一頭地を抜きんでている〔木村 1997：160〕。北京料理や上海料理と比べて、広東料理は珍味にこだわる。中国料理の最高級素材となるつばめの巣、ふかひれ、あわびも広東省では他の地域より

3) BCG（The Boston Consulting Group）の計算はあくまでも推測である。家計の金融資産は不透明な部分があるので、正確な金額であると考えられない。しかし、全体の輪郭としては事実を反映しているので、参考にする価値がある。

も多く使われている。古くから広東商人たちは国外から各種希少食材を調達している〔鶴見　1990：314〕。これは後述するように日本産のあわびやなまこなどの高級中華食材の対香港輸出の大きさの一つの理由である。

また、香港は台湾と同じく外食産業が発達する地域である。香港においては、外食志向の食文化は深く根付いている。家計の食費支出に占める外食支出の割合を見ても、香港は日本を大きく上回っている。香港は超高収益の外食産業の宝庫であるといわれている。これは外食好きの国民性に加え、人口密度と所得が世界でも最高水準にあり、また、治安が良好なため、深夜経営が容易なことから営業効率が優れているためである。香港の外食産業の規模は1990年代初頭には既に480億香港ドル（当時の為替レートで換算すれば約6,300億円になる）だと推測される〔野村総研　1994：86～87〕。

香港は世界有数のビジネスセンターである。中国系商人の商法の一部として食事の接待が重視されている。特に大手商社の食事接待は豪華であることはよく知られている。香港では接待側の食事の豪華程度は相手への商談の誠意を示している。さらに、改革開放以降、中国の中央省庁から地方政府まで香港に駐在機関を多く設けている。国有企業や金融機関も香港へ進出している。1990年代初期には香港における中国の政府系企業や金融機関が既に3,000社ぐらい存在していた〔姚　1993：56〕。中国の役人や政府系企業の公費接待は中国社会の一大問題となる。中国本土の住民の目線から離れた香港での公費接待は巨額である。近年摘発された汚職事件から見れば、香港は中国の役人たちの腐敗の温床となっている。

発達する食文化および大量の富裕層人口の存在のため、香港は高品質の日本産食材の重要な輸出先となっている。

2. 日本産食料品の対香港輸出の実績

香港は港町であり、農業はほとんど存在していない。食料品をめぐる日本と香港の貿易は、日本が香港からウナギ稚魚を輸入する以外、日本の一方的な対香港出超となっている。香港は2007年以来、日本産農水産物の最大の輸出市場となっている。日本の農水産物の輸出に占める香港のシェアは常に2割強を維持している。2011年3月、東日本大震災および福島第一原発事故の影響を受けて、日本産農水産物の対香港輸出は一時的に減少したものの、香港の日本の農水産物の最大の輸出市場としての地位は変わっていない。

日本産農水産物の対香港輸出は決して近年のことではない。1990年には日本産農水産物の対香港輸出は既に400億円強となった。香港が中国へ返還された後の数年間、日本産農水産物の対香港輸出は伸び悩みがあったが、2006年以降、急速に増えてきて、2010年には918億円に達した。2011年3月に福島第一原発事故が発生した後、香港は他の国と同様に日本産農水産物の輸入制限措置を採った。香港は福島県、茨城県、千葉県、栃木県と群馬県の5県産の野菜、果物、牛乳、乳製品に対して輸入禁止を実施した。また、上記5県の農水産物や食肉については、日本政府による放射性物資の検査証明書の発行を前提に輸入可能とするように規制した。福島第一原発事故の影響で2011年～2012年の連続2年間、日本産農水産物の対香港輸出は急減した。2013年以降、震災の沈静化にともなって、日本産農水産物の対香港輸出は徐々に回復する傾向にある。1990年代以降、日本産農水産物の対香港輸出の推移は図6-2の通りである。

農水産物を中心とする日本産食料品の対香港輸出の商品構成を見ると、魚介類および同調製品が圧倒的に多い。魚介類および同調製品が全体の中で占める割合は、年度によって変動があるが、ほぼ50%を占めている。特に2003年以降、そのシェアがさらに上昇している傾向がある。2003年から2014年の間、2009年の53

図6-2　日本産食料品の対香港輸出の推移

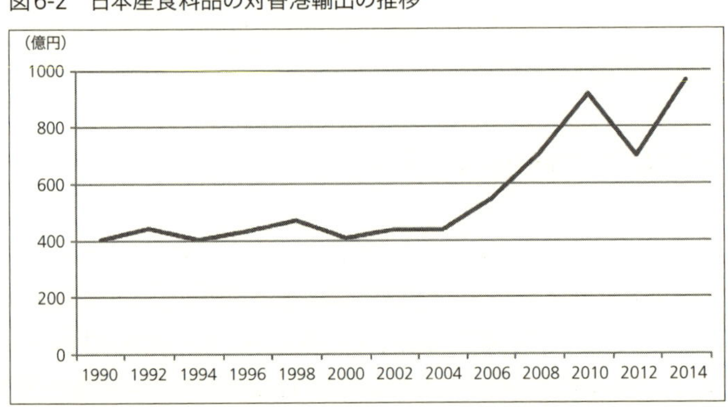

出所：財務省貿易統計より作成。

%を除いて、すべての年度のシェアは55%を超えている。魚介類および同調製品の内訳として生鮮魚介類は2～3割を占めているが、その中にはなまこ、あわび、ホタテ、イカなどの甲殻類と軟体動物が特に多い。その他にはまぐろやフグなどが含まれている。

魚介類の他、米などの穀物および同調製品の対香港輸出も年間100億円前後で推移している。日本産米は香港では人気があり、2011年3月、福島第一原発事故の影響を受けたにもかかわらず、日本から香港向けの米の輸出は減少しないまま、続けられている。日本産野菜と果実の対香港輸出は、金額的に多くないが、青森産のリンゴ、北海道産の長いもなどは香港で評判が高く、高級品として販売されている。また、日本酒やビール、日本製タバコは、年間それぞれ数十億円単位で日本から香港へ輸出されている。主要日本産食料品の対香港輸出状況は表6-3の

表6-3　主要日本産食料品の対香港輸出の推移（単位：億円）

年次	魚介類調製品	生鮮魚介類	果実	野菜	飲料	小麦粉
1990	131.31	46.32	12.28	68.90	5.35	66.10
1995	137.90	57.59	15.00	25.70	10.06	50.02
2000	137.62	68.46	8.75	7.81	13.56	58.98
2001	134.11	59.30	7.81	7.15	16.96	69.47
2002	146.22	76.55	8.11	6.80	20.81	65.11
2003	147.78	80.84	5.36	5.62	18.72	52.17
2004	160.98	82.39	4.17	6.64	20.79	48.22
2005	222.05	66.89	7.61	7.56	23.19	47.97
2006	264.54	67.89	10.30	7.70	24.20	46.34
2007	356.52	109.24	12.77	8.47	30.73	45.88
2008	302.15	99.10	14.25	8.38	33.65	46.02
2009	298.43	87.46	14.74	7.21	34.11	28.11
2010	391.36	129.62	15.51	7.99	40.01	30.78
2011	338.40	139.55	13.73	6.61	43.57	31.87
2012	308.82	94.46	14.20	6.95	47.16	32.77
2013	392.65	125.99	24.92	10.95	51.19	38.63
2014	379.59	120.15	40.10	13.60	58.63	38.03

出所：財務省貿易統計より作成。

通りである。

上表に示されるように、香港へ輸出される日本産食料品の中では魚介類が最も多い。魚介類の中には生鮮魚介類と比べて、調製品が多い。また、魚介類調製品の中では特に乾燥なまこ、干し貝柱、干しあわび、ふかひれに集中している。例えば、2013年の日本産魚介類調製品の対香港輸出は393億円であり、その内、乾燥なまこ、干し貝柱、干しあわびの3品目の合計は223億円であり、魚介類調製品の57%を占めている。干し貝柱はシンガポールやアメリカ向けの輸出が少量あるが、乾燥なまこ、干しあわびは9割以上を香港市場に供給している。言い換えれば、日本産乾燥なまこと干しあわびは、香港のために生産されていると言っても過言ではない。乾燥なまこと干しあわびの対香港の輸出状況は表6-4の通りである。

日本の海産物は、江戸時代に中国へ輸出された。当時の海産物の多くは俵に詰められて輸出されたことから俵物といわれている。その内、煎海鼠（いりなまこ）、干鮑（ほしあわび）と鱶鰭（ふかひれ）の3品目は特に重要であり、「俵物三品」と呼称された。当時、これらの海産物は銅より重要な輸出品となり、幕府にとって俵物ほど儲かるものはなかった〔矢野　1989：118～119〕。明治時代に入ってからイギリ

表6-4　乾燥なまこと干しあわびの対香港輸出状況（単位：億円、%）

年次	乾燥なまこ			干しあわび		
	対香港輸出	対世界輸出	%	対香港輸出	対世界輸出	%
2004	49.1	55.0	89.3	23.4	25.1	93.2
2005	70.7	78.9	89.6	28.0	29.3	95.6
2006	115.2	125.6	91.7	28.2	29.2	96.6
2007	163.4	166.7	98.0	53.7	55.0	97.6
2008	131.8	133.2	98.9	26.5	27.3	97.1
2009	96.6	97.3	99.3	17.2	18.0	95.6
2010	126.5	127.9	98.9	22.6	23.2	97.4
2011	104.9	117.8	89.0	21.2	24.3	87.2
2012	92.7	106.3	87.2	8.7	10.7	81.3
2013	94.3	98.0	96.2	17.0	18.1	93.9
2014	101.5	10.3.6	98.0	19.8	20.4	97.1

出所：財務省貿易統計より作成。

スの海産物貿易の介入によって、香港は上海と並んで、日本産煎海鼠（いりなまこ）、干鮑（ほしあわび）と鱶鰭（ふかひれ）の重要な輸出先となった。また、香港においては昔から青森と岩手産のあわび、特に青森大間町産のあわびは特別な高価で取引されている。その事情は今日でも変わっていない。

香港へ輸出される日本産農水産物と加工食品の内、生鮮食料品は日系デパート、日系スーパーマーケットで販売されている。他方、菓子類などの加工食品は日系小売業のほか、地元香港のスーパーマーケットでも取り扱っている。香港では1960年の大丸百貨店の開店を皮切りに、多くの日系デパート、スーパーマーケット・量販店が進出している。また、日本酒は香港域内にある日本食レストランで消費されている。2013年に香港には約1,000店の日本料理店がある。なかでも高級日本料理店では多くの銘酒が取り揃えられている。

3. 香港経由の日本産食料品の対中国輸出

自由貿易港である香港と異なって、中国では自国の農林水産業を守るため、外国の農林水産物の輸入に対して検疫などを理由に制限している。そのため、巨大市場ではあるが、中国へ輸出される日本産農林水産物はまだ少ない。しかし、日本産食料品の一部は香港を経由して中国へ輸出されている。日本産食料品が香港を経由して中国へ運ばれる方法として一つは密輸がある。香港を中心とする中国華南地域の密輸の歴史は長く、規模も大きい〔姚　2003：74〕。近年でも食料品の密輸事件はよく摘発されている。日本産食料品が香港を経由して中国へ運ばれるもう一つの方法は、手荷物によるものである。香港と中国の間には税関が設けられているが、香港住民の中国本土への入国は簡単である。他方、中国本土の住民の香港入国も香港返還後は簡単になってきた。香港政府は、入国ビザ政策として、中国本土の住民に対して、観光用、商用、親族訪問用など6種類の「通行証」を発行している。このうち、観光用「通行証」は査証なしで7日間香港に滞在することができる。近年、香港と中国との間に陸地で隣接する深圳税関では年間延べ1億人が通関しているが、お正月などのピークの時期には1日に通関する人は約25万人になる。香港へショピングに行く中国本土の住民が毎日大勢通関している。香港へ輸出される日本産食料品の一部は香港へ訪問する観光客の手荷物によって中国本土へ持ち込まれている。さらに近年、香港から中国本土への運び屋ビジネスが出現して、香港と中国本土との経済関係の一つの問題となっている。

香港を経由して日本産粉ミルクが中国へ移送されることは代表的な一例である。第5章で述べたように、2004年に中国で乳幼児用粉ミルクによる乳幼児死亡事件が発生し、国産粉ミルクの安全性が中国国内で懸念され、外国製の粉ミルクに対する需要が高まった。日本製の粉ミルクの対香港輸出は2007年頃から増加し始めたが、香港へ輸出された日本製粉ミルクの多くは密輸や手荷物などの形で中国へ運ばれた。2011年以降、香港政府の強制的な制限および福島第一原発事故の影響で香港へ輸出される日本製粉ミルクは激減してきた。香港と中国へ輸出された日本製粉ミルクの輸出事情は図6-3の通りである。同図で示されるように2008年から2010年までの間、日本産粉ミルクの対中国輸出は大きく伸びていないが、対香港輸出は急速に拡大した。しかし、香港は人口が720万人（2014年）の港町であり、自由に世界各国から粉ミルクを輸入できる。香港ではそれほど大量の育児用粉ミルクを必要としない。実際には日本製粉ミルクを含め、香港へ輸出される外国製粉ミルクの最終市場は中国本土である。

図6-3　日本製粉ミルクの対香港と中国への輸出状況

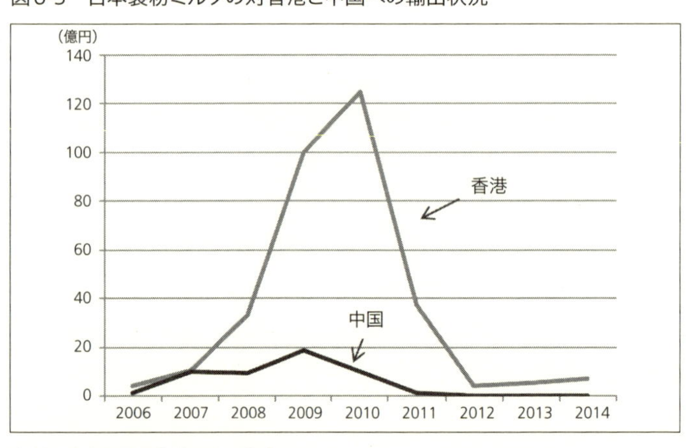

出所：財務省貿易統計により作成。

第3節　香港経由の日系食品企業の中国進出

1. 日系食品企業の香港進出

日系企業の香港進出は、1960年代から始まった。1976年に至って香港には日系銀行は2行、保険会社は7社、商社や貿易会社は98社、日系製造業企業は79社あった〔D.G.Lethbridge 1980: 226〕。その他、前述したように百貨店の大丸は1960年に香港出店した。大丸の後、伊勢丹（1973年）と松坂屋（1975年）も香港へ進出した。1980年代に入ってから、特に1985年秋のプラザ合意以降、日本企業の海外進出ブームの中で香港進出も加速した。1988年3月まで、日系企業の対香港直接投資件数は2,960件、投資金額は524億米ドルに達した。これは当時の日本の対アジア直接投資の17.8%（投資残高ベース）を占め、アジアでは投資件数で第1位、投資金額ではインドネシアに次いで第2位であった。香港へ進出している日系企業は、貿易、金融、サービス業に集中している。製造業での投資活動は主にエレクトロニクス、繊維・衣料、電気製品、時計などの分野に及んでいる〔稲垣 1989：327〕。

1980年代後半以降、香港域内での人件費上昇と地価の高騰が始まった。また、香港と中国華南地域との経済の緊密化の進展にともなって、香港の製造業は広東省を中心にして中国華南地域へ移転し始めた。このような背景のもとで、コストダウンのために香港へ新規進出する日系製造業企業はほぼなくなった。他方、香港住民の所得水準の向上および香港の観光業の発展にともなって、小売業を中心とする日系サービス企業の香港進出は活発となった。旧ジャスコ（1987年）、西武（1990年）、西友（1990年）は新規に香港へ出店した。また、それまで既に香港へ進出していた伊勢丹、三越、ヤオハンは、香港でさらに出店したが、ヤオハンの展開は特に注目されていた。1987年から1995年までの間に、ヤオハンは香港で8店舗のスーパーマーケットを新規に開店した。残念ながら、結果としてヤオハンの事業活動は短命で、香港のスーパーマーケットは1990年代末期までに全店閉鎖した。1997年には、ヤオハングループ傘下の主要会社ヤオハン・ジャパンは巨額な負債を抱えて倒産した。

日本の食品産業の香港進出は、金融、貿易、小売などのサービス業と比べて規模が小さいが、進出の歴史は長い。1960年代末期にヤクルトが香港へ進出して、現地の経営者と協力して、「香港益力多有限公司」を設立した。同社の設立資本金は800万香港ドルであったが、ヤクルトは80%を出資して、香港側（個人）が20%を出資するという形であった。同社は1966年に設立され、1969年に操業開始した。香港ヤクルトの主要業務は乳酸菌飲料の製造と販売である。しかし、上記のように1970年代まで日系食品企業の香港進出は少なかった。日系食品企業の香港へ

表6-5　香港における主要日系食品企業の進出状況（単位：香港ドル）

法人名称	設立年次	資本金・投資金額	出資者	事業内容
●食品製造業				
淘化大同食品有限公司 Amoy Food LTD	1981年	1,000万	味の素53.2%、味の素冷凍食品46.8%	調味料、冷凍食品の製造と販売
永南食品有限公司 Winner Food Products LTD	1989年	2,997万	日清食品74%、伊藤忠商事15.6%、伊藤忠(香港）有限公司10.4%	食品の製造と販売
朝日啤酒伊藤忠集団有限公司 Asahi Breweries Itochu Holdings Limted	1994年	2億1,400万	アサヒグループ60%、伊藤忠商事40%	統括事業
百佳(香港）有限公司 Pokka Corporation(HK) Limited	1989年	1,600万	ポッカコーポレーション100%	食品、飲料
香港山崎麵飽有限公司 Hong Kong Yamazaki Baking Co., LTD	1984年	4,550万	山崎製パン100%	パン、菓子類の製造と販売
日清食品有限公司 Nissin Foods Co., LTD	1984年	6億7,100万	日清HD100%	即席めん、カップめんの製造と販売
卡楽B四洲有限公司 Calbee Four Seas Co., LTD	1994年	5,222万	カルビー50%、四洲貿易有限公司50%	スナック菓子の製造、販売
●卸売業				
頂可香港控股有限公司 Kenko & Ting(HK) Holding Co., LTD	2005年	1,000万	ケンコーマヨネーズ100%	サラダ類、惣菜類の販売
雪印香港有限公司 Snow Brand Hong Kong Co., LTD	1992年	730万	雪印メグミルク	乳製品の販売、輸出入
味勘香港有限公司 Ahjikan Hong Kong Co., LTD	2013年	150万	あじかん100%	酒類、食品輸出入

出所：21世紀中国総研編『中国進出企業一覧』(2013～14年版、蒼々社）より作成。

の本格的進出は1980年代以降から始まった。1981年、味の素本社と同系列の味の素冷凍食品は地元企業と連携しながら香港へ進出して、1,000万香港ドルを投入して「淘化大同食品有限公司」を設立した。同社は調味料のほか、冷凍食品の製造と販売を行っている。1984年、山崎製パンは独自に香港で4,550万香港ドルを投資して、「香港山崎麵飽有限公司」を設立して、パン、菓子類の製造と販売を始めた。同年10月、日清食品は6億7,100万香港ドル（当時の為替レートに換算すると、約204億円に相当）の巨額資金を投入して、即席めん、カップめんの製造と販売を開始した。以上の3社は代表的な例であるが、1980年代中期まで上記した大手会社のほか、一部の中小規模の日系食品企業も香港へ進出した。1986年に至って、日系食品企業の香港での直接投資件数は、累計48件に達した〔斎藤　1992：133〕。1990年代以降、他の製造業分野と同様に、香港の人件費上昇と地価の高騰のため、食品製造業の香港進出はほとんど停止した。アサヒビールやカルビーなどの大手食品製造企業は、1990年代に香港で合弁企業を設立したが、それらの企業は香港での生産・販売活動よりむしろ中国本土やアジアの他の地域の事業を統括する拠点として位置付けられている。

食品製造業と対照的に食料品卸売業や小売業の香港進出は2000年以降増加している。特に外食産業の香港進出は近年増えている。大手日系食品企業の香港進出の具体的な状況は表6-5の通りである。

2. 香港経由の日系食品企業の中国進出

香港は人口が720万人（2014年）の一港町であり、そのマーケットは限界がある。ただし、香港の背後には人口の多い中国本土がある。日系企業の香港進出の狙いは、香港を拠点にして中国本土へ進出することである。香港は中国ビジネスのゲートウェーであり、中国の経済、政治情報を収集する窓口である。中国へ進出する際、香港で収集した情報、香港での事業展開で蓄積した経験を生かしておけば、直接中国本土へ進出するよりリスクが少なくなる。また、香港住民の98％は中国系であり、中国本土の住民と共通の言語、共通の文化を持っている。香港の商社や企業は、中国本土におけるビジネスに関してさまざまなノウハウを持っているので、中国へ進出する際、香港企業と協力することは多くのメリットを獲得できる。

このことは、中国政府の改革開放の初期には重要であった。香港日本人商工会議所は、1995年に香港で事業を展開している日系企業に対してアンケート調査を行った。同アンケート調査の中には香港事務所の役割という設問がある。これに対する回答を見ると、中国ビジネスに関して全面的に権限と責任があるのは26.5%、部分的に権限と責任があるのは31.3%で、両者合計は過半数を占めている[4)]。すなわち日系企業は中国でのビジネスを香港で統括・管理する企業が多い。上記の事情は1990年代まで一般的なことであった。2000年以降、特に2001年に中国がWTO（国際貿易機関）に加盟してから、中国経済の国際化への進展が加速するにともなって、中国と世界との架け橋として、香港の役割は相対的に低下している。しかし、その役割が決してなくなったわけではない。香港は金融、ビジネス情報など多方面において今でも日本企業の中国進出の重要な拠点である。

香港を経由して、中国へ進出している日系食品関連企業は多数存在している。2013年に中国で事業を展開している日系食品現地法人トップ100社の内、7社が

表6-6　香港経由で中国へ進出する主要日系食品企業の状況

中国現地法人名	香港現地法人名	設立年次	投資金額（US $）	投資形態	所在地
上海日清食品有限公司	日清食品有限公司	1995年	4,400万	100%	上海市
日清食品投資有限公司	同上	2001年	4,050万	100%	上海市
煙台啤酒青島朝日有限公司	伊藤忠商事有限公司	1995年	3,756万	合弁	山東省
淘化大同食品有限公司	味之素有限公司	1994年	2,415万	100%	上海市
順徳日清食品有限公司	日清食品有限公司	1994年	1,676万	100%	広東省
珠海金海岸永南食品有限公司	香港永南食品（日清食品に買収された）	1993年	1,083万	合弁	広東省
杭州頂可食品有限公司	頂可香港控股有限公司（ケンコーマヨネーズ香港法人）	2012年	1,010万	100%	浙江省

注：表中の香港現地法人である香港永南食品有限公司は地元香港の食品企業であったが、1989年に日清食品に買収された。
出所：21世紀中国総研編『中国進出企業一覧』（2013～14年版、蒼々社）より作成。

4）香港日本人商工会議所による1995年に同所に加入している会員に対して行なったアンケート調査である。

香港と関連している。その7社の具体的な状況は表6-6の通りである。

香港を経由して中国での投資活動を展開している日系食品企業の中で日清食品は特に注目されている。日清食品は1984年に香港に進出した。日清食品が香港に進出する前に、香港には永南食品有限公司という地元の食品会社があった。同社は1968年に設立され、1970年代まで主に春巻、落花生製品、少量の冷凍魚介類食品を生産していた。1981年永南食品有限公司は大埔工業団地に新しい工場を建設して、本格的に即席めんの生産を始めた。「公仔麵」という同社の商品は、当時香港で即席めんの代名詞となり、大人気であった。1989年、永南食品有限公司は日清食品に買収された。買収された永南食品有限公司は、日清食品香港現地法人の子会社として1993年に広東省珠海市へ進出した。1993年7月、永南食品有

表6-7　香港日清食品の中国進出状況

香港日清食品	①珠海金海岸永南食品有限公司。1993年7月、日清食品香港現地法人である永南食品有限公司は、珠海経済特区西部発展公司と合弁して、それぞれ70.5%と29.5%の比率で8,400万香港ドルを投入して設立した。1994年12月に操業。主要業務は即席めん・カップ麵の製造と販売。
	②上海日清食品有限公司。1995年2月、香港日清食品有限公司が100%出資で4,400万米ドルを投資して設立した。翌1996年操業して、主要業務は即席めん・カップめんの生産と販売。
	③順徳日清食品有限公司。1994年11月、香港日清食品有限公司が100%出資で1億3,000万香港ドルを投入して、広東省順徳市で設立した。1995年12月に操業して、即席めん・カップめんの生産と販売。
	④深圳永南食品有限公司。1999年3月、永南食品有限公司（香港日清食品有限公司に買収された）は100%出資により深圳で設立した。主要業務は各種冷凍食品の生産と販売。
	⑤日清食品投資有限公司。2001年1月、香港日清食品有限公司が100%出資で4,050万米ドルを投入して、上海で設立した。主要業務は日清食品の中国での投資活動を全般的に管理すること。
	⑥福建日清食品有限公司。2013年4月香港日清食品有限公司が100%出資で2億3,500万中国元を投入して、福建省のアモイ市で設立した。2016年4月に稼働を見込んでいる。主要業務は即席めん・カップめんの生産と販売。
	⑦東莞日清包装有限公司。2013年10月に広東省の東莞市で香港日清食品有限公司が100%出資で1億4,700万中国元を投入して設立した。2015年に稼働を見込んでいる。主要業務は即席めん・カップめんなどの包装資材を生産する。

出所：①～⑤は21世紀中国総研編『中国進出企業一覧』（2013～14年版）蒼々社、2014年。⑥と⑦は *China Daily*　2013年12月12日付け。

限公司は珠海経済特区西部発展公司と合弁して、それぞれ70.5%と29.5%の比率で8,400万香港ドルを投入して、珠海市で「珠海金海岸永南食品有限公司」を設立した。同合弁企業は広東省で即席めん・カップ麺の製造と販売を始めた。その後、日清食品香港現地法人である日清食品有限公司は深圳や上海などへ進出した。2013年現在、日清食品香港法人が中国本土で設立した法人の具体的な状況は表6-7の通りである。

小括

以上、食料品をめぐる日中経済関係における香港の位置を考察してきた。以下、この考察で明らかになった点を簡潔にまとめておこう。

香港は高い購買力を持って、日本の農水産物の最大の輸出先となっている。そのうち、特に日本産中華高級食材のあわび、なまこなどはほとんど香港へ輸出されている。また、香港は中国と世界とのビジネスの中継地であり、香港へ輸出される日本産農水産物はすべて香港で消費されるわけではなく、香港を経由して中国へ供給している部分もある。そのことは粉ミルクの事例から明らかである。

他方、日系食品企業は1980年代から香港へ本格的に進出し始めた。ただし、香港は人口が720万人の一港町にすぎなく、そのマーケットには限界がある。日系企業、特に大手企業は、香港進出のもう一つの戦略として香港を拠点にして中国へ進出することを狙っている。香港は戦前から中国ビジネスのゲートウェーであり、中国の経済、政治情報を収集する窓口である。中国へ進出する際、香港で収集した情報、香港での事業展開で蓄積した経験を生かしておけば、中国本土へ直接進出するよりリスクが少なくなる。また、香港と中国本土は言語、文化、風俗、習慣などにおいて共通点が多い。香港企業と協力することで多くのメリットを獲得できる。本章の第3節の考察でわかるように、現実には多くの日系食品企業は香港法人の名義で中国へ進出している。

【参考文献】

* 野村総合研究所（香港）有限公司編『香港と中国——融合する華人経済圏』日本能率協会マネジメントセンター、1994年。
* 姜天勇「香港の現状と香港系GTOの戦略的動向」『アジアにおける海上輸送と主要港湾の現状』（池上寛編）アジア経済研究所、2012年。
* 土屋高徳「急進展するヤオハンの中国ビジネス戦略」『華人経済ネットワーク』（渡辺利夫編）実業之日本社、1994年。
* BCG "*Global Wealth 2013——Maintaining Momentum in A Complex Word*", May 2013.
* 木村春子「広東料理」『中国料理大全——広東料理』（中山時子、陳舜臣監修）小学館、1997年。
* 鶴見良行著『ナマコの眼』筑摩書房、1990年。
* 姚国利「香港における中国国家資本の展開」『経済論叢』（京都大学経済学会）第152巻第6号、1993年。
* 矢野憲一著『鮑』法政大学出版局、1989年。
* 姚国利「市場と制度の不整合——中国華南地域の経済開発と密輸問題」『政経研究』（財）政治経済研究所、第80号、2003年5月。
* David G. Lethbridge, "*The Business Environment in Hong Kong*", Oxford University Press, 1980.
* 稲垣清「香港の対外経済関係」『アジアNIEs総覧』（渡辺利夫編）エンタプライズ、1989年。
* 斎藤高宏著『わが国食品産業の海外直接投資』筑波書房、1992年。
* 21世紀中国総研編『中国進出企業一覧』各年版、蒼蒼社。
* IMF　*Word Economic Outlook Databases*.

第7章
食をめぐる日中経済関係と台湾

日本統治時代の台湾は、日本本土への米と砂糖の重要な供給地であった。戦後日本の農水産物貿易において、台湾は依然として日本の重要なパートナーとなっている。また、半世紀にわたる日本の植民地支配と経営の結果、食文化を含め、日本の文化は台湾社会に浸透していった。台湾は日本の食文化、企業文化を最もよく体現している地域であるといっても過言ではない。

他方、台湾の言語、風俗習慣は中国本土とほぼ同様である。このような歴史的経験と文化を持つ台湾は、食料品分野の貿易と投資において日本と中国の間の架け橋となっている。中国へ進出する日本の米菓、即席麵、喫茶店などの食文化はほとんど台湾と深くかかわっている。また、日系食品企業は中国へ進出する際、台湾企業と連携するケースが少なくない。本章では、食料品分野における貿易と投資を通して日中経済関係における台湾の存在を検討していく。

第1節 台湾食品企業の中国進出

1. 中台経済関係の拡大

中国内戦の結果、1949年、蔣介石の率いる国民党政府は中国大陸から台湾へ敗退して行った。以来、台湾と中国大陸は政治的にも軍事的にも緊張関係を続けて、経済交流は中断された。1970年代末、中国の改革開放政策は、台湾と中国との緊張関係を緩和させる契機となった。1979年1月、中国政府は「台湾同胞に告げる書」を発表した。同書は従来の「軍事による台湾解放」というスローガンを放棄し、中国と台湾との平和的統一を実現する声明に他ならない。また、中国政府は肉親や友人の相互訪問を早期に実現するよう台湾側に呼び掛け、台湾と中国との間で「三通四流」[1]という具体的な案を提出した。さらに、1983年、中国の最高実力者である鄧小平は、中国と台湾との平和的統一問題について談話を発表し、「一国二制度」という台湾との具体的な統一構想を打ち出した。

他方、台湾政府は台湾内外の政治外交状況の変化に応じて、1987年7月、38年間にわたり敷かれた戒厳令を撤廃したのに続き、同年11月に台湾住民の中国大陸への里帰り訪問を許可した。また、1980年代中期に至って、台湾の輸出主導型工業化は成功し、巨額な貿易黒字と外貨準備を積み重ねたものの、株価や地価が上昇し、空前のマネーゲーム現象により中小企業の経営は困難な状況に陥った。このような情勢に鑑みて、中国政府は台湾資本を誘致するために、1988年7月に「台湾同胞投資奨励規定」を公表し、投資形態や投資分野など多方面で台湾企業を内国民待遇とする特別な優遇政策を打ち出した。

中国政府の特別優遇政策は台湾企業の中国大陸進出への一大誘因となり、特に活路を求めている台湾の中小企業は中国政府の優遇政策を受けて、広東省と福建省を中心とする中国の華南地域に大量に進出した。ただし、台湾政府は1980年代末期まで台湾企業の対中国大陸への直接投資を原則として禁止していた。そのため、当時の台湾企業の中国進出は、ほとんど香港経由であった。つまり、台湾企業は香港でペーパーカンパニーを設立して、香港企業の名義で中国大陸へ進出したのである。そのため、1980年代末期に中国へ進出した香港企業の中には、実に多くの台湾企業が含まれている。1989年、中国で民主化を要求する「天安門事件」が起こり、民主主義の大義を堅持した西側諸国は中国に対して経済制裁を発動した。台湾企業はむしろ西側諸国の対中国制裁を好機ととらえ、積極的に対中国進出をはかっていった〔張 1995：239〕。

1990年以降、台湾は「対大陸地区間接投資および技術協力管理方法」を公布し、台湾企業の対中国投資を事実上黙認した。1992年、中国はさらなる開放政策を打ち出した。それを受けて、台湾企業の中国への直接投資は急速に拡大してきた。1991年に台湾企業の対中国直接投資は4.66億米ドルであったが、1992年に倍増して、10.53億米ドルとなった。さらに1993年は、1992年より3倍ぐらい拡大して、

1)「三通」は通航・通商・通信、「四流」は学術交流・文化交流・スポーツ交流・科学技術交流のことを指す。

31.65億米ドルに達した。

1996年、台湾の国勢選挙をめぐって中国と台湾との関係は一時的に緊張した。さらに翌1997年末からアジア金融危機が勃発した。台湾企業の対中国投資は一連の影響を受けて、2000年まで冷え込んだ。2001年に中国のWTO（国際貿易機関）加盟が承認され、それを受けて台湾企業の中国進出は再び加速した。ただし、台湾企業の対中国直接投資金額は統計上は中国側と台湾側ともに2004年頃から減少した。例えば、2007年に台湾企業の対中国直接投資金額は17.7億米ドルまで下がって、1993年の約半分になった。それは決して台湾企業の対中国進出の衰退ということではない。実際には2004年ごろから台湾企業はタクスヘイブンとして知られるケイマン諸島やイギリス領ヴァージン諸島を活用して、中国への迂回投資を行っている。事実上、台湾は依然として香港に次いで中国への第2位の投資地域である〔陳 2010：57〕。

2008年、中国と台湾との間に直行便が就航し、中国から台湾への観光解禁が実現した。さらに、2010年6月に中国と台湾との間にFTA（経済協力枠組協定：Economic Cooperation Framework Agreement: ECFA）が調印され、同年9月に同協定は施行された。以降、中台経済関係は新しい時代に入ったといえる。

表7-1　台湾食品企業の対中国直接投資の推移（単位：百万米ドル）

年次	投資件数	投資金額
2002	93	152.9
2003	105	353.1
2004	34	89.6
2005	28	53.4
2006	20	99.7
2007	13	63.6
2008	24	188.8
2009	39	337.0
2010	47	198.2
2011	17	202.9
2012	12	145.3
2013	9	114.9
2014	14	135.0

出所：中華民国行政院大陸委員会『両岸経済統計月報』より作成。

2. 台湾食品企業の中国進出

台湾企業の対中国直接投資は製靴、電子、電気などの製造業分野に集中しているが、食品分野における台湾企業の中国進出も注目されている。食品分野における台湾企業の中国進出は他の分野とほぼ同じく、1990年代に入ってから始まった。1991年と1992年には中国へ進出した台湾の食品企業はそれぞれ19社と27社であった。前述したように、1992年に中国はさらなる開放政策を公表した。食品企業もその影響を受けて、大規模に中国へ進出し始めた。翌1993年から中小企業を中心として、台湾食品企業の中国進出はブームとなった。前述したように、1996年には台湾の国勢選挙をめぐって中台関係は緊張した。また、翌1997年にはアジア金融危機が勃発した。それらの影響を受けて、台湾食品企業の対中国投資も冷え込んだ。その後、中国のWTO（国際貿易機関）の加盟にともなって、台湾食品企業の対中国投資は再び活発となった。1991年から2014年まで台湾食品企業の中国での累計投資案件は2,369件、累計投資金額は307.9億米ドルとなった。台湾食品企業の対中国投資は表7-1の通りである。

また、台湾の農業と水産養殖業も中国へ進出している。台湾の農業と水産養殖企業の中国進出は、主に台湾海峡対岸の福建省をはじめ、中国の東南沿海地域に集中している。近年、台湾の水産、農業関連企業は福建省での投資が拡大している傾向がある〔宋 2009：68〕。

第2節　食料品をめぐる日台経済関係の変遷

1. 食料品をめぐる日台貿易

日本統治時代、台湾は日本本土の米と砂糖の重要な供給地であった。特に台湾の糖業開発においては日本が台湾領有後にいち早く着手した〔隅谷・劉・涂 1992：14〕。戦後、日本の農水産物貿易において台湾は依然として日本の重要なパートナーである。台湾からの食料品の輸入は、1990年代前半には史上最大の規模であった。1990年に台湾からの食料品の輸入金額は3,129億円になった。その後、1996年までほぼ年間3,000億円以上の輸入金額が維持されていた。台湾から日本に輸入される食料品は、豚肉、ウナギ、野菜が主な品目であり、特に豚肉は圧倒的に多かった。しかし、1996年、台湾で豚の伝染病が発生した。また、1990年代に入ってから野菜やウナギなどの水産物の輸入は台湾に代わって中国が登場し、多くの品目は中国からの輸入に変わってきた。このような背景のもとで、1990年代後半から台湾からの食料品輸入は大幅に減少してきた。2013年に至って、台湾からの食料品輸入金額は612億円に減って、史上最多の1992年（3,628億円）の17％までに縮小してきた。台湾からの食料品輸入の減少状況は図7-1の通りである。

台湾から日本に輸入される食料品の構成を見てみると、1996年までは豚肉が主

図7-1　台湾から食料品輸入の減少状況

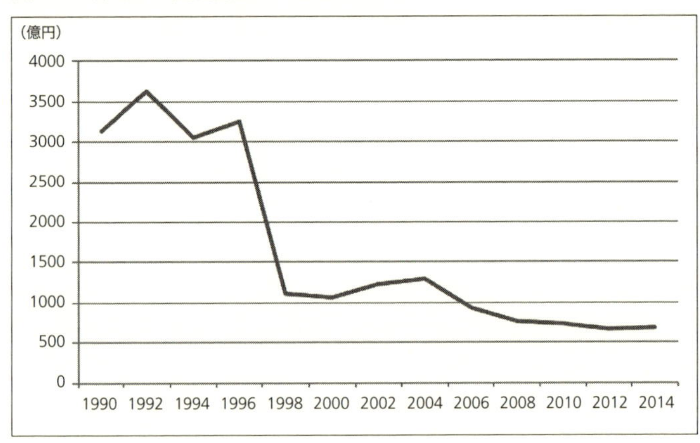

出所：財務省貿易統計より作成。

な品目であったが、豚肉の輸入停止によって台湾からの肉類の輸入は1990年代後期から激減して、近年はほとんどなくなった。他方、台湾は日本と同じく海に恵まれており、海産物や水産物の養殖が発達している。魚介類および同調製品は台湾からの主な輸入品目である。そのうち、ウナギの輸入は特に顕著である。生鮮ウナギの年間輸入金額は、1980年代から2011年まで100～200億円の間を推移していた。また、台湾は温暖な気候に恵まれ、果実や野菜の生産量が高い。果実と野菜は台湾から輸入される主な品目となっている。台湾産バナナの輸入は歴史が長く、日本の消費者にはよく知られている。しかし、2000年以降、フィリピン産バナナとの価格競争によって台湾からの輸入量は減少してきた。

近年、台湾からの食料品の輸入は全体的に減少してきたが、いくつかの個別品目の輸入先として台湾の存在は依然として大きい。2013年、台湾からの輸入状況を例示すれば、単一品目で日本の輸入に占める首位品目は、まぐろ類、枝豆、結球レタス、さんま（冷凍）とその他の豆類となる。2013年には台湾から輸入されるまぐろ類の金額は333億円になり、同年の日本のまぐろ類全体の輸入の19%を占めている。もう一つは枝豆である。枝豆は台湾からの重要な輸入品目であり、2013年、台湾からの輸入数量は27,935トン、輸入金額は61億円になり、日本の枝豆の輸入金額全体の42%を占めている。台湾においては、1980年代以降、缶詰食品

表7-2　台湾からの主な食料品の輸入状況（単位：億円）

年次	肉類および同調製品		魚介類および同調製品		果実および野菜		
		豚肉		まぐろ		野菜	果実
1990	1,021.5	976.7	1,411.0	428.6	570.7	430.5	140.2
1995	1,663.6	1,616.6	992.7	519.5	231.2	144.4	86.9
2000	8.1	—	846.9	503.7	148.3	84.1	64.3
2001	18.8	—	813.7	518.2	119.1	78.7	40.4
2002	35.0	—	1,009.3	631.8	114.0	74.5	39.7
2003	24.8	—	991.0	678.0	129.1	79.3	49.8
2004	20.4	—	1,081.8	702.7	123.7	83.0	40.7
2005	37.8	—	937.7	594.5	105.8	68.7	37.1
2006	39.4	—	727.0	485.4	111.3	70.1	41.2
2007	32.8	—	650.8	389.2	102.3	57.9	44.4
2008	32.3	—	586.8	366.8	103.2	65.3	37.9
2009	27.9	—	444.2	309.3	90.8	58.0	32.8
2010	8.5	—	597.7	371.8	92.0	61.9	30.0
2011	5.5	—	547.1	347.2	100.3	71.6	28.7
2012	4.8	—	512.0	397.2	104.1	76.6	27.5
2013	6.2	—	430.2	332.5	119.1	88.4	30.7
2014	4.7	—	499.4	394.0	123.5	95.7	27.9

注：①まぐろは生鮮と冷凍のもの。②ウナギは台湾から輸入される主な水産物である。ウナギの輸入状況は本章第4節の表7-8を参照。
出所：財務省貿易統計より作成。

に代わって枝豆などの冷凍食品の輸出が急増して、冷凍枝豆は台湾の農産物輸出にとって重要な役割を担っている〔廖 2013：23〕。日本の食料品輸入において単一品目で首位を占める台湾産農水産物は表7-3の通りである。

表7-3　日本の食料品輸入における首位を占める台湾産農水産物（2013年度、輸入金額ベース）

品　目　名	数量(トン)	金額(億円)	輸入金額全体に占める比率
まぐろ類	60,957	332.5	19.1%
枝豆	27,935	60.8	42.1
結球レタス	8,998	9.3	67.6
さんま(冷凍)	3,448	6.2	12.58

出所：一般財団法人・食品産業センター編『食品産業統計年報』平成26年度版より作成。

また、台湾は香港と並んで日本の農水産物・食品の重要な輸出先市場である。1980年代末期に、日本産食料品の対台湾輸出金額は455億円（1989年）になった。1990年代中期から減少してきたが、2005年頃から再び増加してきた。福島第一原発事故の影響を受けて、一時的に低迷していたが、2014年に至って年間輸出金額は508億円になった。日本産食料品の対台湾輸出状況は図7-2の通りである。

図7-2　日本産食料品の対台湾輸出状況

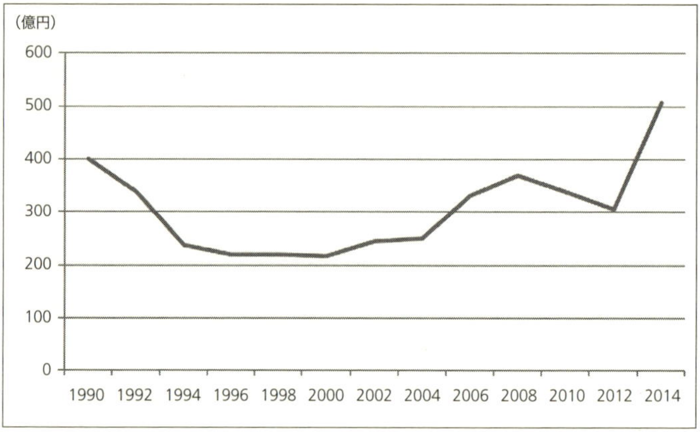

出所：財務省貿易統計より作成。

日本から台湾へ輸出される食料品の内訳を見てみると、魚介類および同調製品、穀物および同調製品、果実および野菜、飲料およびタバコなどが主要品目である。2001年まで魚介類および同調製品は台湾向け輸出の最大品目であったが、2002年から果実と野菜が魚介類を上回って、台湾向けの最大の輸出品目となっている。主な日本産食料品の対台湾輸出状況は表7-4の通りである。

高品質と高価格の日本産農産物に対する台湾の需用拡大については、以下の背景がある。一つは、近年台湾の経済発展とそれにともなう台湾の消費者が求める食の高品質化である。1990年代以降、台湾経済は中国大陸との関係強化を進めながら、安定的な成長を続けている。台湾住民の所得水準は向上して、一人当たりGDPは2010年に初めて20,000米ドル以上の20,006米ドルとなった。このことから、台湾では高価格である日本産農産物の購入が可能となる消費者層が増加している。

表7-4　主な日本産食料品の対台湾輸出状況（単位：億円）

年次	魚介類調製品	生鮮魚介類	果実	野菜	飲料	タバコ
1990	46.3	25.5	4.5	49.2	11.0	2.4
1995	41.5	23.2	5.9	13.6	47.4	74.9
2000	40.0	17.2	8.7	13.3	67.3	95.3
2001	33.6	18.0	9.2	17.8	48.0	148.4
2002	33.1	24.8	33.4	27.0	46.1	140.4
2003	32.2	37.7	49.3	20.7	38.2	151.2
2004	28.8	26.5	37.7	19.3	34.8	167.0
2005	39.7	36.3	64.9	22.4	36.9	195.8
2006	33.5	24.4	66.7	27.4	37.6	197.1
2007	40.6	31.3	90.8	33.2	36.3	205.8
2008	37.8	26.8	80.3	31.8	36.7	184.8
2009	31.6	26.2	60.5	24.9	29.4	170.7
2010	40.6	29.2	66.4	23.8	33.5	173.8
2011	36.1	28.4	67.4	18.3	34.8	167.2
2012	33.9	30.1	40.0	24.4	36.9	172.1
2013	47.5	37.7	76.4	27.8	46.1	147.9
2014	41.8	46.4	89.1	31.2	55.5	122.1

出所：財務省貿易統計より作成。

もう一つは、2002年、台湾のWTO加盟とそれにともなう関税障壁削減である。WTO加盟にともない、なし、柿、干ししいたけなどは輸入割当制度から関税割当制度へと移行した。りんご、もも、ぶどうなどの品目が自由化された2001年では、日本産果実の対台湾輸出金額は9億円しかなかったが、輸入制限の緩和により翌2002年には日本産果実の対台湾輸出は4倍近く伸びて、33.3億円まで拡大した。台湾のWTO加盟が日本産農産物の輸出拡大に拍車をかけ、台湾が日本の農産物の一大輸出市場へと成長する契機になったといえる〔佐藤 2013：18〕。

日本から台湾へ輸出される農産物の中でりんごが筆頭となっている。2001年まで日本産りんごの輸出先としては、香港、台湾、タイが三等分していたが、WTO加盟によって、台湾の輸入が急増して、2003年には台湾のみで9割を占めた。以降、台湾は日本産りんごの最大の輸出先市場となっている。また、りんごのほか、

表7-5　日本産食料品輸出における首位を占める台湾向け輸出品（2013年、輸出金額ベース）

品　目　名	輸出金額	輸出金額全体に占める比率
りんご	59.9	83.7%
ぶどう	3.6	53.3
なし	3.0	48.6
キノコ	1.0	25.2
長芋	11.5	60.5
乾昆布	4.4	59.1
米菓(あられ、せんべい)	10.2	29.2
チーズ	2.2	47.4

注：輸出金額全体に占める表中の品目は年度によって変動があるが、キノコを除いて、近年基本的に表中の数字の通り、大きい変動が現れない。
出所：一般財団法人・食品産業センター編『食品産業統計年報』平成26年度版より作成。

なし、ぶどう、もも、さくらんぼ、イチゴなどの対台湾輸出が行われている。野菜の中では長芋の対台湾輸出は特に注目されている。長芋は中国語で「山薬」と呼ばれて、古来から健康食品として珍重されている。台湾では大きく、長いものが好まれている。台湾においてもイモ類が栽培されているが、日本産長芋ほど大きいものが収穫できない。日本では大きすぎて市場では売れにくい大きいものが台湾への輸出の好機となっている[2)]。日本の果実や野菜などの個別品目の輸出状況を見ると、台湾市場が首位（輸出金額ベース）に立つものが多い。その中で代表的な品目は表7-5の通りである。

2. 日系食品企業の台湾進出

貿易関係の他、日系食品企業の台湾進出も日台経済関係の一部である。1953年、台湾は「第1次国家建設4ヵ年計画」を実施した。しかし、資金と技術ともに不足していた。必要な資金を調達するために台湾は農産物の輸出を拡大すると同時に、外資導入政策を企図した。1954年には「外国人投資条例」、翌1955年には「華僑帰国投資条例」が制定され、次第に外国資本の導入に関する法規が整備されるようになった。しかし、こうした一連の外資導入政策と条例は予期したような効果を収めなかった。なぜならば、台湾は外資を導入すると同時に国内産業を保護するために、外国投資企業に対する投資比率、外貨送金を制限しているほか、キャピタルゲインの送金を認可しなかったからである。1950年代後半に至って、台湾政府は外資導入政策を調整した。1959年に「外国人投資条例」、翌1960年に「華

2）各種の報道資料および筆者の現地調査によって確認された。

僑帰国投資条例」をそれぞれ改定し、投資分野の規制緩和、送金の保証、土地取得の許可、外国企業に5年間の企業所得税の免除などの優遇措置を定めた。また、1962年に外国企業との技術提携条例が制定された。さらに1965年に外国からの直接投資に対して機械設備、原材料の輸入税、営業税などの税制面で優遇する輸出加工区を設置した。輸出加工区の第1号は、1965年設立された高雄輸出加工区である。外資導入政策の調整と輸出加工区の設立によって、1965年以降、日系やアメリカ系企業を中心とする外国企業の台湾進出は加速した。台湾財政部（日本の財務省に相当）の統計によると、1965年から1970年までの間、日系企業の台湾での投資件数は347件、投資金額は8,100万米ドルになった。1970年代に入ってから労働集約型の業種に対する優遇措置が縮小される一方で、技術集約型外国企業を導入するために、1972年に楠梓輸出加工区と台中輸出加工区が追加で設立された。さらに、1980年代以降、新竹工業園の開設に加えて、1986年には外国資本にサービス業分野も開放した。他方、この時期に日本はプラザ合意によって円高と経済構造調整の時期に入った。1986年から日系企業の台湾進出は急速に拡大した。

日系食品企業の台湾進出の歴史を振り返ってみると、1969年までに台湾には4社の日系食品関連会社が進出した。森永製菓、カゴメはこの時期に台湾へ進出した。森永製菓は55%の比率で出資し、現地の企業と合弁して、台湾で菓子の製造と販売を始めた。カゴメは50.4%の比率で出資して現地の企業と合弁して、台湾で野菜缶詰の製造と販売を開始した。1970年代にはさらに数社の日系食品企業が台湾へ進出した。1985年のプラザ合意以降、日系食品企業の台湾進出が加速した。1988年には食品製造企業と農林水関連企業を合わせて15社になった。さらに、1997年にはその数は29社まで増えた。1998年以降、アジア金融危機の影響を受けて一部の日系企業は台湾から撤退した。それ以降、台湾の地価と人件費上昇などによるコスト上昇のため、日系食品企業の台湾進出は減少してきた。ただし、近年、中国市場を視野に入れて台湾進出を考える日系企業は増えている〔劉 2011：52〕。主要日系食品企業の台湾への進出状況は表7-6の通りである。

表7-6　台湾における主要日系食品企業（単位：万新台湾元、%）

企業名	設立年次	事業内容	資本金	出資状況
森永製菓	1962年	菓子、食品製造と販売	35,400	森永製菓55%、現地企業45%
ヤクルト	1964年	発酵乳等の製造と販売	19,200	ヤクルト本社25%、松尚19.3%、残りは現地企業
カゴメ	1967年	野菜缶詰の製造と販売	31,635	カゴメ50.4%、残りは現地企業
不二製油	1976年	油脂加工事業	24,000	不二製油40%、残りは現地企業
UCC上島	1985年	コーヒーの製造と販売	NA	UCC100%
アリアケジャパン	1985年	食料品の製造、加工、販売	25,000	アリアケジャパン80%、伊藤忠商事20%
山崎製パン	1987年	パン、菓子類の製造と販売	4,000	山崎製パン90%、三菱商事10%
キリンビール	1988年	ビールの生産と販売	6,400	キリンビール100%
日清オイリオ	1991年	マーガリン、加工油脂の製造と販売	12,000	日清オイリオ44%、三菱商事5%、(現地) 統一企業51%
日本ハム	1991年	食肉、水産物の生産と販売	NA	日本ハム100%
雪印メグミルク	1992年	食品、飲料販売	700	雪印メグミルク100%
理研ビタミン	1994年	食品用および化成品用改良剤製造	1,500	理研ビタミン100%
カルピス	1995年	飲料の製造と販売	NA	カルピス100%
ロッテ	2005年	菓子の販売	NA	ロッテ100%
味の素	2006年	調味料、アミノ酸の輸入、販売	NA	味の素100%
カルビー	2012年	スナック菓子の製造と販売	25,000	カルビー51%、(現地) 味全食品49%

出所：東洋経済新報編『海外進出企業総覧』を中心にして、各種資料を基に作成。

第3節　中国進出における日台企業連携

1. 日系企業の「台湾活用型対中国投資」

1980年代中期以降、日系企業は中国へ進出し始めた。その内、台湾企業と連携して中国へ進出した事例は少なくない。特に、技術力を持っているが、海外進出に必要な情報や語学人材の欠如した日系中小企業にとって、台湾企業の利用価値は高い。このような台湾企業、あるいは台湾にある日系子会社が保有する経営資源を利用した形での対中国投資は「台湾活用型対中投資」と呼ばれている。「台湾活用型対中投資」には多くのメリットがある。これらのメリットには以下のものが挙げられる。①台湾側パートナーの販売網を通じた中国市場開拓、在中国台湾企業への販売拡大、②在中国台湾企業からの安価かつ良質な部品の調達、③中国国内の台湾人ネットワークを通じた情報収集・トラブル解決といったメリットを享受している。また日本の企業文化と日本語、中国の文化と言語をともに理解し、技術・管理ノウハウにも通じる台湾人従業員が活用できるため、中国現地法人のスムーズな立ち上げ、運営が容易になる〔伊藤　2005 : 3〕。中国には多くの外国企業が存在しているが、その中で台湾企業のネットワークは特に大きい。在中国台湾企業のネットワークの頂点になるのは「台湾企業協会」である。同協会は中国の主要省、市にはほとんど設立されていて、現地の政府と役人に緊密な関係を持っている。また、中国人の台湾移住は決して遠い昔ではなく、台湾住民の多くは大陸に親戚関係を持っている。共通の文化、言語によって形成したコネクションは、外国系企業には容易に窺い知れないものである。

他方、多くの台湾企業は日系企業との連携を望んでいる。台湾の企業構成は香港に類似して、中小企業が多い。特に食品分野には中小規模の企業が圧倒的に多い。台湾の中小規模の食品企業は、R&D（Research and Development　研究開発）の能力をほとんど持っていないので、日系食品企業の技術協力を求めている。技術の他、日系食品企業の経営ノウハウ、資金力も多くの台湾食品企業にとって重要なものである。

「台湾活用型対中投資」に関するまとまった統計が存在していない。1989年から2005年までの間、少なくとも301件が確認されている〔伊藤　2005 : 6〕。電気、電子分野が特に多く見られるが、食品分野にも存在している。食品分野としては、頂新グループ、統一企業グループ、旺旺グループという台湾系三大食品企業が注目されている。

2. 主要食品企業の事例

(1) 頂新グループ

頂新グループは中国における最大の外資系食品企業である(2014年現在)。頂新グループは、1958年に台湾彰化県永清郷に設立された油脂製造工場から始まった。最初は、家族9人で生産と運営を行い、典型的家族経営の零細企業であった。1974年、頂新製油実業有限公司と改名し、主に工業用油を生産していた。1989年、中国へ進出して、北京で頂好製油有限公司を設立し、食用油を生産し始めた。しかし、大量の広告活動を実施したが、同社の製品はうまく売れなかった。頂新は1992年に中国での事業重点を食用油の生産から即席麺の生産へ改変し、天津に生産工場を建て、「康師傅」という商標の即席麺を生産・販売し始めた。中華風の味である「康師傅」は中国の消費者の好みに合わせたので、すぐヒット商品になり、「康師傅」も同社のブランドとなった。1990年代後半から同社の経営範囲が拡大して、即席麺から飲料、菓子類、さらに1997年から不動産への投資を行った。しかし、大規模な投資が裏目に出て、会社の経営は危機状態に陥った。1999年7月、会社の経営危機を挽回するために日本のサンヨー食品と連携関係を結び、再生を図った。サンヨー食品は頂新に33.16%の資本参加をし、最先端の技術供給を始めた〔稲垣 2002：134〕。それにより企業再生は成功し、以来主力製品の即席麺は中国でトップの市場シェアを獲得している。2004年、頂新はアサヒビール、伊藤忠商事と共同出資で清涼飲料の生産を始めた。翌2005年、亀田製菓と合弁会社を天津で設立して菓子の生産を強化した。同年、カゴメと共同出資で中国市場での健康飲料を開拓し始めた。さらに2007年以降、不二製油、敷島製パン、カルビー、ケンコーマヨネーズなどの日系大手食品メーカーと次々と提携関係を結び、中国での食品、飲料生産と販売を拡大している。

(2) 統一企業グループ

統一企業グループは食品製造・販売から始まり、流通、情報などの多分野に跨(またが)る台湾の企業グループである。食品分野においては、台湾域内の最大手である。統一企業グループの主要な食料製品には、食肉加工品、牛乳・ヨーグルトなどの乳製品、茶・コーヒー・ジュース・ミネラルなどの飲料、パン・菓子、冷凍食品、調味料などがある。統一企業グループは、1967年に台湾台南市で設立された小さな飼料および製粉工場から始まった。1972年、統一企業は日清製粉と技術協力協定を結び、本格的に日本の製粉技術を導入した。また、1970年代は台湾の工業化が進められ、経済成長が続いていた時期である。日本からの技術導入および経済成長の時代に恵まれ、統一企業の主力製品である即席麵や飼料などの売行きが好調であった。1975年、統一企業は飼料と即席麵のほか、乳製品生産部を設立した。製粉生産と同様に乳製品の生産においても日系食品企業（明治乳業）から生産技術を導入した。さらに1990年代以降、キッコーマンなどの日系食品企業のほか、ヤマト運輸、楽天などと提携して流通や情報などの分野を強化している〔統一企業HP〕。

統一企業は1992年に中国へ進出した。中国進出からわずか3年後の1995年3月に至って、統一企業は中国で即席麵、飲料、食肉加工、ビスケット、粉乳、小麦粉、製缶などの工場を中国各地で13ヶ所展開していた。統一企業の中国進出は、最初から日系企業と提携して行われていた。1990年代初期、中国には清涼飲料用缶容器、特にアルミ缶はほとんどなかった。そこで統一企業は1994年に川崎製鉄などの3社と組んで、江蘇省で製缶工場を設立した〔大西 1995：237〕。2000年以降、統一企業はMister Donut、キッコーマンなどの日系食品企業と提携して、中国での事業を拡大している。

(3) 旺旺グループ

旺旺グループは中国各地で多くの工場を稼働させ、米菓を生産しており、中国でビジネスが大成功している台湾企業である。旺旺グループの前身は、1962年に台湾東部の宜蘭県で設立された宜蘭食品有限公司である。台湾の他の中小企業と同じく、かつては家族経営の零細企業の一つにすぎなかった。最初は缶詰などを生産していた。当時、台湾産の缶詰は主にヨーロッパやアメリカに輸出されていた。しかし、1970年代中盤以降、中国や東南アジア諸国の価格競争力が高まり、台湾の缶詰加工産業は衰退した。旺旺グループの前身である宜蘭食品有限公司もやむを得ず、缶詰事業から撤退して、いかの燻製などの水産加工業へ転換した。しかし、水産加工業への転換も失敗した。1970年代末期に至って、宜蘭食品有限公司の赤字は拡大し、会社の経営は悲惨な状態であった〔蔡 2011：70〕。会社の経営

表7-7　中国で展開している台湾の三大食品企業と日系企業との提携関係

統一グループ	頂新グループ	旺旺グループ
主事業 食品の生産・販売、流通	主事業 即席麵、飲料	主事業 米菓子
提携する日系企業 ①食品分野 日清オイリオ キッコーマン ②飲料分野 ダイドードリンコ ③流通分野 ヤマト運輸 阪急百貨店 セブン・イレブン ダスキン 無印良品 三菱商事 三井物産 ④その他の分野 イエローハット 楽天	提携する日系企業 ①食品分野 サンヨー食品 日本製粉 亀田製菓 敷島製パン ②飲料分野 アサヒビール カゴメ ③その他の分野 伊藤忠商事 ファミリーマートユニー	提携する日系企業 ①食品分野 岩塚製菓 ②その他の分野 日本テレビ 丸紅

出所：台湾証券取引所の資料より作成。

危機を解決するために、1980年代に入ると、宜蘭食品有限公司の経営者は日本の米菓に目を向けた。日本の製菓技術を獲得するために、宜蘭食品有限公司は新潟にある岩塚製菓に技術提携を打診した。当時の岩塚製菓は経営の絶好期であった。1978年に発売した「あじくらべ」は、1979年に42億円だった年間売上高が、1980年には60億円に迫り、40%を超える伸びを示した。宜蘭食品有限公司の再三の依頼を受けて、1983年に岩塚製菓は宜蘭食品有限公司からの技術研修を受け入れた。それと同時に岩塚製菓の古いマシンを日本から台湾に持っていき、現地で組立て直した。また、岩塚製菓の技術指導者が台湾へ足を運び、ラインの組立てをともに行い、試作テストを繰り返した〔辻中 2006：103〕。

岩塚製菓からの技術提携による宜蘭食品有限公司の米菓生産はその後順調に進んで、1980年代末期までに宜蘭食品有限公司は台湾の米菓市場で80%のシェアを占めるに至った。とりわけ「旺旺」という商標の米菓シリーズは台湾で大人気を得た。そこで、会社の名称をこの時期から宜蘭食品有限公司から旺旺食品有限公司へと変更した。

旺旺は1992年に中国へ進出した。湖南省長沙市で第1号の生産工場を設立して以来、2013年まで中国全土で34の子会社、357の工場を設立し、中国でのビジネスは大成功を収めている。旺旺の中国での成功は、岩塚製菓からの技術提携が大きな契機であったが、米菓という日本の食文化を初めて中国へ伝えたことも重要である。長年の鎖国政策の結果として、食文化においても中国は世界と分断されていた。旺旺は台湾での成功経験、そして中国人と共通の食文化と言語を持つメリットを生かして、中国での米菓ビジネスの機会をタイミングよく把握したといえよう[3)]。これは中国ビジネスにおける台湾企業の強さともいえる。統一企業と頂新企業の事情も類似している部分がある。

第4節 日本のウナギ輸入における台湾と中国

1. 養鰻技術の台湾への移転

日本におけるウナギ食文化の歴史は長い。江戸時代初期にはウナギは割かずに丸ごと串刺しにして道端の屋台で焼く、いわゆる庶民のファーストフードであった。丸焼きにしたものに山椒味噌をぬったり、豆油をつけたりして食べていたようである。そのぶつ切り、串刺しの様子が蒲の穂に似ていたので「蒲焼き」の名がついたといわれている。夏の「土用丑の日」にウナギを食べる習慣は、江戸中期に始まっ

3) 旺旺グループの成功について、岩塚製菓の技術提供が決定的な要因だといわれており、著者も岩塚製菓の技術提携の重要性を否定しない。しかし、マーケットや会社の経営戦略から見れば、中国市場進出のタイミングおよび中国での経営手腕が大事な要因であると強調したい。なぜならば、旺旺は缶詰事業から撤退して、いかの燻製などの水産加工業へ転換した時、日本から技術導入したが、うまく行かなかった。それは、製菓技術は製作方法、成分の構成など企業独特な部分があるため、ハイテク技術ではなく、製菓技術の要素の移転には限界があるからである。

たとされている。日本では今でも夏の土用丑の日を中心に年間消費の3～4割が消費されており、いかに土用丑の日にウナギを食する習慣が根づいているかがわかる〔黒木 2013：104～105〕。また、日本のウナギ養殖の歴史も長い。日本の養鰻は、1879年に服部倉治郎によって始められたといわれている。服部倉治郎は、東京の深川（現東京都江東区）で約2ヘクタールの池沼にクロコを放養して成鰻まで育て、ウナギ養殖の事業化に成功した。その後、ウナギの養殖は静岡、愛知、三重にも広がり、東海地方は日本の養鰻の中心となった。1930年ごろには日本のウナギの生産量は3,000トンを超えて、天然ウナギの漁獲量を抜いた。第二次世界大戦によって養鰻事業は一時衰退したが、1960年ごろには立ち直りを見せて戦前の生産量を上回った。1970年代になると、それまでの露地池を使った粗放的養鰻からコンクリートの水槽をビニールハウスで覆い、加温した水でウナギを促成飼養する「加温ハウス養鰻」が主流になった。これによって養鰻の効率は高まった〔黒木 2013：106～107〕。

日本のウナギ養殖技術が初めて台湾で導入されたのは、日本統治時代の1923年のことで、水産試験所を中心に試験研究が行われた。しかし、十分な技術レベルに到達できず、市場も極めて小さいことから、民間に普及するまでには至らなかった。戦後、1950年代には再び日本の技術援助の下、ウナギの養殖を試みたが、大きい進展が見られなかった。1967年に至っても、台湾のウナギ養殖の年間生産量は300トンに満なかった。この頃、日本のウナギの年間生産量は20,000トン前後であるから、比較の対象にもならないほどの小さい規模だった〔大塚 2005：193〕。

食文化としてウナギは、台湾を含め中国系住民にとって昔から人気の水産物ではない。しかし、日本のウナギ市場の大きさおよび日本の商社のウナギ輸入ビジネスの活発化に触発されて、1960年代末期から台湾ではウナギの養殖ブームが起こった。ウナギ養殖ブームの下で、本格的に日本からの技術導入も始まった。前述した統一企業はこの時期からウナギ用水産飼料を生産し始めた。同社は日本製粉から畜産用とともに養魚用の配合飼料製造技術を導入した。1980年代前半には台湾のウナギ用配合飼料を生産する企業は100社ほど出現した〔交流協会 1984：25〕。

養殖と同時に、台湾でのウナギ加工業も1960年代末期から開始され、ウナギの加工会社が多く設立された。台湾のウナギ加工会社は日本から機械設備を導入し、日本人技術者を招聘して、日本独特の伝統料理を工場内で大量生産する体制を整えた。また、蒲焼きの場合には伝統的調理法が地域によって異なる点に配慮した加工が行われた。台湾産加工鰻は、当初はほとんど白焼きであったが、やがてタレを付けた蒲焼きが主流となった。安価な台湾産冷凍蒲焼きの流入は専門店以外の蒲焼市場を肥大化させた。人々は土用丑の日はもちろんのこと、年間を通じてますます気軽に、ますます頻繁に蒲焼を口にするようになった〔大塚　2005：201～202〕。

2. ウナギ産業の台湾から中国へのシフト

前述したように、1980年代中期以降、台湾の輸出主導型工業化の成功にともなって、地価と人件費は上昇してきた。同時にプラザ合意以降、台湾元も高くなった。これらの要因が台湾のウナギ養殖および加工コストを高めた。また、台湾は日本の技術導入によってウナギの養殖に成功しているが、台湾はもともとシラス漁獲量がそれほど多くなく、大量生産に必要なシラスの多くは中国からの輸入に大きく依存している。しかし、1990年代に入ると、中国は自国のウナギ産業を発展させるためにウナギの稚魚の輸出に制限を加えるようになった。中国のウナギ稚魚輸出制限は台湾のウナギ養殖業に大きな打撃を与えた。他方、前述したように、中国は1980年代末、台湾資本を導入するために台湾企業に「内国民待遇」などの優遇措置をとった。このような背景のもとで、台湾の多くのウナギ養殖および加工企業は、活路を求めて、気候環境が台湾に似ている中国の福建省と広東省へ進出した。ウナギ業界の

表7-8　日本のウナギ輸入における台湾と中国（単位：億円）

年次	台　湾		中　国	
	活鰻	調製品	活鰻	調製品
1989	191.7	—	52.7	—
1991	177.6	—	51.5	—
1993	183.2	—	36.6	—
1995	160.1	178.3	58.1	651.2
1997	149.2	106.8	63.5	1020.3
1999	108.3	23.4	73.6	738.2
2001	110.1	64.4	27.8	601.2
2003	193.1	24.6	46.1	387.4
2005	170.9	37.3	170.7	461.6
2007	159.5	35.5	102.5	476.4
2009	72.8	10.3	93.1	221.4
2011	118.3	19.5	121.2	320.2
2013	31.4	0.7	144.1	236.0
2104	26.5	2.4	122.1	233.8

出所：農林水産省『農林水産物輸出入統計』各年版より作成。

生産拠点の中国への移転は、台湾のウナギ生産の衰退を加速した。1985年には日本が輸入したウナギ（活鰻と加工鰻合計）の台湾のシェアは97%であったが、1995年には30%まで下がった。代わりに日本のウナギ輸入に占める中国のシェアは1990年の15%から1995年に67%まで急上昇してきた。その後、日本のウナギ輸入はほぼ中国に一極集中するようになった。

台湾のウナギ養殖およびウナギ加工企業の中国への生産拠点の移転は、中国のウナギ産業に貢献しているが、1970年代から日本の商社はシラスの輸入を中心として、中国でウナギビジネス活動を展開していた〔大塚 2000：41〕。1980年代に入ると、中国の改革開放政策のもとで、日本の商社は開発輸入の一環として中国でのウナギ養殖と加工を開始した。さらに、1980年代後半以降、他の分野の日系企業の中国進出と同時に、コストダウンのため、東海澱粉、日盛産業などのウナギ大手も中国へ進出し、中国でウナギの養殖と加工を展開し始めた。こうしてウナギ産業の立地は台湾から中国へシフトした。日本のウナギ輸入における台湾と中国の移り変りは表7-8の通りである。

小括

以上、日本と台湾との食料品貿易や直接投資と関連付けながら、食料品をめぐる日中経済関係と台湾の役割を考察してきた。最後に以上の考察で明らかになった点を簡単にまとめておこう。

まず、日本の農林水産物貿易において台湾は日本の重要なパートナーであることが判明した。1990年代前半までの台湾は、日本の豚肉、ウナギ、野菜などの主要輸入先であった。特に豚肉とウナギは圧倒的に多かった。1990年代後半から台湾からの食料品の輸入全体は減少してきたが、まぐろ類、枝豆などの一部の商品は依然として輸入されている。また、台湾は香港と並んで、日本産食料品の重要な輸出先市場である。特に日本産野菜と果実の対台湾輸出は注目されている。

次に、農林水産物貿易のほかにも、多くの日系食品企業は台湾へ進出している。1960年代までに、森永製菓、カゴメなどの大手食品メーカーは既に台湾へ進出して、台湾では菓子などの日本食品の生産・販売を開始した。台湾の食品企業は中国などの他の国や地域より先に日本の食品生産および日本の食文化と接触していたことを意味しており、その後の台湾食品企業の中国での菓子類や即席麵の生産とつながっていったと考えられる。多くの日系食品企業は台湾企業と連携しながら中国で事業を展開している。特に技術力を持っているが、中国進出に必要な情報や語学人材の欠如した日系中小企業にとって、中国へ進出する際に、台湾企業の利用価値は極めて高かった。もちろん、食品製造技術、養殖技術、資金を獲得するために、多くの台湾企業は日系企業との連携を望んでいたのである。

最後に、ウナギ産業の日本から台湾へ、そして台湾から中国への移転過程を明らかにした。日、中、台におけるウナギ産業の移転には、人件費、地価、為替レートの変動など、多方面の要素が作用している。これらの要素の変動によって東アジア地域での産業は国境を越えて移転している。ウナギ養殖業は小さな産業部門であるが、代表的一例として東アジア地域の産業移転を物語っている。

【参考文献】

＊張記潯著『中国経済のフロンティア』名著刊行会、1995年。
＊陳栄驤他「台商対中国大陸経済発展之貢献」『報告書』（国立台北大学亜洲研究中心）、2010年。
＊宋健暁・鄭晶著『閔台農業産業整合研究』中国林業出版社、2009年。
＊隅谷喜三郎・劉進慶・凃照彦著『台湾の経済——典型NIEsの光と影』東京大学出版会、1992年。
＊廖宜倫他「活化休耕地——毛豆」『台中区農業専訊』（中華民国行政院農業委員会台中区農業改良場）第80号、中華民国102年、（2013年）3月。
＊佐藤敦信著『日本産農産物の対台湾輸出と制度への対応』農林統計出版社、2013年。
＊劉憶如「中国を最もよく知る台湾」『東洋経済』（東洋経済新報社）、2011年10月10日号。
＊伊藤信悟「急増する日本企業の「台湾活用型対中投資」——中国を舞台とした日台企業間の経営資源の優位性補完の構造」『みずほ総研論集』（みずほ総合研究所）、2005年Ⅲ号。
＊稲垣清著『中国進出企業地図——メイド・イン・チャイナの展開』蒼蒼社、2002年。
＊統一企業集団ホームページ（http://www.uni-president.com.tw）
＊大西憲著『中国の産業と企業』フレグランスジャーナル社、1995年。
＊蔡衍明「中国は台湾から攻める」『東洋経済』（東洋経済新報社）、2011年10月1日号。

*辻中俊樹著『日本のものづくりが中国を制する――旺旺集団と岩塚製菓が挑む「世界品質」への道』PHP研究所、2006年。
*黒木真理「日本におけるウナギ食文化」『ウナギ丼の未来――ウナギの持続的利用は可能か』(東アジア鰻資源協議会日本支部編) 青土社、2013年。
*大塚茂著『アジアをめざす飽食ニッポン――食料輸入大国の舞台裏』家の光協会、2005年。
*財団法人・交流協会編『台湾における「ウナギ」の生産・流通事情』交流協会、1984年。
*大塚茂「ウナギ輸入ビジネス小史」『島根女子短期大学紀要』第38号、2000年。

第8章
日系外食企業の中国進出

1970年代に入ると、アメリカ系のファーストフード企業の日本進出および国内のファミリーレストランの勃興によって外食事業は日本の一産業として生成した。その後、国民所得水準の向上と余暇の活用、女性の社会進出の拡大などにともなって外食産業は拡大してきた。しかし、バブルの崩壊、少子高齢化の進展、中食産業の発展など、多岐にわたる背景と原因のもとで、1990年代末期以降、外食産業は飽和状態に入っている。日本の外食市場の規模は1997年の29兆円をピークに減少し続けて、2013年には24兆円まで縮小してきた。

他方、改革開放以来の持続的な経済成長の結果として、中国国民の所得水準は上昇し、国民の外食支出は増えてきている。膨大な人口を有する中国の外食市場の規模は1990年代以降急速に拡大してきた。2000年から2013年の14年間の間に、中国の外食産業の平均年間成長率は16%となった。また、中国は2001年にWTOに加盟し、WTO加盟によって中国は外食産業における外国資本の進出を緩和した。中国の外食市場を狙ってアメリカをはじめ、多くの外国外食企業は中国へ進出した。このような背景のもとで、日系外食企業は、2004年頃に本格的に中国への進出を開始した。

日系外食企業の中国での事業展開は決して順調であったわけではない。近年中国における不動産の高騰、人件費の上昇に悩まされている日系外食企業が少なくない。さらに一部の日系外食企業は、経営が失敗して、中国から撤退した。本章では日系外食企業の中国進出の背景、過程、現地での経営特徴、直面している課題などを総合的に考察していく。

第1節 日本における外食産業の変遷

1. 外食産業の定義と範囲

外食産業という呼び方は1970年代に登場し、急速に定着したが、外食産業という呼称で捉えられる業界の定義と範囲については一般的に必ずしも明確になっているわけではない。外食産業の定義は、一般的に狭義な定義と広義な定義の2種類がある。狭義な外食産業とは、店内で調理された食事を顧客が店内で食べる食事形態の業種を指し、一般に飲食店と称する業種である。広義の外食産業の定義は、飲食店に加えて、宿泊施設、給食施設などを含めた業種を指す。他方、外食産業の業界範囲については、日本標準産業分類表[1)]によると、大分類(M)の「宿泊業、飲食サービス業」に属して、その中の中分類(76)「飲食店」と中分類(77)「持ち帰り・配達飲食サービス業」に該当する。しかし、同分類の中の旅館や下宿などの分野の位置づけをどうみるかということもある。また、大分類(I)の「卸売、小売業」の中の中分類(58)の「飲食料品小売業」の中にも外食にかかわっている部分もある。例えば、周知の通り、コンビニエンスストアは近年お弁当と他の即食食品を多く提供している。そのため、少なくともコンビニエンスストアの事情から見れば外食産業として一般的に捉えられる範囲と、日本標準産業分類の範囲が明確に対応しているわけではない。

財団法人食品産業センターの統計分類によると、外食産業は「給食主体部門」、「料飲主体部門」と「料理品小売」により構成されている。「給食主体部門」は食事を提供する施設として、そのうち不特定多数の顧客を対象とする営業給食と特定顧客を対象とする集団給食を含んでいる。営業給食は外食産業のうちの最も大きな部分を占め、一般食堂、日本料理店、西洋料理店、中華料理店、そば店・うどん店、すし店、機内食、宿泊施設などより構成されている。近年、給食主体部門は外食産業の約8割を占めている〔食品産業センター 2013：50〕。集団給食部門は学校、会社や工場などの事業所、病院、保育所などの給食から構成されている。給食主体部門に対して、料飲主体部門は喫茶店、料亭、バー・キャバレー・ナイト

1)本章で利用する日本標準産業分類表は2013年10月に改訂、2014年4月に実施されたものである。

図8-1　日本における外食産業の構成

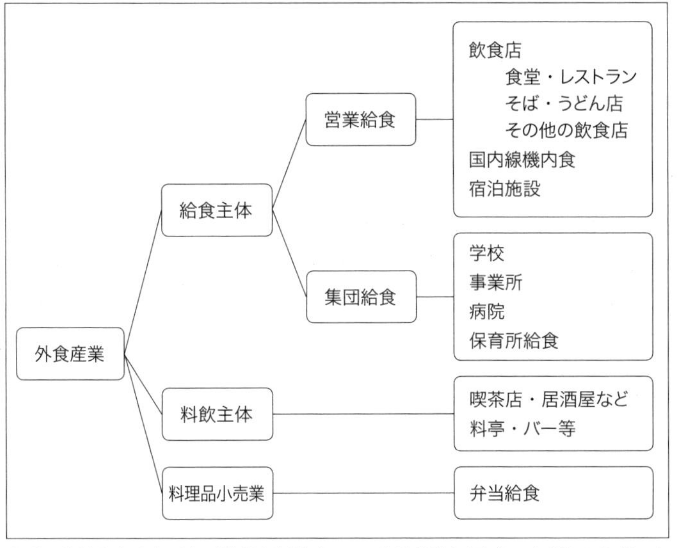

出所：農林水産省大臣官房統計部編『ポケット食品統計』(平成22年版) を参考にして作成。

クラブ、居酒屋、ビアホールなどから構成されている。

2. 外食産業の生成と発展

世界の外食の歴史は、都市の歴史とともに始まるといえる。日本の外食の歴史を振り返ってみても同様のことがわかる。江戸時代中期以降、江戸 (東京)、京都、大坂 (大阪) の3都市の発展が著しく、数十万人規模の都市住民の外食生活を含む旺盛な消費生活の様子が伝えられている。その内、特に江戸は、そば屋、寿司屋が繁盛し、路上での揚げたて天ぷらも人気であった。また、市中や街道沿いには各所にあった一膳飯屋もにぎわい、他方では、破格の値段の高級料理店も次々と開業していた。このような外食施設と人々の外食生活の発展は明治以降も引き継がれた。その後、関東大震災のために一時期、低迷することがあったが、日本の外食施設と日本人の外食生活は発展し続けてきた。第二次世界大戦後の高度経済成長期に入ってから、飲食店数は飛躍的に増えてきた。1972年に至って、日本全国の飲食店数は48万余店まで増加してきた〔茂木 1997：14〕。

ただし、上述した飲食店の外食提供施設はほとんど個人経営によるもので、いくら数が多く集合しても、産業と呼ぶにははばかられるものであった。外食提供事業が近代的経営手法を具備した企業経営の対象となり、それらが叢生のように産業としての歩みを開始するのは、アメリカで発達したチェーンレストランの発想と仕組みが日本に紹介されて以降の歴史からである〔茂木 1997：15〕。その意味では、日本の現代的な外食産業の歴史は1970年前後にスタートしたのである。

1970年11月に、日本ケンタッキー・フライドチキンの1号店が名古屋に開店、すかいらーくが東京・国立市に1号店を開店、12月にはダイエーのフォルクス1号店が大阪に開店した。1970年は日本外食産業の元年といわれることが多い〔平野 1993：24〕。1971年夏にマクドナルドが銀座1号店を開店、秋には福岡を本拠地としていたロイヤルがロイヤルホストの原型になる店を開店した。また、同年にはミスタードーナツ、ダンキンドーナツの1号店もそれぞれ開設された。1972年にロッテは外食業界へ進出するために子会社であるロッテリアを設立した。1973年には牛丼の吉野家がフランチャイズチェーンシステムを採用して多店舗化に乗り出した。このように今日、日本を代表するレストランチェーンがほとんどこの時期に集中してスタートを切っている。現在では株式を東京証券取引所に上場している外食企業の多くがかつて第1号店を開店し、あるいは会社を設立したのはこの時期であった。

外食産業の生成と成長要因は多岐にわたるが、需要（消費者）側の要因と供給（外食産業）側の要因が相互に関連し合って市場規模の拡大を促進したと考えられる。戦後日本の外食産業の生成と発展を振り返ってみれば、需要側の要因としては、第1は、高度経済成長により日本の経済規模が大きく拡大し、個人所得も同様に拡大した結果、企業および家計の外食需要が拡大したこと、第2に、人口の中でも収入の伸びが相対的に大きかった若齢人口が確実に増加したこと、第3に、核家族化の進行と女性の社会的進出、第4に、高度経済成長の社会的影響の反省から余暇の活用が主張されたが、外食は最も手近で、かつ安価なレジャーであったこと、第5に、モータリゼイションの進展、第6に、祝い事など特別な場合に利用されてきた外食が日常の事柄となり、外食が従来持っていた社会的心理的制約から解放されたことなどが挙げられる。他方、供給側の要因としては、第1に、食生活の変化をはじめ、社会の動向を予見し、それを先取りしたメニューとサービスを提供した経営者と優秀な人材が数多く存在したこと、第2に、外食産業の新しい経営技術、店造り、提供商品、立地選択などのモデルがアメリカに存在し、その導入が可能であったこと、第3に、学校給食、福利厚生施設としての事業所給食などの開放・提供に当たって適応力のある食品メーカー、厨房メーカー、流通業者が広く存在していたこと、第4に、外食産業の急成長は一般的に金融情勢が緩和状態にあり、資金調達が比較的容易であったことなどが挙げられる〔岩渕 1996：67〕。

また、1970年前後、外食産業がいわゆる産業化の道を歩み始めた契機となったのは、1969年3月の第2次資本自由化により飲食業が自由化業種に指定されたことによるものである。この自由化政策によってアメリカなどの外国資本による日本国内での事業活動が制度的に可能となった。上述したケンタッキー・フライドチキン、ミスタードーナッツ、マクドナルドはいずれもこの自由化政策のため日本に進出してきた。アメリカの外食産業の経営ノウハウは日本外食産業の成長に大きな影響を与えていた。

1980年代に入ると、多くの消費者がファーストフードやファミリーレストランを日常的な生活のなかで使いこなすことは一般的なこととなり、外食産業はさらに発展した。ファーストフードやファミリーレストランの経営手法が採り入れられ、また、持ち帰り弁当、居酒屋、喫茶店、宅配ピザなどの新興のチェーン業態が拡大されていった。それまではファミリーレストランという洋食メニューが主力だったが、少しずつ和食のメニューが試みられて、定着していくものが多くなっている。一方、和食を売りものにするファミリーレストランも、サト、京樽など次第に勢力を増してきた。1980年代中頃、居酒屋チェーンは全国に広がった。居酒屋は中年サラリーマンが集うところから若者のたまり場へとイメージチェンジし、誰はばかることなく居酒屋にたむろするようになった。また、1980年代中頃からレストランづくりにデザイナーやプロデューサーという立場の人達が活躍し始めるようになった〔茂木 1997：21～23〕。

1990年代に入ると、日本経済のバブル崩壊とともに外食産業にも深刻な影響が出てきた。バブル時代の高額な客単価を想定して経営していた高級飲食店の多くは客数と売上減少のため、転廃業を余儀なくされた。バブル崩壊によって、外食業界には低価格戦略が現れ、ガストをはじめ、マクドナルドなど、多くの外食大手は低価格販売を開始した。それと同時に最初から低価格設定で外食市場へ参入する業者がバブル崩壊後に出現した。このように日本の外食産業は、1970年頃に一つの産業部門として生成して以来、今日に至るまで過当競争しながら産業の成熟化と飽和状態に陥ってきた。

3. 外食市場規模の縮小傾向

戦後日本の外食市場の長期動向を時系列的に見てみると、外食産業の実質年間販売額の増加水準は高度経済成長、特に東京オリンピックの影響で1965～68年の間を中心に、好況期には9～12%と大きかったが、オイルショックによる景気後退期の影響を受けながらも、1975年頃までの飲食店の年間販売額（外食市場）は急速に拡大していった。東京オリンピックが開催された1964年には、全国の外食産業の年間販売額（市場規模）は9,011億円[2)]であったが、1975年に外食産業の市場規模は8兆6,000億円に拡大していた。翌1976年には10兆1,332億円になっている。その5年後の1981年には外食市場規模は15兆円を超えている。そのまた5年後の1986年には外食市場規模は20兆円を超え、1990年には25兆円8,000億円になった。以上の数値を平均すると、1970年代中頃から1990年までの間は、日本の外食産業規模は年間約1兆円ずつ拡大していたことがわかる。

ところが、1991年にバブル経済は崩壊した。その影響を受けて外食産業の市場規模は1992年と1993年に2年続けて縮小することとなった。さらに、1994年に日本の外食産業は史上初めてマイナス成長になった。1996年には外食産業が回復して1997年には日本における外食産業市場の規模は29兆702億円とピークを迎えたが、2013年には23兆9,046億円にまで縮小している。

外食市場規模縮小の原因と背景は多岐にわたるが、少子高齢化と人口減少の進展が特に大きな要因として挙げられる。一国の人口数および人口年齢構成の変化

2）この金額は旧通産省の『商業統計』によるものである。しかし、1979年以降、同『商業統計』は料亭、酒場、バーなどの料飲部門の年間販売額の調査は中止したので、以降、外食産業総合調査研究センター（外食総研）のデータを利用することにする。

図8-2　日本における外食産業市場規模の推移

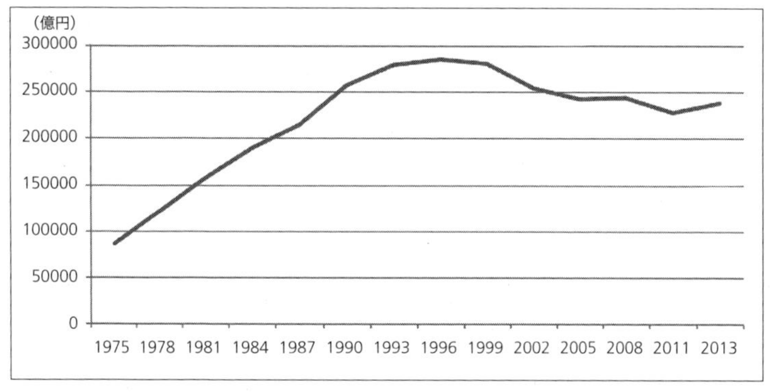

出所：外食産業総合調査研究センター（外食総研）の推計値による作成。

は外食産業と外食市場の規模に直接的に関連するだけではなく、消費者のライフスタイルの変化も外食産業と外食市場に影響を与えている。一般的に高齢者世帯の食に対する消費は、内食・中食に向かう傾向が強い。日本の少子高齢化および人口減少は、今後加速していくと予測されている。それは日本の外食産業および外食市場の飽和状態をさらに深刻化させるだろう。

第2節　中国における外食産業の事情

1. 中国国民の外食行動

飲食業は大げさにいえば、人間の生存と享楽が併存しているのが特徴である。換言すれば、生存を維持するために飲食店へ入る人と、食道楽を満足させるために飲食店へ入る人がいることである〔白石　1999：557〕。また、日本と同じく中国における外食業の歴史も長い。中国における外食業の歴史の長さとその特徴については、書籍、壁画などの文献に記録されている〔田中　1985：246〕。ただし、共産党政権の成立によって、1950年代から中国は社会主義的計画経済体制を実施し、ごく一部の国営飲食店を除いて、戦前の中国に存在していた多くの飲食店は閉鎖された。その閉鎖状態は、改革開放を実施する1970年代末まで30年間続いていた。1980年代以降、改革開放政策の実施にともなって営業を目的とする飲食店は都市を中心にして大量に復活され、長い伝統を持つ中国の外食業は再開した。もちろん、外食消費は人々の所得水準に比例している。改革開放初期の中国国民の所得水準が低く、外食消費量も少なかった。また、中国は農村部と都市部に分けられた二重社会であり、農村部住民の所得水準が低く、外食消費量は今でも少ない。中国の公式統計の中で都市部住民の外食消費に関する統計が1992年から公表されるようになったが、農村部住民の外食消費に関する統計は、2014年現在でもまだ整えられていない。1993年には都市部住民の一人当たり年間外食支出はわずか92元であった。1990年代後半以降、所得水準の向上にともなって都市部住民の外食支出も拡大して、1997年には食費支出における外食支出費の割合は初めて1割を超えた。2003年に、都市部住民一人当たり年間外食支出は438元、食費における外食支出の割合は18.1%となった。2013年に至って、都市部住民の外食行動はさらに拡大して、その割合は21.8%となった。もちろん外食の中身および中食の発展状況などによって一国の外食産業を単なる数字では比較しにくい場合がある。にもかかわらず、中国の都市部住民の食生活の中で外食行動は重要な部分となっているのは事実である。中国の都市部住民一人当たり年間外食支出の状況は表8-1の通りである。

経済発展とライフスタイルの変化にともなって、中国国民の外食生活は確実に拡大してきた。以前は冠婚葬祭の際に、自宅で宴会を行うのは一般的なことであったが、1990年代以降は、農村部住民でもレストランやホテルなどへとシフトしてきている。春節（お正月）や中秋節などの祭日には外食することが多くなっている。また、中国商法の特徴として食事による接待が大事にされている。会社や企業などの法人の外食支出は大きい。

表8-1　都市部住民の一人当たり外食支出の推移

（単位：元/年/1人）

	1993年	2003年	2013年
生活費合計（A）	2111	6511	16674
食費（B）	1058	2417	6041
外食費（C）	92	438	1315
C/A	4.3%	6.7%	7.9%
C/B	8.7%	18.1%	21.8%

出所：中国国家統計局編『中国統計年鑑』より作成。

中国は地域的な格差が大きく、外食事情も地域によって異なる。

改革開放以降、経済発展の速い沿海地域の住民の外食支出は高い。2013年、全国の31省・自治区・直轄市の中で、外食支出費の上位5省・直轄市は、上海市、広東省、北京市、浙江省、天津市の順番になっている。北京は古都であり、飲食業の歴史が長い。上海と天津は近代以降に形成された都市であるが、アヘン戦争以降、港町として商都の繁栄を遂げ、19世紀以降、中国の代表的な商業都市として知られている。これらの商都は、アヘン戦争から第二次世界大戦までの長い間、帝国主義列強支配の下で欧米文化を中心として外国の飲食文化を受け入れている。上記した北京、上海と天津の三つの直轄市のほか、広東省と浙江省の都市部住民の外食支出は他省より高い。外食支出拡大の基本的な背景は、やはり経済発展にともなう所得水準の向上にある。このことは、本章第1節で述べた戦後日本の経験からも確認されている。広東省と浙江省は1980年代以降、改革開放政策のもとで他の省より速いスピードで経済発展を遂げた。特に広東省は1990年代まで経済特別区の設立、外国資本の導入など多方面で中国経済をリードしてきた。中国における都市部住民の年間（2013年）可処分所得を見てみると、上海（43,851元）、北京（40,321元）は1、2位で並んでいるが、3位と4位は浙江省（37,851元）と広東省（33,090元）の順位になっている。また、広東省と浙江省は飲食文化の歴史が長く、広東省は広東料理の発祥の地であり、広州などの域内の都市では戦前から飲食業が発達している。浙江省は茶とシルクの生産と交易の歴史が長く、域内の飲食業の歴史も長い。上位5省・市のほか、沿海地域の江蘇省、福建省、海南省などの住民の外食支出も比較的に高い。他方、外食支出の低い地域はいずれも内陸部にあり、経済発展が遅れている地域となっている。中国における外食支出の地域的格差の状況は表8-2の通りである。

表8-2　省・市別都市部住民の一人当たり外食支出費の状況（2012年、単位：元/年/1人）

上位5省・市	
上海市	2,598
広東省	2,053
北京市	2,033
浙江省	1,963
天津市	1,881
下位5省・市	
江西省	675
河北省	711
山西省	732
青海省	893
吉林省	921

出所：中国国家統計局編『中国統計年鑑』より作成。

中国においては、公費による外食消費は大きな社会問題となっている。公費による飲食の主体は、国有企業、国有金融機関、国有商社、政府機関を中心とする公的部門となる。公費による飲食の規模について正確な金額は公表されていないが、2004年には3,700億元（当時の為替レートに換算すると、約5兆5,000億円に相当）だと推測さていた。[3] 上記した公的部門の公費による飲食は改革開放初期の1980年代にはそれほどの規模ではなかった。1990年代以降、政府主導の経済開発が推進され、中国は開発独裁の時代に入った。金融、証券、エネルギー、通信などの多くの分野において、国有金融機関と国有企業は独占経営になり、それらの国有部門は巨大な利益を獲得している。また、1989年の天安門事件よる民主化要求は抑えられ、中国においては政府役人を監督するメカニズムが生成できなかった。開発独裁による経済発展と同時に、中国は役人の楽園となった。2000年以降、公費による飲食の高級化、贅沢化はますますエスカレートした。公費飲食は多くの高級レストランの重要な収入源となっている。歴史を振り返ってみれば、1940年代後半の中国内戦において、国民党軍と戦っていた共産党軍は、兵力と装備においてはるかに劣っていたが、比較的清廉で民衆の支持を獲得し、それを背景に共産党軍は中国全土で国民党軍を圧倒することができた。この清廉さは残念ながら、まったく過去のこととなってしまった〔毛里 2012：200〕。

2012年に中国共産党上層部は庶民の不満を解消して、政権を維持するために公費による飲食に対して「倹約令」を通達し、全国で倹約運動を展開している。公費による飲食はどこの国でも悪であろう。ただし、単なる外食産業の発展という角度から見れば、公費による飲食は中国の外食産業の発展に貢献していると考えられる。公費飲食の高級化は、食材、サービス向上などの面において、中国の外食産業の向上につながっていることも事実である。

また、中国の外食産業においてチェーン型外食企業の発展が急速になっている。後述するように、アメリカのケンタッキー・フライドチキン、マクドナルドの中国進出によって、中国においては1990年代からチェーン型外食産業は生成したが、チェーン型外食企業はアメリカの数社を中心としていたにすぎない。2000年以降、中国独自の特色を持つ中国式ファーストフードが急速に展開して、そのうちの多くはチェーン式を採っている。地域特有の風味を生かして設立された中国式のチェーン型外食企業の一部はすでに地域を超え、中国全土、さらに海外に向けて展

3）この数字は2006年10月31日付け中国政府系の時事問題誌『瞭望』の中に掲載された数字である。公費による飲食の金額について他の推計数字があり、各種報道の話題になっている。

開している。

2. 中国における外食産業の構成と市場規模の拡大

中国における外食産業の構成は日本と似ている部分が多いが、中国特有の部分もある。中国の外食産業の構成は、まず営利型部門と非営利型部門に分けられている。営利型部門は日本の営業給食と似ていて、中国の外食産業の最も重要な部分を占めている。営利型部門は食堂・レストラン、専門料理店、ファーストフード、料飲店、持ち帰り専売店などにより構成されている。食堂・レストランは中国料理を中心として、格安の食堂系から高級飲食店まで数多く存在している。中国料理は多くの流派があり、各地域によって風味が異なる。改革開放以降、市場経済のもとで物流や交通手段が進んで、人的移動も活発になっているので、各流派は地域を超え、互いに浸透している。専門料理店は、餃子、ラーメン、ビーフン、鍋料理などの一つのメインメニューを中心とする料理店である。ファーストフードは1990年代までアメリカ系のケンタッキー・フライドチキン、マクドナルドを中心としていたが、前述したように2000年以降、中国独自の特色を持つファーストフードは急速に発展を遂げてきた。飲料店は中国式茶館、喫茶店、バー、ナイトクラブ、カラオケ店などが挙げられる。日本のような居酒屋はまだ少ないようである[4)]。屋台は気候温暖な南方地域に多く見かけられるが、冬の長い北方地域では少ない。持ち帰り専売店は、人口が集中している団地に立地して、専門的な料理品を調理して販売する店である。持ち帰り専門店は、一般的に店舗の面積が狭い。そのほか、中国の汽車や客船は、ほとんど食堂が付いている。近年、高速鉄道は全国主要都市の間で開通されたが、高速鉄道の中では弁当の販売と軽食が提供されている。また、日本の旅館のような宿泊施設が都市には少ないが、都市の郊外や自然環境がよく、景色のいい場所に食事付きの宿泊施設が2000年以降急増してきている。その中には地元農家が経営するものが多く含まれている。

他方、中国の外食産業における非営利型部門は、学校給食、事業所食堂、病院および社会福祉施設などの食堂により構成されている。学校給食は、北京、上海

4) 日本のような居酒屋はまだ普及していないが、中国の普通の飲食店は、ほぼ全部がお酒、ビールなどのアルコールが用意されている。

図8-3　中国における外食産業の構成

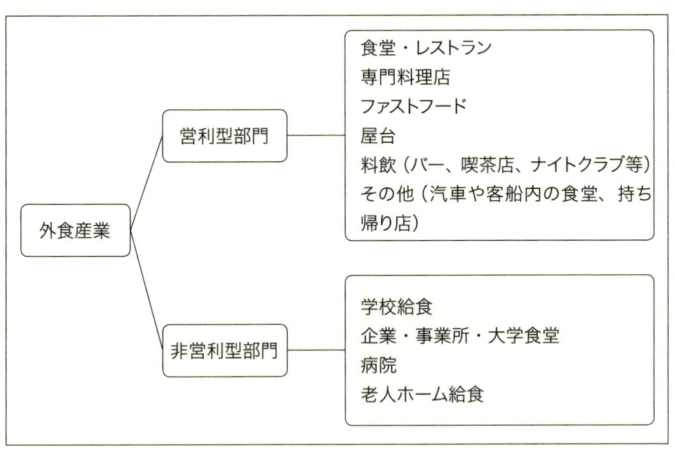

出所：各種資料を基に著者作成。

などのような大都市においてほぼ普及しているが、中小規模の都市部と農村部の学校ではまだ整えられていない。学生はお弁当か、学校付近の飲食店で簡単な昼食を済ませるのが一般的な風景である。幼稚園は各自で食堂を運営しているので、園児の昼食は保障されている[5)]。規模のある企業や工場、事業所にはほとんど食堂が設置され、企業や事業所が自ら食堂を経営する場合と外部に委託する場合もある。大学の食堂は、政府からの補助金を受けながら大学の管理のもとで外部に委託するのが一般的である。病院や社会福祉施設の給食は、日本とほぼ同じである。中国における外食産業の構成は図8-3の通りである。

中国では外食産業に関する統計は複雑であり、長い間外食産業は「社会消費財小売総額」(Total Retail Sales of Consumer Goods) の一部として公表されていた。1993年までの外食産業の統計は、フードサービス (Food Service) と表記されていたが、1994年以降、ケータリングサービス (Catering Service) と表記されるようになっている。また、『中国統計年鑑』は外食産業に関する統計の表記や統計標準が数回調整されたので、時系列的に中国の外食産業の市場規模を把握することは困難である。また、日本と同様に中国の外食産業の大部分を担うのは中小飲食店である。法制

5) 中国には保育所がほとんどない。

図8-4　中国における外食産業市場規模の拡大

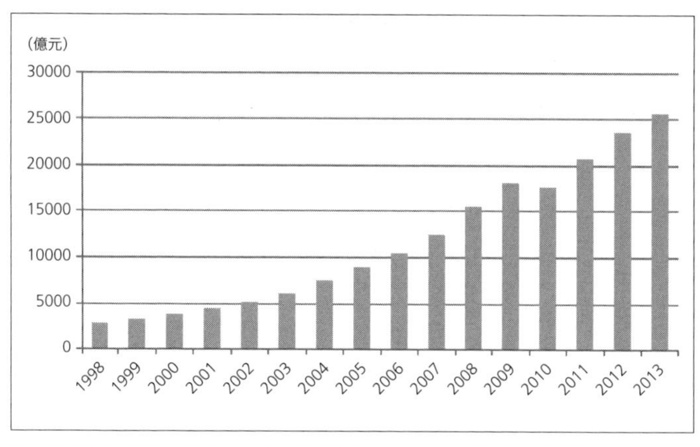

注：2010年の金額は2009年のものより減少した。それは中国の外食統計の方法が調整されたためである。実際には2010年の外食産業の市場規模は2009年より減少したわけではない。
出所：中国商務部の資料より作成。

度の整備がまだ遅れている中国では、飲食店の売上申告はどれぐらい正確になっているのか、疑問である。以下では、中国商務部の資料を用いて中国における外食産業の市場規模の推移を概観してみよう。

改革開放初期の1980年には、中国の外食産業の規模はわずか80億元で、同年の「社会消費財小売総額」に占める比率は4.5%しかなかった。改革開放以降、民営飲食店の大量設立によって外食産業の市場規模が著しく伸長しており、1990年には、中国における外食産業の市場規模は1980年の80億元から420億元へ、1999年には3,200億元へ拡大してきて、1980年から1999年までの20年間で40倍に増大した。2000年以降、SARS（重症急性呼吸器症候群）が発生した2003年を除いて、中国の外食産業はほぼ順調に拡大してきて、2000年から2013年までの年間成長率は16%となっている。2006年、中国の外食産業の市場規模は初めて1兆元を突破し、さらに2011年には2兆元を超えた。売上高から見る中国外食産業の市場規模の急拡大は、近年の物価上昇の要素を忘れてはならないが、経済成長にともなう外食産業の市場規模の急速な拡大は事実である。中国における外食産業の市場規模の拡大状況は図8-4の通りである。

第3節 日系外食企業の中国進出

1. 外国外食企業の進出に対する中国側の規制緩和

中国料理は、その華味、多彩、技巧の各方面で世界の食文化の一方の雄とされているが、歴史的にみてもきわめて悠久かつ連続的な伝統を有する点において、稀例に属するといえる〔田中 1985：245〕。確かに中国料理は代表的な料理として世界の多くの地域で利用されている。しかし、食文化の角度から見れば、豊かになれば食事のバラエティーを追及するのは一般的なことである。また、料理と外食産業とは別の概念である。外食産業を英訳すれば、Food Service Industryであるが、この場合FoodとServiceがandで結ばれるのではなく、Food Serviceと一つの単語で表現されていることが重要である。外食産業を論ずるには料理（メニュー）の面からだけでは不十分で、サービス（店装、雰囲気、従業員の接客といった面）や安全性も考慮されなければならない〔茂木 1997：38～39〕。中国の外食産業は全体として今でもこのようなサービスが遅れているところが多い。サービスだけではなく、安全、安心などの面においてもまだ多くの問題が存在している。

1990年代まで中国は、外食分野で外国資本の進出を原則的に開放しなかった。中国のWTO加盟は、外国の外食企業が中国へ進出する契機となった。1986年、中国がGATTの加盟を申請したが、1995年の旧GATTの失効にともない、中国はWTO加盟を新たに申請した。2001年11月、カタールWTO閣僚会合において中国のWTO加盟は承認され、同年12月、中国のWTO加盟が正式に発効し、中国はWTOの一員となった。

中国は1980年代以降、経済体制改革と同時に外国資本の受け入れを開始したが、多くの分野で国内市場を守るために外国資本に対して規制していた。いわゆる国家の安全保障にかかわる分野の規制が特に厳しかった。食糧、肉類、水産物、乳製品などの生産と加工分野においては、2004年まで外国企業に対する開放は慎重であった。小売業も国内の物価の安定政策につながるので、2004年まで外資系企業の参入に対して規制が厳しかった。しかし、WTOの加盟によって、中国は外国直接投資に対する市場参入の規制を緩和してきた。業種によってネガティブリストを設定し、制限・制約される場合がまだあるが、2004年には「外国企業投資領域管理方法」と「外国企業商業投資試行方法」の二つの法規を公布した。これにより、食糧、肉類、水産物の生産加工分野が外資系企業に対してさらに開放された。外食は、中国においては小売流通分野に該当するため、「外国企業商業投資試行方法」の適用を受けるが、同法規によって外国資本の出資比率の上限であった65%ルールが撤廃され、出店地域および出店数の規制緩和も行われてきた。これらの開放政策により、すでに一定の成果を得ている業態や商標、あるいはオペレーションなどを持っている外国外食企業は、中国においても店舗展開が容易になった〔佐藤 2008：25〕。特に世界的大手のケンタッキー・フライドチキン、スターバックス、マクドナルドなどは、中国での店舗展開が急速になった。2004年1月にケンタッキー・フライドチキンは、中国ですでに1,000店を持っていたが、3年後の2007年11月には四川省成都ケンタッキー・フライドチキンの開店によって、同社の中国での店舗数は2,000店舗になり、2倍に拡大した。さらに2010年6月には、店舗数は3,000店に達した。

また、上記した法規によって、外国企業は外食分野において中国企業とフランチャイズ契約を締結して出店することも可能になった。さらに中国企業と外国企業との間のフランチャイズ契約の実施を進めるために、2005年2月、中国は「商業特許経営管理方法」（商業フランチャイズ管理方法）を施行し、フランチャイズについて以下のことが明文化された。①フランチャイザーやフランチャイジーは、企業あるいはその他の経済組織であること。②フランチャイザーは、開店1年以上の経営実績および直営店2店舗以上を有していること。③フランチャイザーが商号、商標、経営モデルなどの経営資源をライセンスする権限を有すること。④フランチャイジーが経営指導とトレーニングサービスを提供する能力および物品供給を必要とする場合は、フランチャイザーは商品の供給システムおよび関連サービスを提供できる能力を有すること。

2007年と2011年に、上記した外食産業と外国直接投資に関する法規はさらに2回にわたって修正された。そのため、外国外食企業の中国進出は法的に保証され、外国外食企業の中国での事業展開は一層容易になった。このような中国側の外国企業に対する規制緩和のもとで、日本企業を含めた多くの外国外食企業は、中国へ進出して、中国で事業を展開するようになった。

2. 日系外食企業の中国進出過程

1972年、田中角栄元首相の訪中によって日中国交正常化が実現された。以降、日中間の文化交流も進展してきた。日本の映画やアニメーションなどの大衆文化の中国進出と同時に、日本の食文化も中国に受け入れられるようになった。中国の都市、特に沿海地域の都市に行けば、日本料理店や日本風味の店を多く見かけられる。2014年、上海には日本料理店が1,500軒存在しているが、北京にも760軒ある[6)]。その他、広州、深圳、大連、天津、瀋陽などの主要都市にも数百軒の日本料理店が存在している。それらの日本料理店の経営者およびコックは、もちろん中国人が圧倒的に多い。日本料理店を経営している中国人経営者およびコックは、中国に進出している日本の外食企業で勤務した経験を有する人が多い。また、留学や研修などで日本に滞在して、日本料理を習得した人も少なくない[7)]。中国における非日本国籍者が経営する店や外食企業は、本書の考察対象ではない。また、日本国籍者が経営する小規模の店も存在しているが、全体的にその分布と経営状況の把握は困難である。そのため、以下では主な日系外食企業を中心として日本の外食企業の中国進出過程をまとめてみることにする。

1980年代からの対外開放政策にともなって、中国で外国人観光客やビジネスマンをターゲットとする高級ホテルなどの宿泊施設が多く建設された。それらのホテルの中には、日本料理店が開店している。例えば、1980年代後半には、北京では北京飯店、新橋飯店、建国飯店などの高級ホテルの中に数軒の日本料理店が出店している。これらの店は料理長や調理スタッフを日本から呼んでいた。この時期に出店した日本料理店は日系企業の出資によって設立され、外国人向け高級ホテル内での営業がほとんどであった〔浜本 2007：6〕。また、この時期に中国で開店した日本料理店の多くは日中友好団体に何らかの形で関わっている。

---

6) ここの数字は中国「愛邦網」2014年10月6日現在の情報である。「愛邦網」は中国国内で広く利用されているウェブサイドであり、生活関連の情報が多く掲載されている。ネット上の情報の信憑性があるが、大きな違いがないと判断して、ここで引用する。

7) 1980年代後半から多くの中国の若者が留学生や就学生として日本にやってきた。生活費および学費を稼ぐために多くの若者が飲食店でアルバイトをした。アルバイトを通じて日本料理を習得した一部の人は、中国に帰って日本料理店を経営している。

日本のファーストフード店として中国へ一番早く進出したのは、1992年に北京で開店した吉野家である。吉野家は1975年にはアメリカへ進出し、コロラド州のデンバーとロサンゼルスで合わせて20店舗を開店したが、1980年に至って経営は困難になり、閉店した。1980年代後半から日本と同じコメ文化圏のアジアへの進出を試みた吉野家は、1987年に台湾、1991年に香港でそれぞれ出店し、台湾と香港での事業は順調に進められた。そして、吉野家はその成功経験を持って1992年に中国本土で初出店した。吉野家の中国進出は、二つの方法で展開されている。一つは北京を中心とする中国北部での店舗拡大で、経営は吉野屋からパテントを買い取った香港洪氏集団[8)]が担当する方法である。もう一つは上海、深圳などの中国南部で、吉野家が各地の現地企業との間で設立した合弁企業によって店舗の展開と経営を行う方法である。2014年9月現在、吉野家は中国本土で335店舗を開設している。そのうち、香港洪氏集団が経営する店舗数は302店舗であり、全体の90%を占めている。つまり、中国本土での事業展開の主役は、吉野家より吉野家からパテントを買い取った香港企業となっている。

味千ラーメンは熊本を中心として発祥した企業で、本社は重光産業と呼ばれる地場外食企業である。1994年に台湾、そして1995年には北京にも出店したが、順調に行かなかった。その後、香港で経営手腕のあるパートナーと出会って、香港から再出発し、深圳、上海、そして中国全土へと急速に展開して、大成功を収めた。2007年に味千ラーメン香港現地法人は、香港株式市場に上場し、2011年度の売上高は320億円、税引き後利益は36億円の企業に成長した。味千ラーメンも中国へ進出して、中国で大活躍したのは重光産業ではなく、現地の経営パートナーである。香港で設立された味千中国ホールディングの資本構成では重光産業は1割しかないのである。

日本の外食企業が本格的に中国へ進出したのは、中国のWTO加盟、特に2004年に外国外食企業に対する規制緩和政策を打ち出した後である。その頃中国へ進出したのは、サイゼリヤ、CoCo一番屋、ワタミ、餃子の王将、ミスタードーナッツなどである。これらの日系外食企業は、1990年代から中国に進出した吉野家や味千ラーメンと異なって、ほとんど独資（100%出資）形態で中国へ進出した。その

8）香港洪氏集団は、1932年広東省で食用油の製造と販売店として起業して、その後香港と中国との間の食用油貿易を行い、1988年香港株式市場に上場した。中国本土にも複数の工場を持っている。

表8-3　中国における主要日系外食企業の進出状況

店名(企業名)	本社企業名(所在地)	進出年次	最初進出都市	店舗展開状況
吉野家	吉野家HD(東京)	1992	北京	335(北京211、遼寧66、深圳17、上海9、内モンゴル10、その他22) 2015年6月現在
味千ラーメン	重光産業(熊本)	1995	北京	609(上海123、江蘇72、広東59、浙江47、北京34、山東31、その他243)
なだ万	なだ万(東京)	1997	北京	3(北京1、上海1、広州1)
サイゼリヤ	サイゼリヤ(埼玉)	2003	上海	171(上海71、北京34、広州66)
サガミ	サガミチェーン(名古屋)	2003	上海	3(上海3)
CoCo壱番屋	壱番屋(愛知)	2004	上海	42(上海25、蘇州6、北京3、天津2、瀋陽2、その他4)
和民	ワタミ(東京)	2004	深圳	39(上海22、深圳10、広州4、蘇州2、東完1)
餃子の王将	王将フードサービス(京都)	2005	大連	3(大連3)
まいどおおきに食堂	フジオフードシステム(大阪)	2006	上海	5(上海5)
ミスタードーナッツ	ダスキン(大阪)	2006	上海	18(上海18)
家族亭	エイチ・ツー・オー リテイリング(大阪)	2009	上海	2(上海2)
松屋	松屋フーズ(東京)	2009	上海	4(上海4)
ドトールコーヒー	ドトール・日レスホールディングス(東京)	2010	上海	4(上海4)
ハチバン	ハチバン(金沢)	2010	大連	3(大連3) 2014年4月現在
ほっともっと亭	プレナス(福岡)	2010	北京	6(北京6)
グラッチェガーデンズ	すかいらーく(東京)	2010	上海	2(上海2)
すき家	ゼンショー(東京)	2010	上海	65(上海35、蘇州12、広州7、天津2、北京1、その他8)
平禄寿司	ジー・テイスト(名古屋)	2011	上海	1(上海1)
物語コーポレーション	物語コーポレーション(愛知)	2011	上海	4(上海4)
大戸屋	大戸屋HD(東京)	2102	上海	1(上海1)

注：①松屋は2002年に青島に進出したが、その進出の形態は食材の製造を中心としたものである。店舗展開としては2009年に上海への進出が始まった。②店舗数について、年次の明記がなければ、2014年9月現在の数字である。③フジオフードシステムは上海に5店舗を持っているが、そのうち、まいどおおきに食堂が3店舗、カフェ業態が2店舗となる。

出所：『中国進出企業一覧』(2013〜14年版、21世紀中国総研編、蒼蒼社) を中心として、各種資料および著者の現地調査などにより作成。

うち、サイゼリヤ、CoCo一番屋、ワタミの三社は、中国へ進出してから急速に店舗を拡大してきた。特にサイゼリヤは、上海を中心にして中国本土で2014年9月現在、既に171店舗を経営している。

2010年、上海万博が開催され、日系外食企業の中国進出に新たなブームをもたらした。上海万博開催の前後に上海を中心にして中国へ進出した大手外食企業は、すき屋、松屋、ドトールコーヒー、すかいらーく、ロイヤルホストなどが挙げられる。ただし、上海万博以降、上海、北京など大都市の不動産はさらに高騰し、同時に中国の労賃も急速に上昇してきている。不動産価格の高騰および人件費の上昇は、日系外食企業を含む中国における外食産業の経営を圧迫している。一部の日系外食企業は経営が苦境に陥って、閉店を余儀なくされた。代表的な例としては、ファミリーレストランのロイヤルホストと餃子の王将である。ロイヤルホストは2010年11月、つまり上海万博の直後に上海で出店したが、経営が困難になり、2014年6月に閉店して中国から撤退した。他方、2005年に大連へ進出した餃子の王将は、さまざまな事情があり、大連にとどまって他の地域へ拡大していかなかった。2014年11月、餃子の王将は中国での店舗を全部閉鎖して、中国から撤退することを宣言した。さらに2011年3月、福島第一原発事故のため、日本料理店は風評被害を受けている中で、翌2012年には、領土問題をめぐる日中関係が悪化し、中国では大規模な反日デモが起こり、一部の日系料理店が破壊された。このような背景のもとで、2011年以降、日系外食企業の中国への新規進出は少なくなっている。主要日系外食企業の中国進出の状況は表8-3の通りである。

第4節 日系外食企業の中国進出の特徴

1. 地域分布の特徴

日系外食企業の中国進出先は、沿海地域の大都市に集中している。北部の大連から南部の深圳までの沿海地域の主要都市には、ほとんど日系外食企業が存在している。上海には日系外食企業の店舗が特に多い。上記した表8-3によると、主要日系外食企業の中国で開設されている店舗数は、合計1,320軒あるが、そのうち、上海には330軒があり、全体の25％となっている。店舗数から見れば吉野家と味千ラーメンが特に多い。味千ラーメン一は609店舗を持って、全店舗数の約半分を占めている。ただ、前述したように、味千ラーメンと中国北部で展開している吉野家は、いずれも日本の資本がほとんど入っていないため、事実上香港系企業となっている。この2社は中国で合計944店舗を有している。この944店舗を除けば、主要日系外食企業の中国国内の店舗数は376軒であり、そのうち上海には198軒となるので、上海の店舗数は全体の53％を占めている。つまり主要日系外食企業の中国進出は上海に集中している状態となっている。

日系外食企業が上海に集中している理由と背景は多岐にわたるが、上海住民の所得上昇と都市の国際化は決定的なものである。周知のように欧米による植民地支配の結果、戦前の上海は世界的大都市の一つであった。上海の人口は市内と郊外を合わせて2,380万人（2012年末）である。計画経済時代にも中国経済の重鎮であり、一都市の工業生産総額は中国全体の約3分の1を占めていた〔寿 1990：429〕。1990年以降、上海の経済開発の結果、上海の経済規模はさらに拡大して、中国経済の発展をリードしている。急速な経済発展にともなって上海は中国の最も豊かな地域の一つとなっている。表8-4は中国における一人当たり年間可処分所得の状況である。上海は常に中国のトップにあって、全国平均よりはるかに高い。

表8-4　中国における1人当たり年間可処分所得の地域的格差（2013年、単位：元）

上位5省・市	
①上海市	43,851.4
②北京市	40,321.0
③浙江省	37,850.8
④広東省	33,090.0
⑤江蘇省	32,537.5
全国平均	26,955.1
下位5省・市	
①甘粛省	18,964.8
②青海省	19,498.5
③黒竜江省	19,597.0
④新疆ウィグル自治区	19,873.8
⑤チベット自治区	20,023.4

出所：中国国家統計局編『中国統計年鑑』より作成。

所得水準が高いことを背景にして、第2節で述べたように、上海住民の外食支出費は、中国の中では最も高い地域となっている。また、1990年代以降、郊外の浦東地区を中心とする上海開発にともなって、多くの外国企業、金融機関およびその他の商業機構が上海に殺到してきた。それと同時に多くの外国人観光客も上海を訪れた。2012年には上海を訪れる外国人観光客は633

万人、そのうち日本人は136万人、全体の21％を占めている。国別に見れば、日本人観光客は1位で、2位はアメリカ人となる。外資系企業の駐在員、留学生などの長期滞在（3か月以上）の外国人数は、2012年には17.4万人に達している〔上海市統計局 2013：89〕。上海に長期滞在している日本人の人数は、2011年10月現在、5万6,000人となり、都市別に見れば、ロサンゼルスに次いで2番目に多い〔外務省HP〕。2012年以降、日中関係の悪化によって、上海に滞在する日本人の数は減少している。

上海のほか、北京、大連、深圳などの都市にも日系外食企業が多く進出している。北京の事情は上海に似て、住民の所得水準が高く、外国人観光客、外国企業、商業機構の駐在員が多く集まっている。また、北京が首都であるため、外国の外交機関も多く存在している。そのため、北京では日本料理を含む多様な料理のニーズがある。深圳は経済特別区であり、香港に隣接しているので、深圳に進出している日系外食企業は、香港での事業展開の延長線であると考えられる。ワタミは香港へまず進出して、香港での経験を深圳で実験して、それから上海などの都市へ広がっていった。北部の大連は、戦前日本人が多く居住していた港町である。1980年代以降、製造業を中心にして多くの日系企業は大連に進出している。大連も日系外食企業のもう一つの主な進出先となっている。ただし、近年上記した大都市で不動産賃料が高騰しており、店舗展開と経営はどの都市においても決して容易ではない状態となっている。

2. 経営の特徴

(1) 投資形態と初期の資本投入規模

日系外食企業が中国へ進出する形態は主に二つある。一つは100％出資して、現地で子会社を設立して、店舗を展開する。もう一つは現地のパートナーと合弁会社を設立して、店舗を展開する。上記した二つの形態は企業の規模や進出する時期によって異なる。一般的にいえば、大手外食企業は資金力、情報力、語学能力のある人材を持っているので、100％出資して独自で中国で事業を展開することが多い。例えば、サイゼリヤは2003年から2012年までの間、広東、上海、北京で100％出資して、四つの子会社を設立している。それらの子会社は食材加工、レストランチェーン展開などに及んでいる。他方、中小規模の外食企業は現地のパートナーと協力して開店する場合が多い。また、進出時期によっても異なる。前述したように、中国が外国外食企業を市場開放するのはWTO加盟以降であった。それまでに外国外食企業の中国進出には慎重な方針を採っていた。そのため、WTO加盟前に独資で中国へ進出するのは困難であったので、基本的に現地のパートナーと合弁形態を取らなければならなかった。中国のWTO加盟前に中国へ進出した中堅企業であるハナマサは、その代表的な一例である。ハナマサは肉類のホールセールストアを主要業務としながら焼肉レストランも経営している。ハナマサは1990年代前半に、北京、上海、天津、南京、西安、河北省の石家荘、河南省の鄭州、山東省の淄博(ツーボー)などへ進出し、肉類の加工と販売と同時に焼肉店を開設した。上海ハナマサ以外では全部現地のパートナーと合弁会社を設立して共同経営している〔21世紀中国総研　2014：1331～1332〕。外食産業は製造業などと異なり、一店舗の規模には限りがある。このような外食産業の特徴とかかわって、中国へ進出している日系外食企業の初期資本投入は他の分野と比べて小さい。大手外食チェーンでも初期の資本投入は2、3億円が上限であり、それを超える企業は希である。

(2) メニュー、食材と経営スタイルの調整

食事文化における東アジアの地域範囲は、地理学的な領域としての東アジアと異なっている。おおまかにいえば、食事文化における東アジア圏とは、万里の長城以南の中国(以北は牧畜的食事文化の世界となる[9])、朝鮮半島、日本、ベトナムであり、このような食事文化圏の形成の歴史が2000年前から進行してきたものと考えてよい〔石毛　1985：20〕。東アジアの食事文化には共通するものが多く、お箸の使用、大豆の食用、調味料としてのみそや醤油の利用が代表的な例である。また、東アジアに共通の食事文化の広がりは、漢字文明の範囲とほぼ一致するといえよう。しかし、そのことは、東アジアのそれぞれの民族の食事文化が中国の食事文化の亜流であることを意味するものではない。漢字を採用したということでは中国と共通性をもちながらも、食事文化においてはそれぞれの民族が中国の影響を受

9) 万里の長城以北は第二次世界大戦後、漢民族の大量移住および経済開発の進展にともなって、多くの地域は牧畜的食文化がなくなり、東アジア食文化圏の一部となった。

けながらも、独自の伝統を形成してきたのである〔石毛 1985：20〕。

中国へ進出している日系外食企業は独自の特色を生かしながら、現地住民の嗜好に応じて、メニューを調整している。高級料理店や伝統的な和食料理店はほとんど調整を行わないが、一般大衆向けのファーストフードやファミリーレストランは、食材の使用、メニューの現地化が多く見かけられる。一部の少数民族の居住地を除いて、豚肉は中国で最も食用されている肉類である。中国は豚肉食用の歴史が長く、近年、世界の豚肉の生産量の約5割は中国で生産されている。中国人1人あたり豚肉年間消費量は39kg（2011年）であり、それはEU各国とほぼ差がなく、日本人の年間消費量の約2倍（2011年）となっている〔USDA 2012：102〕。このような事情から吉野家は牛丼のほか、中国では豚肉を利用して豚の角煮丼というメニューを提供している。また、吉野家は丼類のほか、中国人の一般食の肉まんやお粥も出している。すき屋のメニューにも麻婆茄子丼、肉まん、お粥も入っている。

しかし、現地のメニューと味付けの調整は、中国へ進出している外食企業にとって困難な作業である。前述した味千ラーメンは、中国で大成功を収める前に台湾へ出店したが、失敗している。失敗した一因として、過剰な現地適応化が行われたことである。現地の消費者の嗜好にどこまで合わせるかという問題は、海外へ進出している日系外食企業が抱える共通の課題となっている。

食材については、料理の種類、流派および店の価格設定によって異なる。和食の中でも高級料理店の食材は、日本の味を守るために日本から調達するものが多い。普通の日本料理店は加工食品を除いて現地調達するのがほとんどである。それには以下の理由がある。まず、日本から輸入するコストの問題がある。そして、食材、特に生鮮食材の輸入は多くの場合、動植物輸出入に関する規制にかかわっている。最後に、中国の野菜や肉類などの食材の価格は割安である。ファーストフードやファミリーレストランなどの食堂系の食材は、一部の調味料を除いてほとんど現地調達となる。そのうち、中国で食品、食材を生産する日系食品企業から仕入れる場合もある。また、自社用食材を確保するために一部の大手外食企業は、中国で店舗を展開すると同時に、食材、食品加工工場を設けている。サイゼリヤは2012年に300万米ドルを投入して、広州で食品製造工場を建設した。松屋も青島には食材調達工場を持っている。

また、現地で経営スタイルを調整する外食企業もある。大連に出店している餃子の王将は日本の代表的な食堂系企業であるが、大連へ進出している餃子の王将（三八広場店）は1階フロアには日本と同じく食事処となっているが、2階フロアは多くの種類のアルコール飲料を揃えて、朝4時まで営業して、事実上の居酒屋になっている。それはオフィスビルが密集する繁華街にある同店の立地をふまえた餃子の王将の経営スタイルの調整であろう。

(3) 立地の選択

前述したように、1980年代から中国の改革開放政策にともなって一部の日本の外食企業は中国へ進出し始めた。ただし、1980年代には中国国民の所得水準がまだ低く、一般民衆にとって日本料理を含む外国料理店は疎遠な存在であった。他方、対外開放政策の実施にともなって、多くの外国人観光客は1980年代以降から中国へ訪れるようになった。北京、西安などの古都はいうまでもなく、中国各地の自然景観、文化遺産なども外国人観光客にとって魅力的な観光地となっている。1978年、日中平和友好条約が締結された後、日本国内では中国ブームが現れ、多くの日本人は中国に親近感を持った。近隣な地理関係のほかに、経済的な余裕から海外旅行熱が高まり、さらに伝統文化の源流への憧憬が重なって、多くの日本人観光客が毎年中国へ訪れた〔国松・鈴木 2006：22〜23〕。1985年に中国へ訪れる外国人観光客の人数は137万人となり、そのうち日本人は一番多く、47万人で、全体の約3割を占めている。2位はアメリカの24万人である。また、中国と外国との経済関係の拡大にともなって、多くの外国企業の駐在員とビジネスマンが1980年代以降中国に殺到した。前述したように日本人を含む外国人観光客およびビジネスマンをターゲットにして、中国国内で多くのホテルや宿泊施設が建設された。そのうち、日系企業が経営するホテルもある。日本人を含む外国人が利用するホテルの中に、1980年代から日本料理店が登場した。特に日本人が多く利用するホテルおよび日系企業が経営するホテルには、日本料理店がほとんど開設されている。1990年代以降、中国における観光業の拡大およびホテルなどの宿泊施設の拡充にともなって、ホテルの中で開設された日本料理店も増えてきた。また、日本料理の中身を見てみると、四つ星以下のホテルの日本料理店は、定食などの割安日本料理が多いが、高級ホテルには高級日本料理店が出店している。ホテルの中で開設される日本料理店は、基本的に和食を中心としている。

他方、中国へ進出しているファーストフードやファミリーレストランの出店先はホテルではなく、スーパーマーケットや繁華街に多くなっている。1990年代、地方政府の認可で伊勢丹、ヤオハン、イオン（旧ジャスコ）などの一部の日系小売企業は中国へ進出した。ただし、日系小売業が本格的に中国で展開するようになったのは、中国のWTO加盟による小売業市場開放を契機としている。中国の沿海地域の大都市には、ほとんどの日系スーパーマーケットや百貨店が進出している。中国のスーパーマーケットや百貨店はフードコートが一般的に設けられている。日系スーパーマーケットや百貨店のフードコートの中に日系外食企業が出店するケースが多い[10)]。例えば、イトーヨーカドーは、北京と四川省の成都で合わせて16のスーパーマーケットを開設した（2013年末現在）。同スーパーマーケットの中には日系ラーメン店やイタリア料理店が出店している[11)]。もちろん、日系スーパーマーケットや百貨店だけでなく、フランス系のカルフールや地場中国系スーパーマーケットにも日系外食企業の店舗も存在している。ホテルとスーパーマーケット、百貨店のほか、繁華街にも出店する日系外食企業も多い。吉野家、サイゼリヤ、すき家、ほっともっと亭、餃子の王将などのファーストフード、ファミリーレストラン、食堂や弁当店は、ホテルやスーパー・百貨店よりむしろ繁華街やオフィスビルが集中している地域での出店が多くなっている。ファストフードや食堂系の外食企業から見れば、ホテルやスーパーマーケット、百貨店の物件価格は割高であり、経営的に採算が合わない。特に近年中国の不動産の高騰によってこの問題は深刻化している。

3. 香港・台湾との関連

第6章と第7章で日系食品企業の中国進出における香港と台湾との関係を考察してきた。日系外食企業の中国進出も同様に香港や台湾とかかわっている。香港

10）筆者のここ数年の現地調査による。

11）北京イトーヨーカドーの中には面愛面という日系ラーメン店が入っている。同ラーメン店は1995年に日本人によって北京で開設されたラーメン店である。直営支店を経営する形式ではなく、加盟店を募集する形で経営の拡大化を展開している。2013年には北京を中心として、約40店舗を持っている。四川省成都にあるイトーヨーカドーの中には香港へ進出しているWDIの香港法人によって2012年に出店したCapricciosというイタリア料理店がある。

や台湾で成功を収めた日系外食企業は、その成功経験を中国本土へ移転したビジネスモデルが多い。この点については、吉野家と味千ラーメンは代表的な2例である。

吉野家は日本の外食企業の本格的な海外進出の先駆けであるといえる。前述したように、吉野家は1975年にアメリカへ進出して、コロラド州のデンバーとロサンゼルスで合わせて20店舗を開設したが、1980年に経営が困難となり、倒産した。その後、吉野家は日本と同じ食事文化圏に属する東アジアに目を向けた。1987年、吉野家は台湾で83.7%出資して、現地のパートナーと合弁して開店した。台湾での合弁事業は順調に進められ、1991年に吉野家は香港へ進出した。食生活、風俗習慣、言語などが中国本土と同じである台湾と香港での成功経験をふまえて、1992年に吉野家は、上海、深圳などの中国南部へ進出して、中国での事業展開を開始した。それと同時に吉野家は、香港洪氏集団とライセンス契約を結び、北京を中心とする中国北部での開店と経営は洪氏集団に任せ、吉野家は洪氏集団へ経営マニュアルを提供して、パテント料を納める方法を採用した。

味千ラーメンは前述したように熊本を中心として、ラーメン店を経営する中小企業である。親会社は熊本市にある重光産業である。日清食品の創業者である安藤百福氏と同じく、味千ラーメンの先代オーナーも台湾出身である。1994年に味千ラーメンは台湾へ進出した。翌1995年には北京にも出店した。しかし、経営は上手く行かずに、失敗した。その後、台湾と北京での失敗経験を基に、香港で現地パートナーと出会って、香港から再出発した。香港パートナーといっても、実際には改革開放以降、中国本土から香港へ移住して、香港と中国本土との間でビジネス活動をしている人物である。香港での再出発は大成功を収めた。香港で設立された味千中国ホールディングは、様々な事情があり、重光産業と緊密な資本関係がない。前述したように味千中国ホールディングの資本構成の内、重光産業は1割しか占めていない。

吉野家と味千ラーメンのほか、香港へ進出して香港で設立された子会社を通じて中国へ進出する日系外食企業が多数存在している。大手外食企業であるクリエイト・レストランツ・ホールディグ、トリドール、ワイズテーブルコーポレーション、WDI、平禄寿司、ワタミ、物語コーポレーションなどはいずれも香港の子会社を通じて中国へ進出した〔21世紀中国総研　2013：1336～1351〕。香港、台湾での経験および中国事情に詳しい香港、台湾のパートナーとの協力は、直接に中国へ進出するリスクが軽減されるメリットがある。ただし、近年、中国経済と社会の国際化および中国の外資政策や法律の成熟化にともなって、外食産業も他の分野と同じく直接的に中国へ進出する企業が主流となっている。

小括

以上、日系外食企業の中国進出の背景、過程、現地での経営特徴などを考察してきた。最後に、本章で明らかになった点をまとめておこう。

日系外食企業の中国進出の背景およびその原因は多岐にわたるが、マクロ的に見れば日中両国における外食産業の変遷の結果であるといえる。つまり、日本における外食産業の飽和状態および外食市場規模の縮小とは逆に、中国の外食産業の規模は急速に拡大している。日系外食企業の中国での事業展開の特徴は他の製造業分野での日系企業と類似点がある。投資形態から見れば、他の製造業分野の日系企業と同じく100％出資して独自で中国で事業を展開している企業が多い。日系外食企業の中国での地域分布から見れば、沿海地域、特に上海などの都市に集中している。

また、中国の外食市場規模は確かに大きいが、外食産業の参入が比較的容易であるなどの理由で競争も激しい。日系外食企業のサービスは現地で高く評価されている。しかし、産業上の特徴ともいえるが、機械や電子などの日系製造業企業と比べて、日系外食企業は現地で技術的な比較優位を持ってない。製作方法、調理法、食材や成分構成などは、多くの場合それぞれの外食企業の特徴であるに過ぎない。特徴を生かして経営するのは当然なことであるが、場合によっては、その特徴も現地住民の食文化や嗜好に合わせて調整しなければならない。さらに、不動産の高騰と人件費の上昇は多くの日系外食企業の経営を圧迫している。特に不動産の高騰はほとんどの日系外食企業が直面している最大の課題となっている。

【参考文献】

＊食品産業センター編『食品産業統計年報』平成25版、2013年12月。
＊茂木信太郎著『現代の外食産業』日本経済新聞社、1997年1月。
＊平野昭（執筆代表者）他『外食産業入門』日本食糧新聞社、1993年。
＊岩渕道生著『外食産業論――外食産業の競争と成長』農林統計協会、1996年5月。
＊白石和良著『中国の食品産業――その現状と展望』社団法人・農山漁村文化学会、1999年12月。
＊田中淡「古代中国の画像の割烹と飲食」『東アジアの食事文化』（石毛直道編）平凡社、1985年8月。
＊毛里和子他著『21世紀の中国　政治・社会篇――共産党独裁を揺るがす格差と矛盾の構造』朝日新聞出版、2012年12月。
＊佐藤康一郎「日本の外食企業の中国進出」『専修経営研究年報』（専修大学経営研究所）、32号、2008年3月。
＊浜本篤史他「現代中国における日本食伝播の歴史と力学――北京の日本料理店経営者を対象にしたインタビューから」『アジア太平洋討究』（早稲田大学）第九号、2007年3月。
＊寿孝鶴編『中国省市自治区資料手冊』北京社会科学文献出版社、1990年2月。
＊上海市統計局編『上海統計年鑑』、2013年版。
＊21世紀中国総研編『中国進出企業一覧』2013～14年版、蒼蒼社、2014年。
＊石毛直道「東アジア食事文化研究の視野」『東アジアの食事文化』（石毛直道編）平凡社、1985年8月。
＊USDA―*World Markets and Trade*、2012.
＊国松博・鈴木勝著『観光大国――中国の未来』同友館、2006年2月。

終 章
総括と今後の課題

本書では、食をめぐる日中経済関係について考察し、各章の内容をそれぞれの課題とその特質に則して小括してきた。本書の考察でわかるように、食をめぐる日中経済関係は、中国産食料品の輸入、日本産食料品の対中国輸出、日系食品企業および日系外食企業の中国進出などにより構成されている。食をめぐる日中経済関係の全体的な構造およびその特質はどのように理解すればいいのか。また、食をめぐる日中経済関係には多くの課題が存在している。それらの課題は今後どうなるか。本書の最後に国際経済学の視点から食をめぐる日中経済関係の課題を考えながら総括する。

第1節 国際貿易から見た食をめぐる日中経済関係

伝統的な国際貿易理論は、国と国との間における生産配置と貿易パターンの決定メカニズムを明らかにしようとするものである。貿易の利益源泉は国と国との間の違いに求められる。伝統的な貿易理論の代表的なものは周知の通り、比較生産費説（リカード・モデルとも言われる）とヘクシャー・オリーン定理（以下「HO定理」と略す）である。比較生産費説は19世紀初頭にD.リカードによって提唱された貿易および国際分業に関する基礎理論である。比較生産費説によると、2国間の相互比較において、それぞれの国が相対的に低い生産費で生産しうる財、すなわち比較優位にある財に特化し、他の財の生産は相手国にまかせるという形で国際分業を行い、貿易を通じて特化した財を相互に交換すれば、貿易当事国は双方とも貿易を行わなかった場合よりも利益を得ることができるとする説だが、同説は原典を無視した拡大解釈が存在している。

HO定理は20世紀初頭にスウェーデンの経済学者であるエリ・ヘクシャーとベルティル・オリーンがリカードの比較生産費説の上に構築した国際分業パターンの形成に関する理論であり、国際経済学における最も基本的な理論の一つである。HO定理は、各国の生産要素（土地、労働、資本）の賦存比率の違いによって貿易が発生すると考えている。言い換えれば、生産要素の相対的な賦存量が各国の比較優位を決定すると考えている。各国は、その国に相対的に豊富に存在する生産要素を必要とする財に比較優位を持つ。これは財の価格は究極的にはその投入物の価格によって決定されるからである。

日本の農産物貿易について考える場合、HO定理の意味するところは極めて重要である〔金田　2008：2〕。HO定理によると、日本のような土地賦存に乏しい国の場合、土地集約的な財である農産物に関しては、国際競争力を持つことができず、輸入することになるのが必然だということになる。

他方、1960年代以降、EEC（欧州経済共同体）の形成にともなって、EEC加盟国をはじめ、先進国間の貿易は似たような工業国同士による産業内貿易が拡大するようになった。国際貿易の新しい現象に対して、伝統的な貿易理論では説明が困難となった。そのため、1970年代に入り、産業内貿易（intra-industry trade）に関する研究が本格的に展開されてきた。

伝統的な貿易理論が強調される要素賦存の格差に基づく産業間の貿易に対して、差別化製品の国際的な交換である産業内貿易では、各国が製品の種類を少なくして大量の生産を行い、国内市場の需要を上回る部分を多国間貿易で交易すれば、消費者の選択できる製品の種類が多くなる。結局、各国の生産過程における規模の経済によって製品の価格は引き下げられ、国際交換によって市場で製品の種類が豊富になり、より安くなる。そのため、産業内の分業によって貿易の利益が生じる。各国の貿易の中でどの程度の産業内貿易が行われているかを実際に計測することができる。産業内貿易の程度を表す指標として、グルーベル・ロイド指数（Gruble-Lloyd index）は一般的に利用されている。その算式は以下の通りである。

$$IIT_{iGL} = \Sigma〔(X_i + M_i) - \Sigma | X_i - M_i |〕/ \Sigma (X_i + M_i)$$

算式の中のX_iとM_iはそれぞれｉ産業の輸出額と輸入額を表す。GL指数は０と

1との間であるが、もし、i産業の貿易がすべて産業間貿易であれば、i産業の輸出または輸入のどちらかがゼロになるので、GL指数はゼロになる。一方、i産業の輸出額と輸入額が等しい産業内貿易のケースでは、GL指数は1となる。つまり、GL指数が1に近づけば近づくほど、産業内貿易がより活発に行われていることを意味している〔H.G. Grubel & P.J. Lloyd 1975〕。

食料品をめぐる日中貿易は上記のGL指数で確証してみれば、以下の結果となる。HS分類によると、食料品は全部で24類が分けられている。2001～13年の13年間、24類の食料品をめぐる日中間のそれぞれの類の平均産業内貿易指数は0.5以上のものはわずか4類だけとなり、HS11（穀物、加工穀物、麦芽、でん粉、イヌリンおよび小麦グルテン）、HS17（糖類および砂糖菓子）、HS18（ココアおよびその調製品）、HS21（各種の調製食料品）となっている。他方、上記した4類以外、他の18類のGL指数は毎年いずれも0.5以下となっている。特に日中間食料品貿易の主役となる野菜、肉類などのGL指数は低い。GL指数からみれば、食料品をめぐる日中貿易は現段階にはまだ産業内貿易とはいえない。

また、産業内貿易については垂直的産業内貿易（品質により製品を区別）と水平的産業内貿易（商品の属性により製品を区別）に分けられている。垂直的産業内貿易は同じ財に対する輸出と輸入の平均単価の格差が大きい場合で、品質の差を反映しているため、当事国間で生産要素賦存のきめ細かな差があると発生しやすく、水平的産業内貿易は平均単価の格差が小さく同様の品質で多様な財を供給し合っている場合で、商品属性を反映しているため、当事国に共通する嗜好の多様性を反映しているものと考えられる。上記の定義から考えてみると、食料品をめぐる日中間の貿易は垂直的産業内貿易に該当するだろう。しかし、工業製品と異なって、食料品は決して簡単に単価によってその品質の差を表せない。食料品の単価は多くの場合に品質の差よりそれぞれの国や地域の住民の食文化や嗜好性によって決まる。日本から中国へ輸出されるふかひれ、なまこなどはほとんど日本人にとって嗜好品ではないが、中国本土、香港、台湾においては最高級食材となる。要するに、国際貿易理論から検証してみると、食をめぐる日中貿易は現段階においては基本的にHO定理の境界にとどまっている。つまり、中国は労働をはじめ、賦存されている生産要素を生かして、加工品を中心とする食料品を生産して日本へ輸出している。言い換えれば、食をめぐる日中貿易を考える際、HO定理の意味するところは極めて重要である。

第2節 外国直接投資から見た食をめぐる日中経済関係

食をめぐる日中経済関係は、決して二国間の貿易関係にとどまらなく、第4章「日系食品企業の中国進出と開発輸入」の中で述べたように日系食品企業および日系商社は中国での開発輸入活動にも関わっている。また、日系食品企業および日系商社だけでなく、タイやアメリカ、台湾系食品多国籍企業も多く関連している。本節で国際経済学のもう一つの柱である外国直接投資の視点から食をめぐる日中経済関係を検討してみる。

周知のように、外国直接投資や資本の国際的な移動に関して多くの理論と見解が存在している。近代経済学的アプローチにおいて、国際資本移動の視点から提示された理論、産業構造論の視点から提示された理論とマクロ経済学的な視点から提示された理論がある。その他、マルクス経済学的アプローチから従属論が提示された。また、多国籍企業の投資活動の変化をはじめ、1980年代以降、外国直接投資は変容しつつある。それを背景にして、国際貿易や経済地理とも関連させて、外国直接投資に関する新しい見解が見出されている。フラグメンテーション(Fragmentation)理論とアグロメレーション(Agglomeration)理論は代表的な理論である。フラグメンテーションとは、もともと一か所で行われていた企業の生産活動を複数の生産ブロック(production block)に分解し、それぞれの活動に適した立地条件のところに分散立地させることである。アグロメレーション理論は経済活動の地理的な集中立地から生ずる効率性向上を強調する理論である。本節では、日系食品企業の山東省での集中進出および日中間の経済格差の存在を鑑みて、上述したアグロメレーション理論を用いながら、外国直接投資の視点から食をめぐる日中経済関係を検討していく。

アグロメレーションは産業集積(industrial cluster)とも呼ばれ、もともと都市計画や経済地理学の分野で用いられてきた概念である。1990年代以降、一種の規模の経済性という形で国際貿易理論に組み込まれている。東アジア地域におけるアグロメレーションの多くの場合は国境を超える企業の投資活動に関わっているので、外国直接投資論の新しい内容として解釈しても無理がない。

集積の利益性は、理論的に、ある地理的境界線内への経済活動の集積が大きくなるほど生産コストが低下する、あるいは集積の中心に近いほど生産コストが低下する、といった形で定式化される。世界経済における産業の集積の歴史と現状を見れば、欧米においては、ウォール街やロンドンの金融セクター、デトロイトの自動車産業、ラスベガスのカジノ産業、カリフォルニアのシリコンバレーのIT産業、スイスの精密機器産業などが挙げられる。日本国内においては、東京都大田区、大阪東大阪市、新潟の燕市、岐阜県の大垣市はいずれもある産業の集積地域となっている。東アジア地域においては、中国広東省の東莞市のパソコン製造、タイの東部臨海工業地帯における自動車製造、台湾新竹の電子産業などの集積が形成されてきた。本書に取り上げられている加工食品については、山東省を中心にして中国沿海地域は世界的な生産基地として、集積しつつある。

第4章「日系食品企業の中国進出と開発輸入」の中で考察してきたように、山東省を中心とする中国沿海地域においては食品加工生産の担い手は地元の企業と日系企業のほか、台湾系、タイ系、欧州系、アメリカ系の食品企業もたくさん存在している。それらの多国籍企業は中国の巨大な市場へ進出していると同時にその製品が決して中国市場にとどまらず、世界市場を視野に入れて中国へ進出している。アメリカ系上海福喜有限公司（Shanghai Husi Food Co.,Ltd）は代表的な一例である。2014年夏、日本マクドナルドやファミリーマートなどが期限切れの鶏肉を販売することで大騒ぎとなった。その期限切れの鶏肉の仕入れ先は上海福喜有限公司である。上海福喜有限公司はアメリカのOSIグループ（OSI Group LLC）傘下にある中国上海現地法人である。OSIグループはアメリカのオーロラ（イリノイ州）に本社を置き、食肉加工業を営む大手多国籍企業である。OSIグループは1991年に中国へ進出して、北京で食品加工工場を設けた。最初、中国で生産される製品は主に中国へ進出するマクドナルドへ供給していた。その後、OSIグループは中国での経営活動を拡大して、1996年に上海福喜有限公司を設立した。同社は上海市の郊外にあり、敷地面積は13,000平方メートル、最新の設備を使用しながら、年間25,000トンの肉類加工食品を生産している。同社は中国国内だけではなく、香港や日本などの海外市場にも製品を供給している。2009年、OSIグループは山東省威海市で福喜（威海）農牧発展有限公司を設立し、養鶏から鶏肉加工品まで拡大した。OSIグループは中国での事業をさらに拡大して、北京、上海、山東省の後、広東省、福建省、河北省などにも加工工場を設けた。OSIグループの中国工場で生産された製品は、もちろん中国国内にとどまらず、近隣のアジア地域から南アフリカまでの海外市場に向けて販売を行っている〔OSI HP〕。期限切れの鶏肉を使用する上海福喜有限公司が2013年8月から2014年7月までの1年間だけで日本へ約6,000トンの鶏肉加工品を供給した[1)]。

一つの産業がどこに集積を形成するかはもちろん最初は未決定である。理論的にいえば、複数均衡の状態となるのである。いったん集積の種ができたところが集積の利益を得て、そこが集積地域になるという、一種の自己実現的な均衡が生じうることになる。このことから論理的に導かれる一つの結論は、政府の役割が潜在的に大きいということである〔木村 2003：109〕。言い換えれば、産業や資本集積には政府の政策支援が必要となる。山東省などの中国沿海地域の加工食品産業の集積には中国政府の役割が確かに大きい。1980年代末期から中国政府は山東省などの沿海地域で輸出用農業生産基地と食品加工企業を次々と建設してきた。それと同時に、中国政府は税金、土地使用などの多方面において優遇政策を採って外国食品企業を積極的に誘致した。

また、いったん産業の集積が出来上がってしまうと、賃金水準の上昇など、不利な経済状況の変化が起きても、比較的安定的な産業構造を作り上げることも可能となる。1990年代後半から山東省を中心とする中国沿海地域はタイと並んで東アジア地域において重要な加工食品の一大生産地域となっている。もちろん、中国における加工食品の生産規模と輸出量はタイより圧倒的に大きい。

第3節 国際金融から見た食をめぐる日中経済関係

国際経済学の中で国際貿易、外国直接投資と並んで、国際金融はもう一つ重要な分野である。国境を越える経済活動において、為替レートの変動は多大な影響を与えてきた。ここではそうした視角から食をめぐる日中経済関係に関する為替レートの変動とその影響を検討していく。

---

1)厚生労働省　2014年7月23日発表。

まず円ドル相場の変遷を概観しよう。周知のようにニクソンショックが起こった1971年までは1ドル＝360円の固定相場であった。歴史的にみれば、ニクソンショック以降円ドル相場が大きく円高に振れたのは5回ほどあった。その1回目は、1971年のニクソンショック直後からであり、変動相場制の導入直後に1ドル＝260円台まで円高が進んだ。それは第1次オイルショックを契機として鎮静化した。2回目の円高は1976年のIMFキングストン合意によって変動相場制がいわば公式に認められたことを受けて、またオイルショック以降の日本経済のパフォーマンスの高さを背景として発生した〔田中　2002：96〕。1977年には円ドル相場は初めて1ドル＝200円台を突破した。この円高は、それによって引き起こされた日本からの長期資本の流出が原因の一つとなって緩やかな円安へと向かった。3回目は最も激しい円高であって、1985年9月のG5プラザ合意の円高誘導によって始まった。プラザ合意については第4章「日系食品企業の中国進出と開発輸入」をはじめ、本書の中で度々言及した。プラザ合意発表直後に円ドル相場は急騰してきた。1987年2月、G7のルーブル合意でドル安に歯止めをかける方向で合意したものの、しばらくドル安が進み、1987年末には一時的に1ドル＝121円まで円高となった。4回目の円高は、日本のバブル経済の崩壊も作用して輸入の減少により貿易黒字が大幅に拡大したことによってもたらされた。1994年に初めて1ドル＝100円台を突破し、1995年4月19日に円ドル相場は1ドル＝79円75銭と瞬間的に1ドル＝80円を突破した。この円高は1995年以降における輸入の拡大もあって鎮静化した〔田中　2002：96〕。5回目の円高は2008年に発生したリーマンショックの世界同時株安によって円キャリートレートが巻き戻された結果、消去法で日本円が買われ、円高が進んできた。そして2010年、ギリシャ財政危機によってユーロは大幅に下落、ドルも弱含みで推移し、日本円のみが独歩高してきた。また、翌2011年3月11日に発生した東日本大震災によって保険会社が支払準備として海外資産を円転させるとの観測や決済のための円資金需要が強まったことから円高が急激に進み、同年10月31日に1ドル＝75円の最高値を更新した。

東アジア地域の経済発展および日本と東アジア近隣諸国との経済関係から見れば、今までの5回の円高の中で、1985年秋のプラザ合意後の円高は特に影響が大きいと思われる。周知のように、プラザ合意以降、日本企業のアジア進出は加速化した。フロート制度下に固有の為替レートのオーバーシュートが殊に、日本企業にアジア進出を決断させた。プラザ合意後の円高は1ドル＝240円から出発するが、翌1986年には1ドル＝200円を上回って加速したことが日本企業に円高の傾向は変わらないとの確信をもたせ、海外進出への決断を迫った。また、1993年に始まる次の円高局面においては、1994年1ドル＝100円を上回ったことが、さらなる円高が一過性のものではないというマインドを日本の企業にもたらした。200円割の円高は、主として日本企業が東南アジアに進出する契機となったし、また100円割れの円高は、主として中国に進出する契機となった〔近藤 2005：74〕。第4章「日系食品企業の中国進出と開発輸入」の中で確認されたように、日系食品企業の中国進出およびその開発輸入はプラザ合意以降に始まった。プラザ合意以降30年を経たが、プラザ合意によって形成された東アジア地域の経済関係は今日においても大きく変わったたわけではない。

他方、プラザ合意とほぼ同時期に中国の為替政策は大きく転換した。改革開放以前、中国の対外貿易は規模が小さく、国民経済における割合が低かった。当時、中国元の為替相場は米ドルなどの主要通貨に対して高い水準が維持されていた。1980年に至っても中国元対米ドルの為替相場は1ドル＝1.5元であった。改革開放以降、輸出拡大を通じて外貨を稼ぐために中国は1981年から元の切り下げを始めた。1985年までに中国元対米ドルの為替相場は1ドル＝3元になり、1981年から1985年までの4年間で50％ぐらい切り下げてきた。1980年代半ばに入ってから中国は輸出主導型経済発展戦略を明白に確立した。輸出を最大限に拡大するために、中国元の切り下げはさらに進められてきた。また、1981年から中国は二重為替レートを採用した。当時「公定レート」のほかに、「貿易決済レート」(1988年以降、外貨調整市場レートに変わった) を設定していた。「貿易決済レート」は常に「公定レート」より低く設定されていた。ただし、二重為替レートのもとで、為替に関する投機活動は深刻であった。1994年1月、中国は二重の為替レートを一本化することを決定した。それと同時に中国元を一気に1ドル＝5.2元から1ドル＝8.7元までに切り下げ、切り下げ幅は約4割となった。1981年から1994年まで数回の切り下げを経て、中国元は米ドルに対して大幅に切り下げられてきた。

中国元の大幅な切り下げと同時に、前述したようにプラザ合意以降円高が急速に進んできたため、円ベースでの元安の幅はさらに大きくなった。1980年には1元＝152円であった。1985年には1元＝82円、1990年には1元＝31円、1995年には1元＝11円となり、1995年は1980年より円は中国元に対して1,247％を高くなった。言い換えれば、1981年から1995年までの15年間に円は中国元に対して12倍強高くなった。

1994年、中国元為替レートの一本化以降、中国元は事実上米ドルとペッグとなった。また、1990年代後半に入ってからドル高は進行していた。特に1997年のアジア金融危機の後、日本円を含むアジア通貨がほとんど大幅に減価したこともあって、中国元の実効レートは一時的に上昇した。さらに2002年頃以降、アメリカをはじめ、世界的に中国元為替レートが割安水準で操作されていると中国は批判された。米欧などの圧力に屈服して、2005年7月から中国元は切り上げを始めた。同時に中国の為替制度はそれまで米ドルペッグ制から管理フロート制へ移行してきた。以来、中国元は小幅ながら高くなった。他方、中国元は切り上げの段階に入っているが、2008年に発生した世界金融危機を背景にして、円は5回目の

図終-1　円ドルと元ドル相場の推移

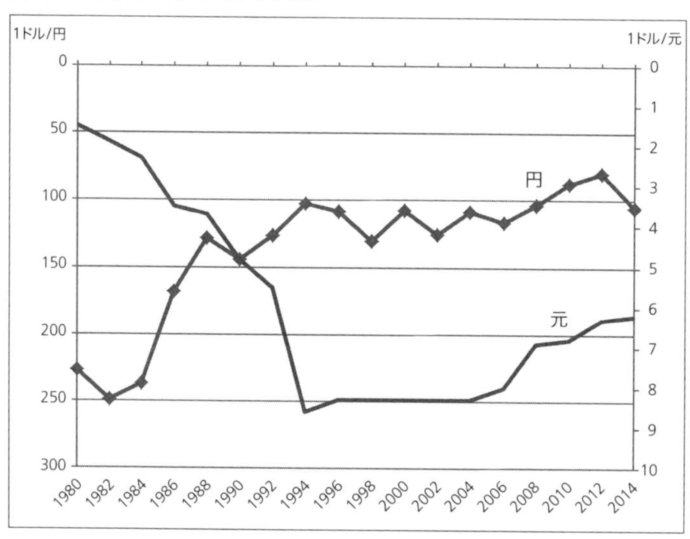

注：文中で述べたように中国は1981年から93年までは図中の公定レートの他「貿易決済レート」が存在していた。「貿易決済レート」は常に公定レートより低く設定されていた。

出所：IMF, *Principal Global Indicators* (PGI)。

円高となった。しかも、今回の円高は2013年まで続いていた。

以上、1980年代以降の円と元のそれぞれの為替レートの変化を確認してきたが、円と元レートの実質実効為替レートに関する評価は様々である。しかし、長期的な視点から見れば、少なくとも実勢レートにおいては、円高と同時に中国元は安く抑えられてきたといえる。また、日本と中国を含むアジア諸国との貿易の決済は基本的に米ドルを使用している。1990年代まで日中間の輸出入の決済はほとんど米ドルで決済されていた。近年、日本の対中国輸出の決済通貨比率は円建て支払いが増えているが、まだ米ドルが半分となっている。対中国輸入の決済通貨比率は米ドルがまだ7割を占めている〔中国商務部 2014〕。

日本の食料品輸入の長期的な推移をみると、一般的に円高時に伸び、円安時になると、その水準が安定するというパターンを繰り返しているようにみえる。第3章「中国産食料品の輸入」の中で述べたように、1986年に日本の食料品輸入金額は初めて200億米ドルを突破した。さらに2年後には300億米ドルを超えた。このことは、1985年のプラザ合意以降の円高が食料品輸入拡大に与えた影響が理解される。食料品をめぐる日中貿易も為替レートと連動している。1980年代以降の円高と中国元安は、中国からの食料品輸入拡大に大きな影響を与えている。中国か

図終-2　中国からの食料品輸入額と円・元相場の推移

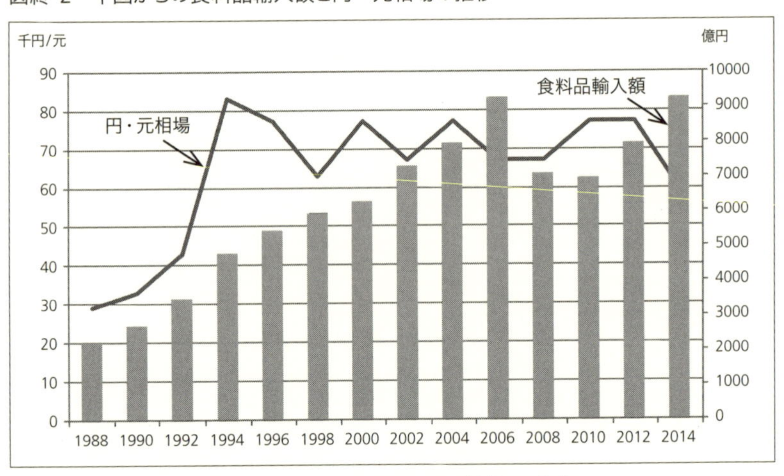

出所：IMF, *Principal Global Indicators*（PGI）と財務省の貿易統計より作成。

らの食料品の輸入拡大と円元相場との関係は図終-2の通りである。

中国対外貿易の特徴の一つとして、中国は加工貿易に大きく依存している。その構造と特徴は1980年代から形成されてきたが、今でも根本的に変わっていない。工業製品においても、中国は付加価値の高い部品の多くを国内では生産しておらず、日本を含む工業先進国からの輸入に頼っている。中国は日本から電子部品などの中間財を毎年大量に輸入している。元安は中国の輸出に有利であるが、輸入のコストを増大させる。しかし、工業製品と異なって、野菜や肉類などの食料品の原材料の調達は基本的に中国国内で行われている。特に野菜はほとんど現地で調達されている。第4章「日系食品企業の中国進出と開発輸入」の中で述べたように、肉類や水産物の一部は2000年頃に海外からの輸入が拡大したが、それは為替レート変動の結果である。つまり、前述したようにアジア金融危機によってタイ、韓国などの多くのアジア諸国の通貨は下落した。中国元は米ドルとペッグされていたので、相対的に元高となった。また、2003年にはSARS（重症急性呼吸器症候群）が中国で広がったが、このような背景のもとで中国は海外からの農林水産物などの輸入を拡大した。

2005年以降、中国元は切り上げを始めた。2014年までの10年間、中国元は米ドルに対して約25%を切り上げてきた。中国元の切り上げは中国産食料品の輸出に不利になるが、中国は元高のメリットを生かして、近年、ノルウェー、ブラジルなどを中心として海外から水産物や肉類の輸入を拡大している。中国の食品企業は海外から輸入される原材料を利用して、輸出を維持している。中国から輸入される加工水産物の中には、原材料がノルウェー産のものが多く使われている。要するに、中国元切り上げによる輸出価格の上昇は輸入価格の低下によって相殺されている。また、2013年から始まった円安は、日中間の食料品貿易に影響を与えている。2013年以降、福島第一原発事故の影響があったにもかかわらず、日本産食料品の対中国輸出は大幅に拡大している。それは中国市場の拡大という背景の他に、円安の影響が否定できない。

第4節 食をめぐる日中経済関係の課題と展望

1. 中国における重商主義的開発の代償

食品産業は多種の業種から構成され、その原材料は農産物、水産物、林産物と多岐にわたる。また、食品産業は他の工業分野と比べて参入しやすく、中小企業が多く存在している。国中に分散しながら存在する食品企業は、地方の雇用に大きく役に立っている。食品産業はほとんどの国において国民経済の重要な一部を占めている。第2章で述べたように、改革開放以来、中国の食品産業は農村経済の振興、雇用の拡大に大きく貢献している。他方、食品産業は他の製造業と比べて、原材料費率が高く、付加価値率が低いことが大きな特徴でもある。にもかかわらず、中国においては食品産業も重商主義的な開発の一部として輸出産業の中に取り込まれてきた。

周知のように、重商主義とは、一般的に16世紀初期から18世紀後半にいたるまで、ヨーロッパ諸国において支配的であった経済政策および経済思想・理論を包括するものである。重商主義の代表的な政策の一つとしては、対外貿易の黒字によってもたらされた金・銀貨の規模がその国の国力を表すと考え、積極的に輸出を促進するというものである。重商主義は絶対王政の存在と植民地主義下の経済思想であり、現代国際社会には伝統的な重商主義理論に当てはまる国はほとんどないだろう。しかし、第二次世界大戦後、輸出主導で経済発展を図ろうとする政策は、さまざまな形で見られる。このような輸出を増大させる貿易政策は「新重商主義」と呼ばれている〔H.G.Johnson 1974：11〕。重商主義に関しては、さまざまな解釈がある。また、1980年代以降、中国の経済開発と重商主義との関連についても多様な見解が存在している[2)]。しかし、1980年代以降、輸出を拡大するために中国が実施した為替政策および輸出補助金制度などを見てみれば、中国の経済開発は「新重商主義」的な色彩が濃いと思われる。中国は改革開放以降、沿海地域

2) クルーグマンを含め、一部の経済研究者は中国の為替、輸出奨励政策などを鑑みて、中国の経済開発が重商主義的であると指摘している。それらに対して、中国の外資導入、輸入拡大などの理由を持って反論する意見もある。反論意見の一例としては買根良氏の論文（「中国出口主導型経済与重商主義背道而馳」（『天津商業大学学報』2010年第9号）が挙げられる。

を中心として各地で輸出製品生産基地を多く設立した。そして、第7次5ヵ年計画（1986～90年）でこれまでの輸出製品生産基地を基礎にして、輸出製品生産体系を確立した。「機械・電気製品輸出生産体系」、「紡績・繊維製品輸出生産体系」などと並んで「食料品輸出生産体系」も設置された。輸出製品生産体系に対して中国政府は税制、補助金などの多方面から優遇政策を採用した。2004年以降、WTOの加盟にともなって、各種優遇政策が漸次に廃止されてきた。また輸入の拡大にともなって、中国の従来の「重商主義」的な経済開発方式も大きく変容してきた。しかし、一つの国策で形成された経済構造は簡単に短期間で転換できるわけではない。しかも、地方政府は地方経済の振興、雇用の確保などを目的にして、食料品輸出の拡大を相変わらず重視している。

食料品の生産と輸出拡大は、確かに地方の経済発展に大きく貢献している。山東省などの沿海地域にとって野菜や加工食品の輸出は地域経済の重要な一部となっている。しかし、食料品の生産と輸出拡大の代償も大きい。環境問題は代表的な問題の一つである。第3章「中国産食料品の輸入」の中で考察してきたように中国から日本へ輸出される主な食料品は野菜、水産物加工品と鶏肉加工品である。周知のように、野菜の生産はもちろんのことであるが、水産加工、肉類加工も一般の工業製品より多くの水が必要となる。中国は決して水に恵まれる国ではない。輸出野菜と加工食品の最大生産地域である山東省の一人当たり水資源量（2013年現在）は300㎥しかない。水不足は中国の農業生産を脅かす深刻な問題となっている。13億人の食料を確保することは常に中国に突き付けられた難問であるが、水や環境を犠牲にしながら輸出拡大を図る経済構造は見直さなければならない時期になっている。

日本の水問題に関してもいろいろな見解があるが、日本は少なくとも山東省などの地域と比べて水に恵まれている。水資源における日中間の大きな格差が存在しているにもかかわらず、日本は中国から年間1兆円弱の食料品を輸入している。このような経済関係は決して補完関係で簡単に説明できるわけではない。このような異常な日中経済関係の形成はもちろん複雑な背景と原因がある。日本人の食卓のために、他国の生態系のバランスを崩し、環境悪化を招来してしまうことは回避しなければならない〔佐々木　1995：211〕。このような経済関係が今後いかに調整されるか、日中両国にとって一つの大きな課題になる。

2. 中国の「安さ」の消失と今後日本の食料品輸入

1980年代後半に入ってから、消費財を中心とする中国製品は、膨大な量で全世界を席巻している。世界市場における中国製品の「氾濫」に対して、中国と産業および貿易構造が類似している多くの途上国では、交易条件の悪化を背景に国際貿易における中国の台頭を強く警戒している。他方、一部の先進国においては、市場撹乱を理由に中国製品に対して、アンチダンピングなどさまざまな形での輸入制限が加えられている。日本においても、中国製品といえば、ほとんどの人はまず安いということを思い浮かべるだろう。さらに、1990年代以降の日本経済のデフレは、中国からの安価な輸入品によって引き起こされたという論調もある。ただし、中国の「安さ」は消失しつつある。中国における食料品生産コストは具体的に二つのサイドから上昇している。一つは人件費である。中国においては近年、野菜などの農業部門だけではなく、農村地域に立地する食品製造部門の人件費も急速に上昇している。例えば、2008年には山東省の野菜生産地域で1ヘクタール当たりの人件費は約1万2,000元（当時の為替レートに換算すると、約20万円に相当）であったが、2014年には3万元（約60万円）を超えた。山東省内沿海地域の水産加工工場の労働者の給料も高くなった。例えば、煙台一帯の水産加工工場の労働者の月給は近年5,000元～6,000元（10万～12万円）まで上がってきた。しかも、多くの工場は無料で食事と住居を提供しなければならない[3)]。野菜や加工食品などの産業部門の人件費上昇の背景としては、中国の社会経済構造の変化にともなった農村人口の減少がある。1990年代中期まで中国の農村人口はかつては全人口の70%であったが、2013年に至って46%まで急速に減少してきた。これは工業化の進展による人口の都市部への移住が主な要因である。実際には農村から都市へ出稼ぎに行く流動人口を含むと、農村で暮らしている人口はさらに減少している。今日の中国農村では若年層はより高い所得を目指して都市部へ出稼ぎに行っている。農村人口減少のため野菜などの農業生産だけではなく、農村地域に多く立地する水産物、肉類などの食品加工工場においても人件費も高くなっている。

3）著者が2104年夏、現地政府の労働管理部門、加工工場経営者、一般労働者へ聞き取り調査を実施した。加工工場一般労働者の月給などはいずれも調査で得た資料である。

中国における食料品生産コストの上昇をもたらしているもう一つの要素は、地代と工場用地地価の上昇である。中国の不動産市場は時系列的に見れば、2004年から大幅に上昇し始めた。2007年頃から主要都市をはじめ都市部の不動産価格は急騰してきた。都市部の不動産価格の高騰に同調して、農村地域の地価も高くなった。特に山東省などの沿海地域の地価は急速に高くなってきた。農村部土地価格の上昇は、食品加工産業などの工場用地の地価上昇をもたらしている。また、ほぼ同時期から中国の穀物価格も上昇してきた。穀物価格の上昇と相まって中国の地代も上がってきた。山東省を例にみると、2007年頃まで野菜生産のコストの中の地代はわずか1割を占めていたにすぎないが、2013年に至って倍増して約2割まで増えてきた。また、2013年から始まる円安は、さらに中国からの食料品輸入価格の上昇を加速している。今後の為替レートの変動は予測できないが、中国の経済規模の拡大および経済の国際化の進展にともなって、より一層の元高になることは一般的に予測可能なことに思われる。

以上のことを考えてみれば、少なくとも今までのように安価で中国から食料品を輸入する時代ではなくなるだろう。安価な食料の輸入を可能にしてきたのは、日本が世界経済社会における技術効率の勝利者であるからであったが、この前提が永続的に続くという保証はない。むしろ歴史的に見れば、経済競争の勝利期間は一時期であるとみなさなければならない〔佐々木　1995：211〕。近年中国から輸入される野菜や加工食品の数量と金額とも拡大してきたが、ほとんどの品目の単価も高くなった。また、第8章で考察してきた日系外食企業の多くは中国での経営コストの上昇に悩まされて、一部の日系外食企業はすでに中国から撤退した。

中国からの食料品の輸入価格上昇にどのように対応すればよいのか。ベトナムなどの東南アジアでの開発輸入を拡大することが想定されているが、農産物や加工食品の生産にかかわる人件費や原材料費などから見れば、ベトナム、インドネシアなどが中国より低い。近年、中国沿海地域の一般労働者の月給はベトナムの労働者の月給の3倍以上高くなった。そのため、数年前から工業製品を製造する一部の日系企業は中国でのコスト上昇を回避するためにすでに中国から撤退して、東南アジアへシフトしている。アパレル、靴類などは代表的分野である。しかし、食品分野はアパレルや靴類のような製造業と異なり、衛生や安全管理がもっとも厳しく求められる。また、中国の食品生産企業、特に沿海地域の食料品輸出企業は日本市場の規格、ニーズなどに対してここ20数年間の経験ですでに慣れている。また、日本に輸出される東南アジア諸国産の農産物や食品に比べて、中国産食料品は問題が少ない方である。第3章「中国産食料品の輸入」の中で確認されたように、日本の輸入食品の検疫において、ベトナム、インドネシア、タイなどと比べて、中国産食料品の違反率ははるかに低い。また、地理的に見てもベトナムやタイなどの東南アジア諸国の輸送コストは中国沿海地域より高くなる。中国産食料品の「安さ」が大きく変化することにどのように対応するかが今後の課題の一つとなる。

他方、中国における人件費の上昇は中国国民の所得増大を意味している。第5章「日本産食料品の対中国輸出」において中国国民の購買力の上昇および富裕層の生成を概観してきたが、中国国民の購買力上昇は日本産農産物や水産物の対中国輸出拡大を可能にしている。今後、中国経済が健全に発展して行けば、日本産食料品の対中国輸出は増えるだろう。ただし、日本産米など多額の補助金という名の税金を投入している日本農業にとって、農産物の対外輸出は農業生産者の生産意欲の向上および意識改革には意義があるが、輸出拡大の必要性が問われることになる。補助金によって維持されている日本の農業と米などの農産物の輸出拡大との間には矛盾がある。

また、膨大な人口を有する中国国民の購買力の上昇にともなって、中国は外国からの食料品輸入が増えると予測されている。中国はアメリカをはじめ、外国から穀物と肉類を多く輸入している。国際市場における日中食料争奪戦は、大豆や牛肉などの一部の商品をめぐって既に始まっている。今後、中国の輸入拡大にともなって国際市場における日中間の食料争奪は激しくなるかもしれない。これも食をめぐる日中経済関係のもう一つの課題である。

【参考文献】

＊金田憲和「食をめぐる産業内貿易の可能性：成長アジアを見据えて」 NIRAモノグラフシリーズ、No.19、2008年3月。

＊H.G. Grubel & P.J. Lloyd (1975), *Intra-Industry Trade: The Theory and Measurement of International Trade in Differentiated Products*, MacMillan, Landon.

＊OSI Chian HP.（http://www.osigroup.com.cn）
＊木村福成「国際貿易理論の新たな潮流と東アジア」『開発金融研究所報』第14号、2003年1月。
＊田中史郎「対外経済関係」『日本経済の論点』（星野富一、田中史郎他編）学文社、2002年5月。
＊近藤健彦著『プラザ合意の研究』東洋経済新報社、2005年10月。
＊中国商務部ホームページ（http://www.mofcom,gov.cn）
＊Harky G. Johnson *Mercantilism: Past, Present and Future*, The Manchester School Volume 42 march 1974.
＊買根良「中国出口主導型経済与重商主義背道而馳」『天津商業大学学報』、2010年第9号。
＊佐々木輝雄著『食からの経済学』勁草書房、1995年5月。

あとがき

田中角栄元首相が中国を訪れた1972年に、私は12歳であった。食の欠如に対する少年時代の記憶が今も鮮明である。しかし、故郷の華北平原は世界的にも有数な食料生産地であり、数千年の開拓によって小麦、小豆、雑穀、野菜などの栽培は盛んである。少年時代にはアズキ餡は最高のごちそうであった。しかし、アズキの大産地であるにもかかわらず、アズキ餡はめったに食べられなかった。収穫されたアズキは外貨を稼ぐために日本を含む外国へ輸出されたからである。

本書第1章で述べたように、田中角栄元首相の訪中後、日本製化学肥料や機械設備の対中国輸出はさらに拡大され、逆に中国からは豆類などの食料品輸入が増えていった。少年時代には垂直貿易という概念を知らなかったが、少年時代の体験と記憶は、本書を執筆する原点となった。

高校卒業後、私は日本経済を学ぶために中国の東北部（旧満州）にある吉林大学経済学部国際経済学科に入学した。旧満州国の残された遺産として、当時の吉林大学は中国国内で日本語教育および日本研究の最も権威のある大学であった。大学時代の中国東北部には、日本の侵略と開発の光景が多くそのまま残されていた。

序章の中で述べたように、食料問題を軽減するために、満州事変（1931年）以降、国策の一つとして多くの日本人農民は酷寒の満州へ送られた。艱難辛苦の末、約8万人の生霊を失い、多くの孤児が満州各地に残された。中国東北部での学生生活を通して、私は食をめぐる日中関係史における悲しい一頁を至近距離で目撃した。

プラザ合意2年後の1987年、私は留学生として来日して、二人の恩師と出会った。最初に、筑波大学の進藤栄一先生に受け入れていただいた。その直後、進藤先生は渡米することになられたので、進藤先生のご紹介で、京都大学に転学して、京大経済研究所の杉本昭七先生の門下に入った。以降、杉本先生からは修士課程から博士課程修了まで一貫して丁寧なご指導をいただいたばかりではなく、研究者としての姿勢や人生の生き方を学ばせていただいた。杉本先生は世界経済、特に多国籍企業の研究者として知られている。先生にご教示していただいた多国籍企業論、産業内貿易や企業内貿易などの諸理論と実証は本書の分析視角と方法になった。

1995年、博士課程終了後、進藤栄一先生のご推薦で筑波大学に講師として採用された。筑波大学に赴任した年、レスター・R. ブラウン氏が『誰が中国を養うか』(*Who will feed China ?*)を出版した。この本を契機に、私は初めて研究対象としての食料問題に興味を持った。当時、ブラウン氏の予測を半信半疑で受けとめていたが、氏の戦略的な視野に嘆服した。中国をめぐる食料問題に興味を持ったが、関連論文を執筆する自信がなかった。2006年頃までの私の研究は、学生時代から一貫して香港や中国の金融問題を中心としていた。2007年に、私は日本産米の対中国輸出について調査研究を始めた。以降、食をめぐる日中間の貿易や投資問題などに絞って研究を続けてきた。本書はここ8年間の研究成果である。

食の問題に関心を抱くようになったのは、もう一つの理由がある。私は1999年に宮城学院女子大学に転任してきた。宮城学院女子大学の食品栄養分野の教育と研究は長い伝統がある。同大学の食品栄養分野の教育と研究は理学系を中心としているが、大学図書館には食料の生産と流通、食文化、農林水産業関連の書籍と統計資料が豊富に収蔵されている。このような職場に恵まれ、食の問題に対する関心がさらに高まった。職場に恵まれる幸運がもう一つある。それは、同僚の田中史郎先生の公私両面のご支援である。

田中先生は経済理論と日本経済論を専門にして、この二つの分野で多くの研究業績を有する。先述したように、私は2007年頃から日中間の食料問題に関する調査研究を始めたが、以来、田中先生から多くのご助言とご教示をいただいた。本書の出版を強く勧めてくださったのも、田中先生である。田中先生のご支援がなければ、本書の出版はあり得なかった。

また、田中先生に紹介された批評社は出版事情の厳しい中にあって、本書の刊行を快く引き受けてくださった。批評社のスタッフのみなさんには煩雑な編集校正作業にいたるまでご配慮いただいた。ここに記して厚くお礼を申し上げたい。

最後に、本書の出版にあたり、勤務校の宮城学院女子大学から出版助成を受けることができた。私学の経営が厳しい時代にありながら、出版費用の一部を助成していただき、心から感謝の意を表したい。

2015年6月6日

姚　国利

著者略歴

姚 国利（よう・こくり）

1960年 中国北京市生まれ。
吉林大学経済学部を卒業して、中国銀行に入行。

1987年 中国社会科学院大学院世界経済研究科修士課程を中退して、来日。
京都大学大学院経済学研究科博士課程修了、経済学博士学位を取得。
筑波大学社会科学系講師、米国ワシントン大学商学部客員研究員などを経て、

現 在 宮城学院女子大学学芸学部教授。

［主要著書・論文］

「華南経済圏における通貨問題」『経済論叢』（京都大学経済学会）、1994年。

「中国の改革開放と外国金融機関『金融』（全国銀行協会連合会）、1997年。

『新・東アジア経済論』（共著）、ミネルヴァ書房、2001年。

「日本産コメの対中国輸出」『人文社会科学論叢』（宮城学院女子大学）、2009年。

「日本製化学肥料の対中国輸出」『人文社会科学論叢』（宮城学院女子大学）、2010年。

食をめぐる日中経済関係
——国際経済学からの検証

2015年8月10日 初版第1刷発行

著 者……姚 国利

発行所……批評社
〒113-0033 東京都文京区本郷1-28-36 鳳明ビル102A
電話……03-3813-6344 fax.……03-3813-8990
郵便振替……00180-2-84363
Eメール……book@hihyosya.co.jp
ホームページ……http://hihyosya.co.jp

組 版……字打屋

印 刷
製 本……モリモト印刷㈱

乱丁・落丁本は、小社宛お送り下さい。送料小社負担にて、至急お取り替えいたします。

ISBN978-4-8265-0625-0 C3033